ソーシャルワーク論II

理論と方法

小原眞知子
Machiko Ohara

木村容子
Yoko Kimura

編著

法律文化社

はじめに

　昨今の国の描くビジョンは「地域」を主軸にして構想されている。2016年の社会福祉法改正では，地域共生社会の実現を目指す構想，さらに2021年には重層的支援体制整備事業が創設された。これまで日本の社会保障は，人生のセーフティーネットとして発展してきた。福祉制度・政策は，子ども，障害，高齢者といった対象者の属性や，それぞれが抱える課題に対して制度が設定されている。しかしながら，昨今の複雑な社会情勢の中，人びとが直面する困難や生きづらさは多様化，複雑化し，これらのニーズに対応する制度の限界を補う対応策の充実が求められている。立ちはだかるこれらの切実なる現状に，ソーシャルワーカーはその専門性を発揮することが求められている。これはソーシャルワークがミクロからメゾ，マクロへ大きく転換していることを示している。

　さて本書には，ソーシャルワークを体系的に理解できるように構成され，先に刊行された『ソーシャルワーク論Ⅰ──基盤と専門職』と共に，新たな社会福祉士養成カリキュラムに対応できるよう，「ソーシャルワークの理論と方法」「ソーシャルワークの理論と方法（専門）」にあたる内容を十分に盛り込んでいる。2部構成になっており，第Ⅰ部では，ソーシャルワークの理論を学ぶ。ここでは，ソーシャルワークの援助過程や援助関係についての理解，さらに，ソーシャルワークの理論やアプローチをしっかり学んでほしい。それを基盤に第Ⅱ部では，ソーシャルワーカーが，個人や家族，グループ，組織，地域社会を対象とした支援に必要なそれぞれの方法論が学べる。さらに協働や連携，ケアマネジメント，スーパービジョンの理解，記録，カンファレンス，事例分析など幅広い知識を獲得できる内容となっている。

　本書の出版にあたり，にこん社・北坂恭子氏には大変ご尽力いただいた。また，法律文化社様には，ソーシャルワークに関するテキストを刊行する機会を，私どもに与えてくださったことに深く感謝する。関係者の皆様に心から感謝を申し上げる。

　2023年6月

編著者

目　　次

はじめに

Ⅰ部　ソーシャルワークの理論

第1章　ソーシャルワークの援助過程

① ソーシャルワーク実践の流れ…4

② 開始段階…4

ケースの発見とは　4　／　ケースの発見の留意点　5　／　アウトリーチとは　5　／　アウトリーチの留意点　6　／　インテークとは　6　／　インテークの留意点　7　／　ケースでとらえるインテーク　7　／　アセスメントとは　9　／　アセスメントに必要な情報　9　／　アセスメントの枠組み　10　／　ケースでとらえるアセスメント　11　／　アセスメントのためのツール（道具）　12

③ 展開段階…13

プランニングとは　13　／　ケースでとらえるプランニング　14　／　プランニングの留意点　14　／　支援の実施とは　15　／　支援の実施の留意点　15　／　モニタリングとは　16　／　ケースでとらえるモニタリング　16

④ 終結段階…17

終結とは　17　／　事後評価とは　17　／　アフターケアとは　18

第2章　ソーシャルワークにおける援助関係

① 援助関係の意義と概念…22

ソーシャルワーカーとクライエントシステムの関係　22　／　援助関係の意義：社会的孤立の防止のために　22　／　ソーシャルワークにおける援助関係の定義，目的とソーシャルワーク過程　24

② 援助関係の形成方法…26

自己覚知と他者理解　26　／　コミュニケーションと信頼関係（ラポール）　26　／　信頼関係を構築する援助関係の形成に必要な要素　27　／　原則1：クライエントを個人としてとらえる［個別化］　28　／　原則2：クライエントの感情表現を大切にする［意図的な感情表出］　28　／　原則3：援助者は自分の感情を自覚して吟味する［統制された情緒関与］　29　／　原則4：受けとめる［受容］　29　／　原則5：クライエントを一方的に非難しない［非審判的態度］　30　／　原則6：クライエントの自己決定を促して尊重する［自己決定の原則］　31　／　原則7：秘密を保持して信頼感を醸成する［秘密保持］　31　／　事例でみる援助関係を活用した支援　32

❸ 面接技術…32

面接の意義，方法，留意点　32　／　面接の成立条件（ソーシャルワーカーの基本的態度）　34　／　面接技法の取得（マイクロ技法）　36　／　面接の場面と構造　38

第3章　ソーシャルワークの実践理論

❶ 実践理論の意義とソーシャルワーク概念との関連性…42

実践理論の意義　42　／　ソーシャルワークの実践理論・実践モデル・アプローチ　42

❷ 人と環境との交互作用に関する理論…43

システム思考・理論　44　／　生態学的視点・エコロジカルモデル　46　／　バイオ・サイコ・ソーシャル（BPS）モデル　49　／　バイオ・サイコ・ソーシャル（BPS）モデルの実際　50

❸ ソーシャルワークの実践モデル…52

治療モデル　52　／　生活モデル（ライフモデル）　52　／　ストレングスモデル　53　／　各実践モデルによるアセスメントとプランニングの特徴と相違　54

第4章　ソーシャルワークにおける多様な実践アプローチ

❶ 多様な実践アプローチの理解の仕方…58

実践アプローチの多様性　58　／　実践アプローチをいかに学習するか　59　／　実践アプローチと実践モデルの関係　59

❷ 多様な実践アプローチ…61

心理社会的アプローチ　61　／　機能的アプローチ　62　／　問題解決アプローチ　64　／　課題中心アプローチ　65　／　危機介入アプローチ　66　／　行動変容アプローチ　68　／　エンパワメントアプローチ　69　／　ナラティヴアプローチ　70　／　解決志向アプローチ　72

Ⅱ部　ソーシャルワークの方法

第5章　グループワーク

❶ グループワークとは…80

グループワークの定義と特徴　80　／　グループワークの意義　80　／　グループワークの原則　82

❷ グループワークの方法…83

グループワークの類型　83　／　アセスメント　83　／　プログラムの活用　85

❸ グループワークの展開過程…86

準備期　86　／　開始期　89　／　作業期　90　／　終結・移行期　91

❹ セルフヘルプグループ…92

セルフヘルプグループとは　92　／　ヘルパー・セラピー原則と体験的知識　92　／

ソーシャルワーカーの役割　93

第6章　コミュニティワーク

①　コミュニティワークの定義・意義と目的…98

アメリカにおけるコミュニティオーガニゼーション理論の発展　98 ／ アメリカ・イギリスから日本へ　99 ／ 生活困窮者支援から求められたコミュニティワーク　100 ／ 包括的支援体制整備から求められたコミュニティワーク　101 ／ 社会福祉士養成教育に求められたコミュニティワーク　101

②　コミュニティワークの方法…102

コミュニティワークの射程　102 ／ コミュニティソーシャルワークとコミュニティワークの関係性　103 ／ コミュニティソーシャルワークとの関係性から見るコミュニティワークの独自性　104 ／ 個別課題の普遍化　105 ／ コミュニティワーカーの役割の複合性　106

③　コミュニティワークの展開過程…108

地域課題の発見　108 ／ 実施計画とモニタリング　109 ／ プログラム・資源の開発と評価，実施計画の更新　109

第7章　ソーシャルアクション

①　ソーシャルアクションの定義・意義と目的…114

②　ソーシャルアクションの方法…115

どうやって社会を変えるのか　115 ／ 様々なソーシャルアクションの方法　115

③　ソーシャルアクションの展開過程…116

ソーシャルアクションのステップガイド　116 ／ 対話の機会づくり　117 ／ 関係構築・チーム構築　119 ／ 情報収集・分析・戦略づくり　119 ／ 組織メンバーの能力開発・学習・スキルアップ　122 ／ アクションの計画・実行・評価（効果の測定）　122

第8章　ネットワーキングとコーディネーション

①　ネットワーキング…128

定義（ネットワークとネットワーキング）　128 ／ ネットワーキングの意義　128 ／ 利用者の社会ネットワーク　129 ／ ソーシャルワーカーが所属する組織・機関による組織間ネットワーク　133 ／ サービス提供組織のネットワーク，ネットワーキング　135 ／ ネットワーク，ネットワーキングの重層性　137

②　ネットワーキングの方法と展開過程…138

ネットワーキングの方法　138 ／ ネットワーキングの展開過程　140

③　コーディネーション…141

コーディネーションとは何か　141 ／ ネットワーキングとコーディネーション　142 ／ コーディネーションの意義　143

❹ コーディネーションの方法と展開過程…144

第9章　ソーシャルワーク・スーパービジョン

❶ スーパービジョンの定義・意義と目的…150

スーパービジョンとは　150 ／　スーパービジョンの意義　151 ／　スーパービジョンは日常の業務遂行に必要なもの　152 ／　ソーシャルワーク業務の中のスーパービジョンの位置づけ　153

❷ スーパービジョンの方法…155

スーパーバイザーとスーパーバイジーの関係性　155 ／　スーパーバイザーの職務　156 ／　スーパービジョンの方法論　157

❸ スーパービジョンの形態…158

セルフスーパービジョン　158 ／　個別スーパービジョン　158 ／　グループスーパービジョン　158 ／　ピアスーパービジョン　159 ／　ライブスーパービジョン　159 ／　ユニットスーパービジョン　159

❹ スーパービジョンの展開過程（実際）…160

❺ コンサルテーション…162

コンサルテーションとは　162 ／　コンサルテーションの関係　162 ／　コンサルテーションの種類　162 ／　コンサルテーションの展開過程（実際）　163

第10章　ケアマネジメント

❶ ケアマネジメントの定義・意義と目的…168

ケアマネジメントの沿革　168 ／　日本におけるケアマネジメント　168 ／　ケアマネジメントの定義　169 ／　ケアマネジメントの意義と目的　170

❷ ケアマネジメントの視点…171

ケアマネジメントの構成要素　171 ／　生活モデルとストレングス視点　172 ／　ICFとケアマネジメントの考え方　173 ／　ミクロからマクロレベルにわたる方法／機能　174

❸ ケアマネジメントの展開過程…175

第1段階：相談（入口）　175 ／　第2段階：アセスメント　176 ／　第3段階：ケース目標の設定とサービス計画の作成　177 ／　第4段階：サービス計画の実施　178 ／　第5段階：モニタリング及びフォローアップ　178 ／　第6段階：再アセスメント　178 ／　第7段階：終結　179

❹ ケアマネジメントの実際…179

サービス利用に向けた考え方　179 ／　地域で支える　182

第11章　ソーシャルワークの記録

① 記録の意義と目的…186

記録の意義　186　/　記録の目的　187

② 記録の方法と実際…188

記録の文体　188　/　SOAP ノート　190　/　項目式　191　/　図表式　193

③ ソーシャルワークにおける個人情報の保護…196

意義と留意点　196　/　IT 活用のあり方　196

第12章　カンファレンス

① カンファレンスの意義，目的…200

連携・協働・チームアプローチ実践の背景　200　/　カンファレンスとは（定義・目的）　200　/　カンファレンスの意義　201

② カンファレンスの運営と展開…203

カンファレンスの構成要素　203　/　カンファレンスの構成員　204　/　カンファレンスの展開過程　206　/　カンファレンス運営におけるコンフリクト　207

③ カンファレンスの実際…208

事例：医療機関における治療方針検討のための多職種連携カンファレンス　209　/　事例：一人暮らしの認知症高齢者を支える地区社会福祉協議会との協働カンファレンス　210

第13章　事例分析・事例検討・事例研究

① 事例分析・事例検討・事例研究とは…214

② 事例分析…214

事例分析の目的　214　/　事例分析の意義　215　/　事例分析の方法　216　/　事例分析の実際　217　/　事例分析での留意点　218

③ 事例検討の目的，意義，方法，実際…218

事例検討の目的と意義　218　/　事例検討の方法　219　/　事例検討の手順　219　/　事例検討での留意点　221

④ 事例研究の目的，意義，方法，実際…221

事例研究の目的と意義　221　/　事例研究における分析の視点　222　/　事例研究で使用する事例の選択・設定や分析手法　223　/　事例研究の手順　223　/　事例研究の留意点　224

索　引　227

Ⅰ部
ソーシャルワークの理論

■第1章■
ソーシャルワークの援助過程

学習のポイント ─────────────────

1　援助過程の全体像を理解する。

2　各援助過程の段階における方法，留意点を理解する。

3　具体的な援助展開のあり方を理解する。

ソーシャルワーク実践の流れ

図 1 - 1　ソーシャルワーク
　　　　　の展開プロセス

出所：筆者作成。

　ソーシャルワークの対象は，子どもから高齢者まですべての人である。また，抱える課題は多様で複雑である。そのため個人，家族，そして生活の基盤となっている地域社会や，取り巻く環境を含めて理解する姿勢が求められる。ミクロの視点で支援する際でも，システムとしてメゾ，マクロの視点としてとらえることが大切である。たとえば，独居の認知症高齢者の生活支援を検討する場合，ミクロとしての本人だけではなく，取り巻く環境として関連する組織，機関，地域社会（メゾの視点），そして制度・政策から受ける影響を把握し（マクロの視点），本人に生じている課題と各々のシステムとの関係性を理解することが必要になる。

　このようなソーシャルワークの対象となる「すべての人」とは，個人や家族だけではない。共通の課題を持つグループ，組織，そして地域社会，そして世界とどれもがソーシャルワークの対象となる。これらのうち，どの対象であっても，ソーシャルワークの実践は同じ一連の流れを有している。開始期では，ケースの発見，インテーク（エンゲージメント），アセスメント，展開期では，プランニング，支援の実施，モニタリング，終結期では，終結・事後評価，アフターケア，という流れである（図 1 - 1）。

　本章では，ソーシャルワークの一連の流れを，過程として理解できるように，それぞれの段階に必要な知識・方法や留意点を解説していく。

開始段階

　本書では，ケースの発見，アウトリーチ，インテーク，アセスメントを開始段階とする。

□ ケースの発見とは

　ソーシャルワーカーが対象とするクライエントは，社会福祉の援助

ビネット1-1　🏠　家族の世話をしている由美ちゃん

　由美ちゃんは小学校5年生である。4年前に両親が離婚し，現在は母親，母方の祖父母と同居している。母方の祖父はほぼ寝たきりの状態であり，母方の祖母は認知症の症状がある。母は一家を支えるために朝から夜遅くまで仕事をしている。由美ちゃんは祖父母や身の回りの世話を担わざるを得ない状況にあった。

機関に自ら訪れる人だけではない。子どもの虐待，高齢者虐待，夫婦間の暴力など家族内の課題は表に出ない場合がある。地域で孤立している高齢者や障害者など，自分の抱えている困りごとを仕方ないとあきらめている人もいる。自分の問題に対して，どうしていいかわからず生活している人も少なくない。自分の課題を解決したいと思っていても，必要な福祉サービス自体を知らない，知っていてもどこに行ったらいいか，申請の方法を知らない人もいる。また，他者からの支援や福祉サービスと利用するに抵抗を示す人，拒否的な感情を持っている人もいる。このような支援では，クライエントの動機づけをいかに高め，支援関係を形成するかが重要になる。

　ここでは，ビネット1-1の由美ちゃんの事例を通して各段階を理解したい。

□　ケースの発見の留意点

　由美ちゃんは授業が終わるとすぐに帰宅する生徒であった。放課後も友達と遊んでいる様子がない。気になって担任がスクールソーシャルワーカーに，家の様子を聞いてほしいと依頼した。話を聞いてみると，祖父が寝たきりであり，祖母は認知症であった。由美ちゃんが買い物や食事作りを毎日のようにしていることが分かった。

　このような場合，子どもが行っているケアが，年齢や発達に見合わない内容や量になっていないかを確認し，必要であれば援助につなげることが求められる。

　地域住民からの通報，学校や保育園からの相談，保健師の訪問により，課題のあるかもしれない人々が発見されることがある。ソーシャルワーカーは，課題を抱えた人が相談に来るのを待つだけではなく，地域の課題と問題の発見に敏感になることが求められる。

□　アウトリーチとは

　相談機関の支援者は相談に訪れる人が来るのを待つだけではなく，自ら出向いて，地域社会や，生活の場に足を運び，支援が必要である

人々を支援者につなげる必要がある。これを「アウトリーチ」という。たとえば，路上で生活している人のところへ出向く，またクライエントが生活している自宅を訪ね，接触を試み，サービスにつなげることである。

　その多くは，このままでいたら課題が大きくなることが予測される。または，本人や周囲が不利益を被る場合や，虐待，薬物乱用，売春のように，リスクが高いとされる人々が対象となる場合もある。自発的に相談しない対象者に対して，ソーシャルワーカーは接触を持ち，支援につなげる働きかけを行う必要がある。

　クライエントが自発的に支援を求めているのか否か，誰から紹介されてきたか，自らも支援の必要があると認識しているのか否かなどは，その後の支援の過程に大きく影響する。特に，自発的に援助を求めてこないクライエントには，過去の経験から不信感や**スティグマ**感，自尊心など価値観に関わることが理由の場合がある。

➡ スティグマ
歴史は古く，「身分の低い者」や「犯罪者」などを識別するために体に強制的に付けた「印（しるし）」に由来した言葉である。日本語で「差別」や「偏見」とも訳される。個人の持つ特徴に対して，周囲から否定的な意味づけをされ，不当な扱いことをうけることなどを指す。

□ **アウトリーチの留意点**

　アウトリーチでは，対象者の特性や領域に対応したソーシャルワーカーの専門的知識と技術が求められる。ソーシャルワーカーは，アウトリーチが必要な対象者の緊急性を判断することが重要である。また，クライエントが信頼している人を探し，安心感を与える環境や，接触する機会を模索すること，受け入れられやすい方法を検討し，信頼してもらえるように努力する姿勢が求められる。

□ **インテークとは**

　相談に来る人には，行政から出されている市政だよりなどを見て相談のために来所する人，電話で相談してくる人，テレビやインターネットで知って相談したいと思う人など実にさまざまである。実際に相談にきたけれどもここでいいのかどうか迷いながら話し始める人もいるだろう。

　まずは，相談者の相談内容と，来所や相談に来た機関の機能や目的が適しているかどうかを，判断する必要がある。このように相談者の話している問題を解決するための，適切なサービスや支援を提供できるかどうかの判断を含めた面接を，「インテーク（受理面接）」という。

　一般的に公的機関などの相談では，インテークが行われ，相談の受理を判断する。医療機関などでは，利用者自らがソーシャルワーカーのいる相談室を訪れる場合もあるが，医師や看護師等から紹介される

こともある。学校などでは，児童や生徒は担任や養護教諭からスクールソーシャルワーカーを紹介された後，インテークが行われることもある。

□　インテークの留意点

　インテークでの関係作りは重要である。クライエント自身のシステムとソーシャルワーカー自身のシステムの相互作用から，援助システムを形成していくことになる。これは，クライエントに関わる情報を収集し，次のステップのアセスメントにつなげるためにも必要である。そのためには，クライエントとの**パートナーシップ**形成のためのスキルの獲得が求められる。

　クライエントは，自分のことを一番知っている「専門家」である。自身の課題解決に取り組んでおり，自分にとってよいものを選択する能力を持っている。ソーシャルワーカーはクライエントのおかれている状況に共感し，信頼関係を構築する関わりが重要であることは言うまでもない。

　インテークの時，以下のような点に留意する。

　①　ソーシャルワーカーは自己紹介をし，クライエントに自分の職務と役割を伝える。

　②　インテーク面接の目的を伝え，これからたずねる質問は支援を開始する上で必要になるということの合意を得て面接を進める。双方で，課題に取り組んでいく**コンセンサス**を得る。

　③　混乱しているクライエントの場合，必ずしもソーシャルワーカーの役割を理解したかどうかは定かではないため，反応を確認しながら進める。クライエントはワーカーに対してこの人は私に何をしてくれる人なのだろうかと懐疑的になる場合もある。その反応として，抵抗を示すことや拒否を示す場合もあることを理解しておく。

　④　クライエントが期待していることと，機関が提供できるサービスが合致しているのかを双方で認識する。

　⑤　クライエントのおかれている状況から，事実，推測，認識，感情などを面接で確認する。

　⑥　緊急性を把握し，これから起こる事象を予測する。

　⑦　クライエントのこれまでの取組みに対してねぎらい，クライエント自身が課題に取り組める力を促進する。

□　ケースでとらえるインテーク

　ビネット1-2の相談内容の場合，乳がんの手術を受けなければな

➡◆　パートナーシップ
　当事者であるクライエントとの「協働」を示す概念として用いられる。ソーシャルワークにおいてクライエントとの関係性は，「対等」や「平等」を重視する。対象となるクライエントへの介入を試みる際の基盤となる良好で目指すべき関係性のモデルとしてとらえられている。

➡◆　コンセンサス
　意見の一致，合意のことを言う。ソーシャルワークにおいては，クライエントから合意を得ることを指す。

ビネット1-2　🏠　乳がんで治療が必要な母子世帯の母親との面談

　美智子さんは5歳と6歳の2人の子どもを連れて福祉事務所に来所してきた。話を聞くと美智子さんは，保育園から福祉事務所の生活保護課に相談した方がいいと，紹介されてきたとのことである。ケースワーカーの田中さんは，来所した美智子さんがやつれて覇気がなく，自分の整容を整えることのできないほどの状況にあり，緊迫した様子であることを察知した。

　美智子さんは，市の乳がん検診でがんが見つかり手術が必要であること，貯金も底をついたこと，周りに頼れる家族も友人もいないと思い詰めている様子であった。

　美智子さんは35歳で，現在2人の子どもと3人で生活している。美智子さんの両親は彼女が5歳の時に離婚しており，12歳の時に母親が病気で死去。その後は祖父母に引き取られた。成績優秀者に贈られる奨学金を得て大学進学，卒業後は商社に就職，その時に出会った男性と結婚し，2人の子を出産。それ以降は，育児を中心に短時間の事務職のパート勤務をしていた。

　ところが夫と1年前に離婚することになった。養育費は払われてない。取り崩した貯金とパートで何とか今まで生活していた。2人の子どもには自分のように淋しい思いをさせたくないと願っていたので，子ども達にはできる限り笑顔で接し，温かい食事を作り，親子3人で何とか生活していた。相談できる友人や職場の仲間もおり，サポートは得られていた。

　ところが，数週間前に市の乳がん検査でがんが発見され，先日病院で医師から手術が必要と言われた。貯金も底をつきはじめ，そろそろ正社員として働こうと思っていた矢先であった。信頼している保育園の担任に話したところ，福祉事務所に相談したらどうかと提案されて，自ら来所してきた。

　本人は元来人一倍努力家で，人に頼るよりも何でも自分で考えて行動するタイプであった。今回の乳がんについては，手術して治療をすれば，非常に早期のがんなので大丈夫でしょうと言われたことで，まずはしっかり治療に専念したい。でも治療費を支払うお金がないことはとても心配だと言った。入院している間，子ども達を誰かに託さないといけないが，養育費も払わない別れた夫に頼る気持ちはない。しかし，このままでは入院して手術ができない。手術して元気になったら子ども達と一緒に生活をしたい，子ども達を立派に育てたいと涙ながらに希望を語った。

　ケースワーカーの田中さん（以下，田中ワーカー）は，美智子さんのそばで仲良くおもちゃで遊んでいる子ども達の姿を見ながら必要な情報を収集した。

らいことから，緊急性が高いことが理解できる。最初の出会いの場面では，クライエントは自分自身の状況を語ることになる。自分の話を聞いてくれるだろうか，今の状況を理解してくれるだろうか，私の抱えている問題は解決されるのだろうかと不安の中で話を始めることになるだろう。美智子さんは，話の中で，自分の抱えている状況に押しつぶされそうな不安や苦しさなど感情を表出するかもしれない。美智子さんが安心して相談したいと思える援助関係を作るためには，ていねいにわかりやすく質問し，それに対する答えを傾聴・共感などの面接技術が必要になる。

　ソーシャルワーカーは美智子さんの問題のみに注視するのではなく，美智子さんが児童相談所に来所するまでに，2人の子どもを育てながら様々な努力をしてきた状況に対して，どのような取り組みをし

てきたのか，どのように対処しようと試みたのかを把握する。これにより，相談者の対処能力を理解することになる。それと同時に，その努力に対するねぎらいの言葉をしっかりと伝えることにより，ソーシャルワーカーと相談者との協働関係が強化され，課題達成の促進につながる。

インテークの段階では美智子さんの抱える課題を多面的に把握し，相談者が困らないように相談できる道筋を示し，最適な支援に辿り着けるようにする工夫も必要である。

□ アセスメントとは

アセスメントは，クライエントの課題を総合的に理解するために，情報を収集しそれらを分析・統合することをいう。社会福祉の現場において的確なアセスメントは，援助の質と内容を問うものとして重要である。ヘプワース（Hepwaorth, D. H.）はアセスメントを「クライエントの直面する困難を理解するために情報収集を行う動的過程である」と定義している。また，ソーシャルワーク過程の中で次のステップである，プランニングや支援の実施につながるものとしている。

アセスメントの目的は，「問題を理解し，その影響を減じる方法を究明すること」とし，さらにアセスメントには，クライエントの積極的な関与を提示している。[1]

メイヤー（Meyer, C. H.）は問題状況，対象者のニーズ，問題を取り巻く環境を十分にアセスメントせず支援方法を考えて，実行し，その結果として支援が成功したとしてもそれは「まぐれ」であり，[2]専門的妥当性のない支援となる危険性を述べている。ここでは，アセスメント対象は本人だけに限定されない。課題を抱えた人をアセスメントする場合，単に対象となっている人の理解だけにとどまらず，本人や家族を取り巻く環境を含めて理解をすることが必要である。その人自身の生活は，その生活空間，生活時間，生活環境（社会環境）における様々な要素との間で取り交わされる，絶え間ないやり取りの過程でとらえられる。その環境との間の関係性に着目し，相互関係にあるものを理解しようとする視点がアセスメントの特徴である。生活上の課題は，人と環境の交互作用の中での調和が崩れることで，生活ストレスが発生するものとしてとらえる。

□ アセスメントに必要な情報

アセスメントに必要な情報は，様々な角度から得ることができる。本人との面接から得た情報，家族・友人・関係者からの情報，クライ

エントをこれまで援助してきていた関係機関などの関係者や専門家からの情報，クライエントに対する心理テストからの情報，クライエントの行動などの観察から得た情報，クライエントとの相互関係の中でソーシャルワーカーが感じ取ることで得られる情報，などがあげられる。

　アセスメントの際には必要な情報を得ることが求められるが，必ずしも多くの情報を得ることが得策とは限らない。質の高い情報を必要な量だけ得るためには，どこから入手する方がよいのか，誰に聞けばよいのか，どの記録を読めばいいのか，情報収集の方法も検討する必要がある。

　また，認知症等で自らの思いを伝えることができない場合には，面接などで情報を十分に収集することが困難な場合もある。クライエント本人と接することで得られる情報，発せられる言葉から読み取る情報，自宅訪問を通じて得られる視覚的な生活に関する情報など，ソーシャルワーカーは五感を駆使してアセスメントにおける情報を得る必要性がある。また，本人の意思を代弁できる家族や友人などからの情報収集も必要になる。

　また，このアセスメントは一度で終わるものではなく，継続する過程である。時間の経過によって状況が変化する場合もあるので，「再アセスメント」が実施され，プランニングに反映させる。

□　アセスメントの枠組み

　人と環境の相互作用の中で，システムの機能や不均衡などから課題が生じるが，一方，人と環境におけるストレングス（強み）は，システムにポジティブに働き，システム全体に影響を与えるととらえることもできる。サポーティブな環境が個人の抱える課題を緩衝材になることもあり，また個人の強さが，環境的な課題を解決するものにもなり得ることから，クライエントのストレングスと能力，資源をアセスメントする。

　渡部律子は，ヘプワースとラーセン（Larsen, J.）の統合的アセスメントの枠組みを改良し，以下の9つの項目にまとめている。[3]

①　クライエントの問題意識
②　主訴は何か
③　問題の具体的な特性
④　クライエントの問題のとらえ方
⑤　クライエントの特性——クライエントはどんな人か
⑥　クライエントの問題理解に必要な固有の情報

⑦　クライエントの問題対処力

⑧　問題対処に関係する出来事・人・機関とその結果

⑨　クライエントのニーズと問題との関連性・今後の問題対処に必要な資源

　これらの基盤となる理論は，システム理論，認知行動理論，ライフサイクル（発達心理学）⁽⁴⁾，自我心理学，ストレスコーピング理論である。これらを応用し，統合的・多面的にクライエントをとらえるアセスメントとして，クライエントの能力，ストレングス，**レジリエンス**，資源など人を取り巻くシステムが持つ強み，また，資源と支援の利用の可能性とバリアになるもの，リスクになるもの，障壁の存在など環境の強みと困難性，資源の必要性と現実的な利用可能性の適合度あるいはバランスの明確化を図ることなど，がある。

▶▶　**レジリエンス**
　困難や苦境に直面しながらも平衡状態を維持する能力とされ，「復元力」「精神的回復力」「抵抗力」「耐久力」などと訳される，

□ ケースでとらえるアセスメント

　美智子さんのケースを9つの項目に照らしてアセスメントすると以下のようになる。

　①　クライエントの問題意識：美智子さんは自分の課題をしっかり認識できており，動機づけは高く，自分から援助を求めている。

　②　主訴は何か：美智子さんの主訴は，乳がんの手術を受けるための，治療費の捻出や安心して治療するために子どもを面倒見てくれるところを探したい，退院後は再び子どもと一緒に生活をするための手立てを考えたい，ことである。

　③　問題の具体的な特性：母子での生活は1年目であり，一生懸命に子どもたちを育ててきた矢先に早期の乳がんの発見であった。治療は早急に行われる必要があり，そのために医療費のこと，子どもの養育のことなどが課題となっている。

　④　クライエントの問題のとらえ方：美智子さんはこのことを何とかしなければならないと考えており，そのための支援を求めている。自分ではどうにもならない。頼る人もいないので何とかしてほしいと思っている。

　⑤　クライエントの特性：美智子さんは成人期後半にあり，親として子どもを育てることによる人格的発達する時期であり，子育ては美智子さんの段階では重要な時期である。美智子さんは両親の離婚や12歳の時に母親の死去によるいくつかの喪失体験をしていることから，自分の子どもには同じような淋しい思いをさせたくないという思いが強い。

　⑥　美智子さんの問題理解に必要な固有の情報：今回の乳がんは早

期発見であり，腫瘍が比較的小さいことから手術をして，術後放射線療法が必要であっても，2週間程度の入院と言われている。

⑦　クライエントの問題対処力：美智子さんは大学進学時に奨学金を得るなど，努力家で自分で考えて行動するタイプであり，問題対処能力は高いといえる。

⑧　問題対処に関係する出来事・人・機関とその結果：両親の離婚，母親の死，祖父母に育てられてきたが，自立心が高く人に頼るのが苦手な一面がある。保育士とは関係がよく，色々と話ができる。その他にも友人やパート仲間など，話せる仲間には恵まれている。

⑨　クライエントのニーズと問題との関連性・今後の問題対処に必要な資源：治療に必要な医療費の課題があり，また入院中の子ども達の養育問題を解決する必要がある。その後の生活についてはすぐに仕事に復帰できない場合，生活費全般の問題が生じる可能性がある。入院中の子どもの養育に関して短期入所生活援助（ショートステイ）事業などが活用可能。入院中の不安などは医療ソーシャルワーカーが関われる。また生活保護申請は田中ワーカーが対応できる。

☞ ジェノグラムやエコマップ
本書第11章第2節参照

➡ バーセルインデックス
Barthel Index(BI)。ADL の評価表（評価方法）で全10項目を自立・一部介助・全介助の分類であり，100点満点で採点する。具体的には，日常生活動作を把握するために，食事・移乗・整容・トイレ・入浴・歩行（移動）・階段昇降・更衣・排便・排尿の10項目を各項目の自立度に応じて15点・10点・5点・0点で採点評価をする。

➡ 機能的自立度評価法
Functional Independence Measure (FIM)。運動13項目，認知5項目の各項目を1点〜7点の7段階で評価する。コミュニケーションや社会的認知などの認知項目を含むため，実際に日常生活で行っている動作を評価する。

□ **アセスメントのためのツール（道具）**

アセスメントのためのツールとは，クライエントの問題状況やニーズの理解のために用いられる道具である。ソーシャルワーカーがそれらを活用するためには，ツールの目的と使い方，採点方法と評価の解釈の方法などの知識が必要である。スケールなどは診断に関連することもあるので，医師やセラピストから専門的意見を聞き，正しい理解が求められる。また，視覚的に理解できるツールとして，**ジェノグラムやエコマップ**などがある。

ジェノグラムは，マクゴールドリック（Mcgoldrick, M.）とジャーソン（Gerson, R.）より開発された。少なくとも3世代の家族メンバーの情報を図表に示すものである。家族や親子関係などの情緒的結びつき，クライエントに重要な影響を及ぼした生活上の出来事なども知ることができ，クライエントやその家族を理解するのに有効である。

エコマップは，ハートマン（Hartman, A.）により開発されたものである。クライエントと環境上の主要なシステムとの関係を表示することを目的としている。クライエントと関連する人や団体・機関について関係の状況を図に書き込む。また関係の状態を示すことができ，本人や家族への資源やエネルギーの流れる方向も記入ができる。

他の専門職から得られる情報として**バーセルインデックス**や**機能的自立度評価法**から，患者の身体状況が理解できる。また，**簡易抑うつ**

症状尺度[(9)]，改訂長谷川式認知症スケール[(10)]，精神疾患の診断・統計マニュアル（DSM）[(11)] などから，患者の精神状態や疾患を理解できる。

このようなアセスメントツールで情報が整理でき，クライエントと共に客観的な評価ができるようにすることで，クライエントの強みと課題をとらえることができる。これらをケース会議などで提示することにより相互理解が促進される，などのメリットがある。

③ 展開段階

本書では，プランニング，支援の実施，モニタリングを展開段階とする。

□ プランニングとは

プランニングとは，クライエントが十分に納得した支援の目標を設定し，何を優先して取り組むか，そのための方策をクライエントと十分な話し合いを通して決定していく段階である。この段階では，クライエントの一番困っている課題は何であるのか，そしてどう解決したいのかを明確にし，目標を検討する。すなわち，実現可能な具体的な目標を設定し，その目標を達成するための方法を見つけ，実践していく事で課題達成を目指す段階である。

基本的にプランニングの過程は，クライエントと確認しながら行われる協働作業であり，それはクライエントの納得のもとに作成する。外的な要請によって，時間の制約がある場合や急を要する場合では，限られた時間内に現実可能な課題解決に導くための目標設定が，極めて重要となる。

このようにプランニングでは，クライエント自身の自己決定が大切になる。クライエントが自己決定を行うには，様々な情報を得る必要がある。特にクライエントが知らない方法が提示された場合，サービスの内容，その利点，利用の資格要件，手続方法や費用など，自己決定するために，多くの情報が必要となる。

しかしクライエントが自分自身の感情・考えの整理ができていない段階で，このような盛りだくさんの情報だけを提示されても，その情報は役に立たない。クライエントにとって役立つ情報にするためには，適切なタイミングで，必要でかつ質のいい情報を受け取り，理解し，整理し，それが自分にとっての利点を吟味できることが必要とな

➡ 簡易抑うつ症状尺度
Quick Inventory of Depressive Symptomatology（QIDS-J）16項目の自己記入式の評価尺度でうつ病の重症度を評価できる。アメリカ精神医学会の診断基準 DSM-IV の大うつ病性障害（中核的なうつ病）の診断基準に対応している。

➡ 改訂長谷川式認知症スケール（HDS-R）
年齢，見当識，3単語の即時記銘と遅延再生，計算，数字の逆唱，物品記銘，言語流暢性の9項目からなる30点満点の認知機能検査である。

➡ 精神疾患の診断・統計マニュアル（DSM）
アメリカ精神医学会が作成する公式の精神疾患診断・統計マニュアル（Diagnostic and Statistical Manual of Mental Disorders）であり，精神科医が精神障害の診断のガイドラインとして用いる診断的分類表である。1952年に第1版（DSM-I）が刊行されて以来，第5版（DSM-5）まで出版されている（第5版の出版は2013年）。

る。

　プランニングは，クライエントのニーズと，クライエントが持っている資源を考慮して検討される。ソーシャルワーカーには，クライエントの課題の解決に活用できるサービスや資源を知っていること，異なる解決法があるなら，それを提示する際にその利点と限界を説明すること，またクライエントの思いを聞きながら，どれが最適かをクライエント自身が選択できるように，面接を進めることが求められる。

◻️　ケースでとらえるプランニング

　ビネット1-2の事例の場合，以下の点に留意して，プランニングを検討できる。

　①　面接を通して，美智子さんの希望をしっかり理解し，美智子さんが何をどうしたいのか自己決定を促すことで，目標が設定する。

　②　美智子さんが乳がんの治療を行うために設定した，医療費と目標に対して，どのような支援があれば課題が解決でき，希望する生活が可能となるのかを考えて，計画を作成する。

　③　設定される目標は，実現可能なものであること美智子さんの考える目標を支持し，落胆させることがないように，美智子さんの動機づけを支持する。

　④　アセスメントで明らかになった課題の解決の優先順位を決める。クライエントが何を一番の問題と認識しているか，面接を通して明らかにする。

　⑤　ソーシャルワーカーの所属する相談機関の機能や役割にもよっても，対応できること，限界なども考慮して，今，ここで，美智子さんと共に実現できる目標を検討する。

　以上のことから，このプランニングは，美智子さんや田中ワーカーだけではなく，サービスを提供する機関や対応する他の人々にも関わる計画となる。プランニングは社会資源やサービスの提供者にも共通するものとなり，チームアプローチを展開していく基本となる。

◻️　プランニングの留意点

　ここでは，プランニングの留意点を4点提示する。

　①　取り組むべき課題を明らかし，共通課題とする。クライエントのニーズをアセスメントから導き出し，クライエントの自発的なものや求めている目標を，重視し取り扱う。ソーシャルワーカーと考えと合致していない場合は，ていねいな話し合いを持ち，共に取り組めるような計画を立てる。

　②　取り組むべき課題に対する目標が，達成できるような計画を立てる。その場合，実行した際に生じる障壁を考え，達成の可能性を予測する。達成できない部分を補完する計画も考えて，クライエントの提示し，合意を得る。

　③　支援に活用できる社会資源やサービスを検討する。取り組むべき課題に対する目標を達成するために，活用できる社会資源，機関，タイミングや頻度など，具体的に支援の計画を明示する。その際に，それぞれの社会資源や提供するサービスの効果と限界を考える。限界に対するさらなる対応策も検討する。

　④　ソーシャルワーカーは果たすべき役割を計画の中でも考え，その役割が果たせるように理解する。たとえば，ソーシャルワーカーは，**支持的機能**を果たし，クライエントが課題に取り組むための動機づけを高め，自らがその課題を解決していけるように計画する。

□　支援の実施とは

　プランニングを実施（支援の実施）することを，介入（インターベンション）という。またその進捗状況を確認し，効果的な介入につなげていく。課題を解決するためには，アセスメントから得られた支援の目標，プランニングに基づき，展開される。これらの支援を実施する時は，クライエントとの協働作業であり，常にクライエントの確認を得て進めていくことは言うまでもない。

□　支援の実施の留意点

　作成されたプランは，部署や組織，関係機関や団体などと連携・協働して介入を行うこともある。そのためにはソーシャルワーカーは，自分の所属する機関内で，必要な部署を交えた**カンファレンス**の開催や，所属する機関外で地域ケア会議やケース会議などを行う。この場合，機関全体で支援を検討することを本人に伝え，同意を得る必要がある。

　また機関外の人々を交えた会議では，プライバシーが保たれるように，資料の回収，匿名でケース内容を記載する配慮が必要になる。いずれの場合も，支援の実施では予測された結果と現実の結果の差異の確認を行う。初期アセスメントをもとに作成されたプランニングから，クライエントの状況は変化するかもしれないので，常に情報収集・分析を意識しながら，適切な介入方法の確認をすることが必要である。

◆→　支持的機能
　ソーシャルワーカーは，クライエントの自己決定を尊重し，話を傾聴し，共感するように努める。そのことによりクライエントが自分自身の問題を解決する力を高めることができるように目指す機能である。

☞　カンファレンス
本書第12章参照

□　モニタリングとは

　支援過程の初期アセスメントやプランニングが終わり，当初の目標に沿って，クライエントへの援助が始まると，サービス提供が，計画した目標を達成しているのか，生活の質の向上に役立っているのか，何らかの変化をもたらしたかをチェックする。それを「モニタリング」という。

　支援が開始されたことにより，クライエントの生活にも変化が起こる。たとえば，高齢夫婦の家に家事援助サービスを開始することで，新たな人との関わりができ，今まで自分一人でやってきたことを他の人が引き受けてくれる。これらはクライエントにとってプラスの働きと同時に，ある種のストレスになる可能性になることもある。サービスを導入することによって生じる影響は本来，支援計画の段階での予測が求められる。また，援助の経緯やクライエントの生活の変化を見守っていくために，モニタリングが不可欠となる。支援の効果やクライエントの生活への影響を確認するのが，モニタリングの機能である。

　モニタリングでは，クライエントの問題特性に合わせて，継続してその変化をみていくべき行動・考え・感情などを決めて，それらの程度を得点化することで，効果や変化を見ていくことができる。また，クライエントと話合いによって，目標がどの程度達成できたか，生活がどのように変化したかを確認できる。

□　ケースでとらえるモニタリング

　ビネット1-2の美智子さんの場合，乳がんの治療やその間の子どものことが，不安であることが面接の中で明らかになった。この不安という感情に注目して，どの程度，美智子さんの不安が変化していったかを評価することも可能である。または，子ども3人と生活していく自信の変化を得点化して，評価することもできる。

　これらは，クライエントとソーシャルワーカーで決めた目標の達成度を視覚化することで，わかりやすくなる。得点化すること自体が目的ではなく，数値化することで，クライエントとソーシャルワーカー間で，今，何が起こっているのかを話し合う手段として用いる。モニタリングによってお互いに確認しあうこと自体が，クライエントの自己承認や自己評価の機会になる。また，ソーシャルワーカーがとらえるクライエントの変化と，クライエント自身の数値化したものにギャップがあれば，そのことを話し合うことによって，より適切な支援計画を再検討することにつながる場合もある。

④ 終結段階

本書では，終結，事後評価，アフターケアを終結段階とする。

□ 終結とは

支援には，始まりがあると同様に終結がある。支援の終結とは，当初問題だと考えられていたことが解決されたり，その問題の度合いが軽減したりして終わることが想定されている。医療機関のように，退院支援で関わり始め，数回の面接で終わる場合もあるが，ケアマネジメントのように長期にわたってクライエントの生活を支えていく支援もある。終結の際の留意点は以下の通りである。

① 提供されたサービスや目標がどの程度達成されたかを評価する

② 終結を実行する時期を決定する

③ 終結過程において生じた情動反応を相互に解決する

④ 達成した成果を維持し，成長の継続を実現するための計画を行う[13]

介入時もモニタリングを通して，随時過程状況を双方で確認する作業ができていると，終結においても，達成されたもの，残された課題と今後の対応などを総括して支援を終了することができる。クライエントの状況の変化，たとえば転居や病気の悪化，死去など予測していなかった終結を迎えることもある。一般的には，このような例外を除いて，支援の終結時には，ソーシャルワーカーとクライエントが共にこれまでの過程を振り返り，クライエントが目標に対して，達成できたこと成長できたこと，支援過程で何が起きたか，何がどう変化したかを，面接での会話を通して評価する。

ソーシャルワーカーがクライエントの変化や成長を肯定的にとらえ，評価することにより，クライエントは自らの成長を認識でき，これがクライエントの生きる力につながる。また，未解決の課題に対しても確認し，クライエントがさらに成長するには何ができるのか話し合う必要がある。終結まで残された面接を通してできるだけの対応を考える。また他機関を紹介することもできる。

□ 事後評価とは

終結の際に，これまでの過程で達成できたことを振り返るために事

後評価がある。その方法は，モニタリングに用いた評価方法以外にも，クライエントの満足度に関する情報で評価することもできる。[14]ソーシャルワーカーは終結に至った経緯，理由，事後評価に関する記録をこれらのことを記録して残しておくことを忘れてはならない。また，エコマップを用いて，介入前後を比較することも可能である。**単一事例実験計画法（シングルシステムデザイン）で介入前後の変化を確認することができる。**

◆◇ 単一事例実験計画法（シングルシステムデザイン）

　介入の効果を測定する方法である。介入を行なう前（ベースライン期）と，介入を受けた後（インターベンション期）の状態を，時間の流れに沿って繰り返し観察することによって，問題の変化と介入の因果関係を捉えて，介入に効果があったか否かを検証する。

☐ アフターケアとは

　アフターケアとは，終結後にも何らかの支援を提供することである。ソーシャルワーカーが終結時に，状況確認するために連絡を入れることを約束する場合もある。クライエント側から状況が変化して新たな課題が生じたことや，解決したはずの課題が再燃したことの連絡を受ける場合がある。その場合は支援を再開することもある。

📖 さらに知りたい人のための推薦図書

ゴールドシュタイン，E.・ヌーナン，M.／福山和女・小原眞知子監訳（2014）『統合的短期型ソーシャルワーク──ISTT の理論と実践』金剛出版.
▷本書は，援助展開の方法と理論の基本と応用が学べる一冊である。
ヘプワース，D. H.・ルーニー，R. H. 他／武田信子監修（2015）『ダイレクト・ソーシャルワークハンドブック──対人支援の理論と技術』明石書店.
▷本書は，北米のソーシャルワークの授業で長年使用されており，援助展開の方法を深く学べる。

注
（1）　ヘプワース，D. H.・ルーニー，R. H. 他／武田信子監修（2015）『ダイレクト・ソーシャルワークハンドブック──対人支援の理論と技術』明石書店，271.
（2）　Meyer, C. H. (1993) *Assessment in Social Work Practice*, Columbia University Press.
（3）　渡部律子（2022）「第1章ソーシャルワーク展開過程の全体像」「社会福祉学習双書」編集委員会『ソーシャルワークの理論と方法』全国社会福祉協議会，46.
（4）　エリクソン，E. H.・エリクソン，J. M.／村瀬孝雄・近藤邦夫訳（2001）『ライフサイクル，その完結』みすず書房.
（5）　McGoldrick, M., Gerson, R., Petry, S. (1986) *Genograms in Family Assessment 1st edition*, Norton & Co Inc.
（6）　Hartman, A. (1995) Diagrammatic assessment of family relationships, *Social Casework*, 59(8), 465-476.
（7）　一般社団法人日本老年医学会ホームページ.（https://www.jpn-geriat-soc.or.jp/tool/tool_03.html）（2023.06.28）
（8）　鶴見隆生編集（2005）『日常生活活動学・生活環境学（第2版）』医学書院，49, 77-80.
（9）　厚生労働省「うつ病チェック簡易抑うつ症状尺度（QIDS-J）」.（https://www.mhlw.go.jp/bunya/shougaihoken/kokoro/dl/02.pdf）（2023.06.28）
（10）　（7）と同じ.
（11）　日本精神神経学会編／髙橋三郎・大野裕監訳（2014）『DSM-5 精神疾患の診断・統計マニュアル』医学書院.
（12）　Reid, W. J., Epstein, L. (1972) *Task-Centered Casework*, Columbia University Press. リードとエプスタインは①クライエントの最重要視している問題領域について明らかにする。②それらの問題領域について問題状況

を明確にする。③クライエントが重要と考えている問題状況への対応を優先する。④最初に対応することになる問題状況についてクライエントから同意を得るとしている。

(13)　（1）と同じ，907.

(14)　（1）と同じ，906.

■第2章■
ソーシャルワークにおける援助関係

学習のポイント

1　援助関係の意義と概念（定義，目的）について学ぶ。

2　援助関係の形成方法について学ぶ。

3　面接の意義，目的，方法，留意点について学ぶ。

4　面接の場面と構造について学ぶ。

5　面接技法について学ぶ。

① 援助関係の意義と概念

□ ソーシャルワーカーとクライエントシステムの関係

ソーシャルワークは，クライエントが直面する生活課題を解決するために，相互に協働し信頼関係を育てることを，実践の中核的要素にしている。この関係を専門的援助関係（以下，援助関係）と呼ぶ[(1)]。

援助関係は，クライエントとソーシャルワーカーとの，1対1の関係だけにとどまらない。クライエントの生活課題は複雑な構造を持っているため，「クライエントシステム」[(2)]●●ととらえ，アセスメントする必要がある[(3)]。

ソーシャルワーカーとクライエントシステムの関係を理解しやすくするために，病院での相談事例（ビネット2–1）から考えてみよう。

このようなアセスメントに役立つのが，図2–1に示すように，人の苦しみを，ミクロ・メゾ・マクロレベルの環境の大きさで分析し，その全体をクライエントシステムとして理解する方法である。この方法で，ビネット2–1の女性の苦しみを分析すると，入院費の支払い困難の背景には，夫の飲酒問題や子どもの養育（ミクロの苦しみ），実家との関係や，飲酒問題に対する適切な医療や支援につなげるためのアウトリーチがなされていない問題（これを治療ギャップと呼ぶ）（メゾの苦しみ），治療ギャップを生み出す制度の問題（マクロの苦しみ）と，ミクロ，メゾ，マクロレベルに生ずる苦しみが相互に関係しあっていることが明らかとなる。

このアセスメントをもとに策定する支援計画には，ミクロレベルにある夫・子どもとの関係，メゾレベルにある夫の実家，子どもの学校，病院内の主治医や看護師（メゾレベル）との関係などの間に生ずる，苦しみの解決についても介入する内容となってくる。この場合，ケースワークのみならず，**グループワーク**☞，**コミュニティワーク**☞，**ケアマネジメント**☞，**ソーシャルアクション**☞などジェネラリストソーシャルワーク[(4)]●●を支援方法として検討することができる。

□ 援助関係の意義：社会的孤立の防止のために

ビネット2–1の女性のように，援助の対象を個人だけでなくクライエントシステムとしてとらえると，支援する必要性は高まる一方である。

●● クライエントシステム

クライエントとは，「依頼人」「顧客」の意味があり，ソーシャルワークにおいてはその援助を受ける対象者等を指す。クライエントシステムといっ場合は，その援助対象者と取り巻く環境（家族や集団，組織，地域等）を一つのシステムとして援助対象ととらえる概念である。

☞ グループワーク
本書第5章参照

☞ コミュニティワーク
本書第6章参照

☞ ケアマネジメント
本書第10章参照

☞ ソーシャルアクション
本書第7章参照

●● ジェネラリストソーシャルワーク

ジェネラリストアプローチに依拠するソーシャルワーク実践理論の一つである。「ストレングス」や「エコシステム」などの新しい視点を取り入れつつ，ソーシャルワーク本来の価値が反映されている。その特徴は，クライエントの変化への取り組みに向けた適切な関心を向ける単位（個人，家族，小集団，機関または組織，地域）や取り組みの焦点といったシステムを決定することが求められることや，ソーシャルワーカー自身がマルチパーソンシステムの一部であると認識することなどである。

ビネット 2-1　🏠　クライエントシステムをとらえるかかわりの事例

　ある病院の医療費支払い窓口に，一人の女性が訪ねてきた。窓口担当者が，「どうされましたか」とたずねると，「入院費の支払いに困っています」と訴えた。担当者は，高額療養費の還付制度など入院費支払いの負担を軽減できるサービスについて書いたパンフレットを渡し説明すると，女性は少し安心したようだ。窓口は混んでいて，担当者もこれ以上尋ねることはなく，女性もお礼を言ってその場を立ち去った。

　[解説] これがソーシャルワーカーだったら，どう対応するだろうか。入院費支払いの負担を軽減できるサービスを教えることは，ソーシャルワーカーも同様であろう。しかし，ソーシャルワーカーが女性をクライエントシステムとしてとらえかかわると次のような実践課題が見えてくる。

　ソーシャルワーカーは女性の表情が気になり，「よろしければ，もう少し詳しくお話を聴かせていただけませんか」と面接室に案内した。すると女性は，「夫には，もう退院してほしくない。どこか別の病院に転院させてください。私たち家族は夫が入院しているときが一番安らぐのです」と語気を強めた。

　ソーシャルワーカーは「何かご事情があるようですね。」と受け止め，さらに話すことを促した（インテーク）。話しにくそうにしていた女性だが，ソーシャルワーカーの温かさと共感の語らいの中で，夫はアルコール性肝障害で今回7回目の入院であること，退院するとすぐ飲酒が始まること，そのために仕事が長続きせず，嫁が悪いと責められるが経済的には夫の実家に頼らざるを得ないこと，子どもが学校に行きたがらないこと，自分は子育てとパートで疲れ切っていることなどについて，時折，涙を浮かべながら語った。

　ソーシャルワーカーは，女性が本当に苦しんでいるのは，入院費の支払いだけではなく，むしろその奥に，飲酒問題に巻き込まれ，孤立する女性とその家族の苦悩があるとアセスメントした。

　図2-2は，現代社会の社会的排除の危険性をイメージ化したものである。日本社会は，経済のグローバル化，雇用の不安定化，地域・家族の紐帯の弱体化，少子高齢化，大震災・大災害，近年では感染症のパンデミックなどの社会問題によって，現代社会の支援関係の網の目（セーフティネット）からこぼれ落ち，社会的孤立へと追い込まれる人々が決して少なくない。

　このような人々は，助けを求めたくても相談する人がいない，相談する場所がわからない，相談する気力さえもないなど，自発的に解決する力が抑圧(5)されている可能性が高い。また，社会保障制度の対象にもなりにくく，サービスとサービスのはざまに落ち込み，社会的排除(6)の対象となりやすい。これを予防するためには，個人の内発的な取り組みの動機づけを高め，生活課題に取り組む力量を引き出し，クライエントシステムに意図的で能動的にかかわる第三者の働きかけ，つまり，援助関係が必要となる。

　➡ 抑圧
　権力や権威を乱用し，または乱用するかのようにして，押しつぶし，苦しめ，感情を踏みにじること。

　➡ 社会的排除
　それが行われることが普通であるとか望ましいと考えられるような諸活動への参加から排除されている個人や集団，あるいは地域の状態。

図2-1　ソーシャルワーカーが環境システムでとらえる生活課題と苦しみの構造

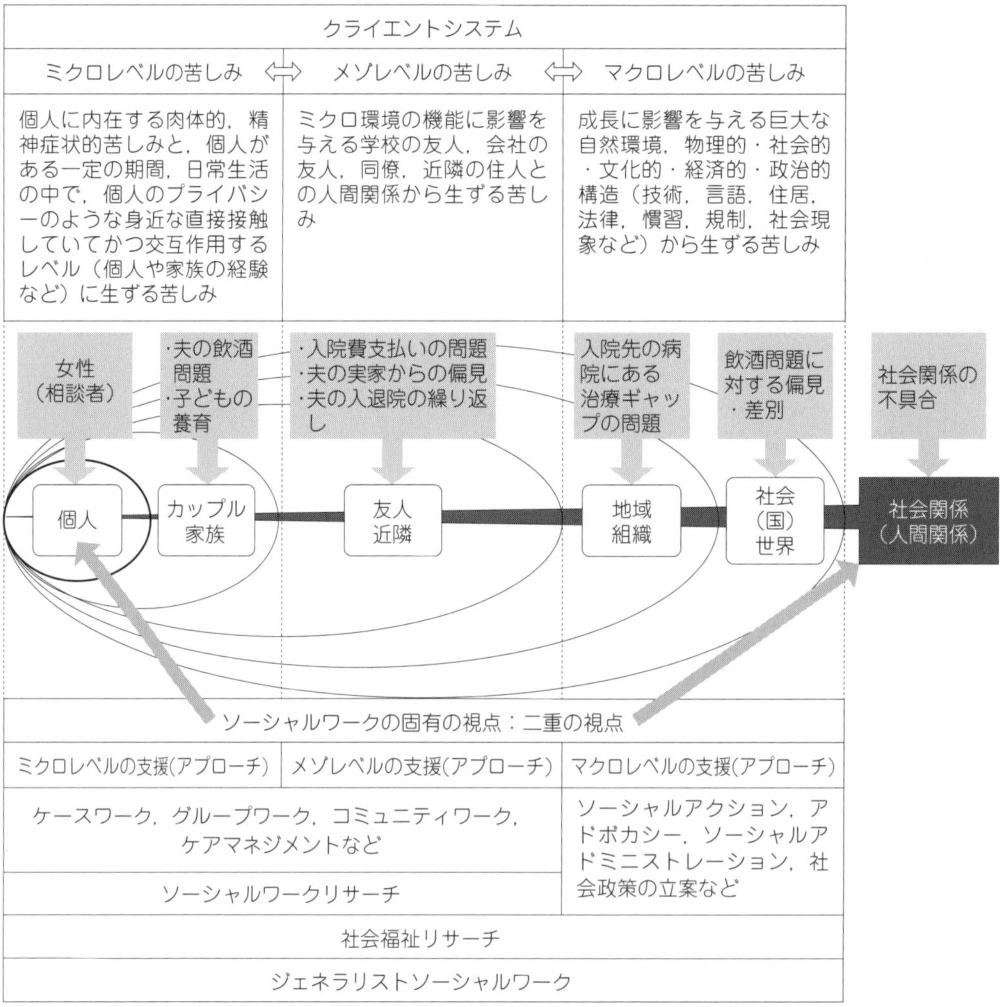

クライエントシステム		
ミクロレベルの苦しみ　⇔	メゾレベルの苦しみ　⇔	マクロレベルの苦しみ
個人に内在する肉体的，精神症状的苦しみと，個人がある一定の期間，日常生活の中で，個人のプライバシーのような身近な直接接触していてかつ交互作用するレベル（個人や家族の経験など）に生ずる苦しみ	ミクロ環境の機能に影響を与える学校の友人，会社の友人，同僚，近隣の住人との人間関係から生ずる苦しみ	成長に影響を与える巨大な自然環境，物理的・社会的・文化的・経済的・政治的構造（技術，言語，住居，法律，慣習，規制，社会現象など）から生ずる苦しみ

女性（相談者）　・夫の飲酒問題 ・子どもの養育　・入院費支払いの問題 ・夫の実家からの偏見 ・夫の入退院の繰り返し　入院先の病院にある治療ギャップの問題　飲酒問題に対する偏見・差別　社会関係の不具合

個人　カップル家族　友人近隣　地域組織　社会（国）世界　社会関係（人間関係）

ソーシャルワークの固有の視点：二重の視点

ミクロレベルの支援(アプローチ)	メゾレベルの支援(アプローチ)	マクロレベルの支援(アプローチ)
ケースワーク，グループワーク，コミュニティワーク，ケアマネジメントなど		ソーシャルアクション，アドボカシー，ソーシャルアドミニストレーション，社会政策の立案など
ソーシャルワークリサーチ		
社会福祉リサーチ		
ジェネラリストソーシャルワーク		

出所：筆者作成。

▫ ソーシャルワークにおける援助関係の定義，目的とソーシャルワーク過程

　では，援助関係とは具体的にはどのような関係であろうか。

　援助関係の定義は，バイステック（Biestek, F. P.）が端緒である[7]。バイステックは，ケースワークにとって援助関係は魂（soul）であり，ケースワークの過程，援助全体に生命を与える基礎であると確信[8]した。そして援助関係とは，「ケースワーカーとクライエントとのあいだに生まれる態度と感情による力動的な相互作用である[9]」と定義している。

　援助関係の目的は，クライエントと環境との間に，よりよい適応を実現してゆく過程を，支援することである[10]。援助関係は，ソーシャル

図2-2　現代社会の支援関係（つながり）の網の目からこぼれ落ちる社会的孤立の実態（イメージ）

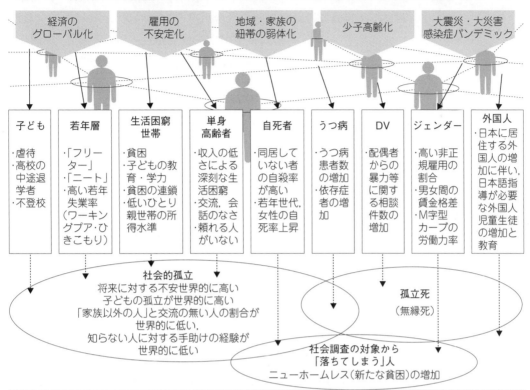

出所：稗田里香（2017）「社会福祉におけるソーシャルワークの方法」北川清一・川向雅弘編『社会福祉への招待』ミネルヴァ書房，153，の図を筆者一部修正。

ワーカーとクライエントの両者が理解し合い受容し合うという対等性の上に成り立っている[11]。しかし援助関係は，ソーシャルワーカーがクライエントに代わって問題に取り組む関係ではない。援助関係を権威的に用い，クライエントシステムの自己決定の権利を侵害してはならない。援助関係は，あくまでもクライエントシステムが生活問題の解決を目的にする際に活用する社会資源の一つに過ぎない，ということを常に意識することが重要である。

　援助関係は，契約（エンゲージメント）に基づき，限られた時間の中で，生活課題の解決を目的に，クライエントとソーシャルワーカーとの相互作用で成り立つ関係である。そこには報酬を伴うため，その対価を提供する責任が伴う。援助関係が構築される場合，ソーシャルワーカーは，クライエントシステムの過去に対する修正の経験と，未来に対する予防策の両方を提供し得る機能を果たす[12]。ここに援助関係の意義がある。

　ソーシャルワーカーには，ソーシャルワーク過程のあらゆる場面において，良好な援助関係そのものがソーシャルワークのサービスとして求められる。クライエントがソーシャルワーカーに対し否定的であったり非協力的であっても，援助関係を成立させることができるのが，ソーシャルワーカーの専門性である。援助関係の質の良し悪しを決めるのは，ソーシャルワーカー側にあることを忘れてはならない。⁽¹⁴⁾

 ## 援助関係の形成方法

□ 自己覚知と他者理解

　良質な援助関係を保障するのは，自己覚知（自己理解）と他者理解である。どちらもコインの両面のようにソーシャルワーカーにとって必要不可欠な能力である。

　ソーシャルワーカーは，自分自身を道具にして支援をする。そのため，自分とクライエントとの違いをより理解できるよう自分自身を知ることが重要である。これを自己覚知という。自己覚知とは，表2-1に示すとおり，自分自身の生活様式，人生観，道徳律，価値体系，ルーツ，生活経験，個人的ニーズ，個人の機能について，自己探求することである。また，自己覚知においては，健全な自己のイメージ，肯定的な自己評価，自尊心を持つことが重要である。

　一方，ソーシャルワーカーが他者理解するには，クライエントが，身体的，情緒的，認知的に，社会関係の中でどのような状況にあるのかを，過去・現在・未来の座標軸の中で4次元的にとらえ，「今」を構造的に理解することが重要である。言い換えると，「クライエントが抱える問題状況を，クライエントシステムでとらえると同時に，できるだけクライエント個人にある価値観や人生観などを大切にしながら，クライエントのニーズを抽出し，それをクライエントとソーシャルワーカーの間で共通認識すること」である。⁽¹⁵⁾

□ コミュニケーションと信頼関係（ラポール）

　援助関係を成り立たせるためには，コミュニケーションと信頼関係は欠かせない。

　親友や家族にも話すことができない，クライエントの苦しみや困難について，クライエント自身が安心して語れるかどうかは，ソーシャルワーカーのコミュニケーション技術にかかってくる。この技術と

表2-1　自己覚知のための自己探求の体系

自己探求の体系	内　容
生活様式	自分のニーズを満たしたり，人とやり取りをしたり，自分の仕事と遊びと休養の在り方を決める様式
人生観	人と社会についての考え方，人生の目的，どのように生きるべきかということ
道徳律	行動についての正しいあるいは間違っていると考えられることを明確にしたもの
価値体系	望ましいこと，好ましいこと
ルーツ	文化や家族背景
生活経験	家族，教育を受ける，自分の仲間や地域，近隣の人，年齢，人種，民族的背景，精神的及び身体的障害の異なるあらゆる人との関わり，組織化された集団および宗教活動，疾病，障害，貧困など多くの経済的資源に関係する経験
個人の機能	人間に共通する私のニーズ，発達上の私のニーズ，人間の多様性から生起する私のニーズ，私がその一部となっている社会システムから生起する私のニーズ

出所：ジョンソン，L. C.・ヤンカ，S. J.／山辺朗子・岩間伸之訳（2004）『ジェネラリスト・ソーシャルワーク』ミネルヴァ書房，128-141，をもとに筆者作成。

は，表出される言葉（言語的コミュニケーション）だけではなく，クライエントが好感をもてる雰囲気や，共感してもらえると感じることができる態度をとるなど，非言語（非言語的コミュニケーション）の面接技術も駆使する，意図的な語らいである。この語らいを通し，クライエントの中に「共感する他者」が存在するようになると，クライエント自身が，他者の支援なしには解決は困難な状況にあることを理解し，ソーシャルワーカーの力を活用しようとする動機づけが高まり，解決の一歩を踏み出せるようになるだろう。

　信頼関係は，クライエントにとって命綱である。命綱の結ばれる先はソーシャルワーカーである。クライエントが困難から脱出し，ソーシャルワーカーを必要としなくなる状況を見届けるまで，クライエントから綱を離さず，その結び目や張り具合い，状態等をメンテナンスする。これは，ソーシャルワーカーの義務である。

□ 信頼関係を構築する援助関係の形成に必要な要素

　信頼関係という命綱で結ばれる，援助関係の形成に必要な要素は何か。

　援助関係を定義したバイステックは，援助関係の力動的関係を創り出すエネルギーの源である相互作用に着目し，クライエントの基本的ニーズ，ソーシャルワーカー（1965年の尾崎新の訳（旧訳）では，ケースワーカー）の反応，クライエントの気づきの３方向でとらえ，整理

●◆　共感する他者
　依存症に関わるソーシャルワーカーやスーパーバイザーなどの豊富な経験から生み出された専門的援助関係の質を表す窪田暁子の造語である。
　クライエント自身の言い表しがたい気分に共感を持って接してくれる，安心できる，好感の持てる相手（ソーシャルワーカー）の眼の中に映っている自分（クライエント）自身と出会うことによって，人（クライエント）は自分自身を新しい目で見直すことを学ぶ，という存在を「共感する他者」と表現している。

しているこれらの間でやり取りされる態度と情緒の相互作用を支える(17)ソーシャルワーカーの行動原則が，次の原則１～７に示すバイステックの７原則である。なお，この原則の説明は2006年の新訳によるが，[　]内の表現のみは旧訳（1965年）による。(18)

　この原則は，クライエント個人に向けられたものであるが，現代においては，たとえば，クライエントの家族，親族，近隣，組織の人々などのクライエントシステムとの援助関係の形成にも適用できる原則である。この原則をもとに，信頼関係をどのように作り，援助関係を形成していくのかを解説する。なお，ここでは，引用文献で用いられる「ケースワーカー」の表記を「ソーシャルワーカー」に置き換えている。

□ 原則１：クライエントを個人としてとらえる［個別化］

　一人の個人であることは，クライエントの権利でありニーズである。権利を保障しニードに応えるためには，第一にソーシャルワーカー自らの内にある偏見や先入観に注意を払う自己覚知が重要である。それに加え，人間の行動パターンに関する知識をソーシャルワーカーの「常識」としてもつこと，傾聴や観察力およびクライエントの多様な感情を感知し反応する面接技術をもつこと，クライエントのペースを尊重し，温かさをもってバランスのとれたものの見方ができる他者理解の能力をソーシャルワーカーの実践基盤として身につけることが必要である。

□ 原則２：クライエントの感情表現を大切にする［意図的な感情表出］

　クライエントは，とりわけ重大な苦悩や困難に直面しその重荷を他者と分かち合いたいと望むとき，自分を表現したいというニーズが強くなる。クライエントから否定的な感情を表現する機会を奪うとすれば，それはクライエント全体を否定することと同じである。クライエントの感情表現をソーシャルワーカーが大切にすると，クライエントは緊張や不安が緩和され，感情を解放し，直面する生活課題を自分自身で明瞭かつ客観的にとらえることができる。

　クライエントの感情表現は，クライエントが直面する課題や人格などを理解することに役立つ。また，クライエントの感情を傾聴することは心理的サポートにもなる。否定的な感情自体が中核的課題の場合は，問題解決の次の段階へ進むことができる。このように，感情を大切にされた経験は，クライエントのソーシャルワーカーに対する信頼

感を高め，援助関係が形成され，効果的支援につながる。

▢ 原則 3：援助者は自分の感情を自覚して吟味する［統制された情緒関与］

　ニーズは，クライエントの感情に込められ表出される。したがって，ソーシャルワーカーはクライエントのニーズを充足するために，クライエントの感情に対するソーシャルワーカー自身の感受性をもち，クライエントの感情の理解をし，クライエントの感情に適切に反応することが求められる。感受性とは，クライエントの感情を観察し，傾聴することである。クライエントの感情は，様々な形で表現される。話し方のスピード，話し方の雰囲気，声色，表情，姿勢，服装，身振り手振りなどで，時には，批判的，攻撃的に，あるいは沈黙や内省的にソーシャルワーカーに伝えようとする場合もある。

　このように，クライエントから発信されるあらゆる言語や行為などを受けとめるために，ソーシャルワーカーはクライエントの感情表出に自らの感情をもって反応することにより，クライエントの感情に「参加」を行う。この時，ソーシャルワーカーは自身の感情を自覚し吟味（自己覚知）しなくてはならない。つまり，温かみを伴った感受性の感度を研ぎすまし，クライエントの感情に揺さぶられても決して支援目的を見失うことのない冷静な思考と適切な理解をもって反応することができる能力の発揮である。それは，クライエントの自己肯定感を高め，一人の価値ある人間としてクライエント自身が認めることを可能にする。

▢ 原則 4：受けとめる［受容］

　ソーシャルワーカーが出会うクライエントの多くは，深刻な生活課題をもち，苦しんでいる。その苦しみから解放されたいと強く望んでいるものの，環境条件の悪化やクライエント自身の対処能力が脆弱化するなどにより，自らの力であるいは一般的援助関係では対処しきれずもがいている。そのような自分を責め，価値のない人間として自らを不幸な状況に陥れようとする場合もある。同時に，自分は価値ある存在として認められ，生活課題を克服したいと希求する。このような両価的（アンビバレントな）感情は，否定的態度や言動を伴ってソーシャルワーカーに対しむき出しで表現されることもある。

　しかし，クライエントに起こっている現象は，見知らぬソーシャルワーカーに拒絶されず信頼を寄せることができるかという不安や恐れ，援助を求めざるを得なくなった自分自身に対する憤り，抑圧，防

衛や感情の麻痺などの裏返しであることを，ソーシャルワーカーは理解しなくてはならない。

　むしろ，ソーシャルワーカーは，クライエントが両価的感情を表現し発信したときは，心から敬意を評しそれを歓迎するべきである。クライエントが否定的感情を表現することを悲しむのではなく，そのような感情をもたざるを得なくなった事情自体を，クライエントと共に悲しむことである。クライエントを受けとめるには，人間の行動に関する知識を持つこと，ソーシャルワーカー自身にある未解決の葛藤の存在に気づき，自分自身の感情の責任をクライエントに転嫁しないこと，偏見と先入観に支配されないこと，口先だけで励まさないこと，許すのではなく受けとめること，敬意を払うこと，クライエントの状況を過剰に同一視しないことである。

　ソーシャルワーカーにそれらの用意があって初めて，クライエントはソーシャルワーカーに受け入れられたと実感することができる。この実感は，クライエントの中にソーシャルワーカーをはじめ他者への信頼感を育てる素になる。ラポール[19]の構築が始まると，援助関係が形成され援助の目的は明確な方向へ導かれることになる。

➡➡ ラポール
　一般的に「信頼関係」と訳されている。人と人との関係を表す用語で，ソーシャルワークでは，面接においてクライエントがソーシャルワーカーのことを信頼している関係を指している。

☐ 原則5：クライエントを一方的に非難しない［非審判的態度］

　クライエントは，自らを苦しめる生活の課題は，自分が引き起こした過ちの結果であり，その責任は自分にあると自らを非難し，課題への取り組みに自信を失う。したがって，クライエントは，自ら直面する困難に対してソーシャルワーカーが「審判する」ことを恐れている。ソーシャルワーカーは，クライエントが取り組むべき課題を明らかにし，解決に向け計画を立て実行し解決するために，クライエントの態度や行動，判断基準，価値観などを多面的にとらえアセスメントする必要はある。

　しかし，課題が過ちであるかどうかとか，態度や行動を非難する，責任の重さを問うたりすることは，ソーシャルワーカーの役割ではない。むしろ，クライエントを決して非難しない態度を伝える必要がある。ただし，ソーシャルワーカーは，社会的，法的，道徳基準を重視する役割を担っているから，クライエントの価値や判断基準に関心を寄せるために，ソーシャルワーカー自身の価値や基準を明確にもつ必要がある。この場合，倫理綱領や行動規範の基準を目安にしたり，スーパービジョンを通して自らの援助関係を客観化することなどが役に立つ。

☞ スーパービジョン
本書第9章参照

　また，ソーシャルワーカーを含む対人援助職者の身分や専門的訓練

に基づく威信から生じる権威についても注意を払わなくてはならない。権威は，クライエントに対し一方向的な力関係を形成し，クライエントを抑圧するなど援助関係の形成に悪影響を及ぼす可能性がある。[20]

□ 原則6：クライエントの自己決定を促して尊重する［自己決定の原則］

　クライエントは，独自に人生の目標を設定して，自らの人生を生きる責任を持っている。クライエントは，問題解決の方向などを自分で決める自由を確保したいと願っている。自分の責任を遂行することは，自ら人格を成長させ成熟させる一つの重要な機会である。

　このようなクライエントの自己決定を促し尊重する実践上の責任は，ソーシャルワーカーが，①クライエントが，彼の問題やニーズを明確に見通しを持ってみることができるように援助すること，②クライエントが，地域社会に存在する適切な資源を持っているように援助すること，③休止状態にあるクライエント自身の持つ資源を，活性化する刺激を導入すること，④援助関係を，クライエントが成長し問題を克服するための環境とすること，これらの役割を果たすことによって遂行できる。

　一方，クライエントの自己決定は制限を受ける場合もある。クライエントの決定能力が脆弱化している中で決定に緊急を要する状況，権威を伴う法律，道徳，機関の機能から生じる場合である。自己決定の権利と制限のバランスを取りながら援助関係を形成することが重要である。

□ 原則7：秘密を保持して信頼感を醸成する［秘密保持］

　人は誰でも自分の秘密を保持し，それを合法的に取扱い，処分する権利を持っている。ソーシャルワーカーは，課題をともに解決する上でクライエントからたくさんの情報を得る必要がある。それらは，本来クライエントにとっては秘密にしておきたい内容である場合，クライエントがソーシャルワーカーを信頼した上で提供した情報である。したがって，ソーシャルワーカーは秘密を守る暗黙の契約から生じる倫理的義務を負っている。

　倫理的義務は，ソーシャルワーカー個人だけではなく，ソーシャルワーカーの所属する機関もその責務を負っている。ただし，クライエントが求める秘密保持の権利を優先すべきかどうかを決定する過程において，さまざまな葛藤（ジレンマ）が生じる。信頼関係を構築し援

助関係を形成するにあたり，その葛藤の根源をソーシャルワーカーは吟味しなくてはならない。

□ 事例でみる援助関係を活用した支援

これまで吟味したソーシャルワークの援助関係の形成方法を適用し，課題解決に向けた支援過程を事例化し考察する。**ビネット2-2**は，冒頭に示した女性の夫がクライエントである。なお，事例は，実践に忠実ではあるが，個人が特定されぬよう加工している。

本事例のクライエントは，長期間の単身赴任中のため，また職場では管理職の立場にあり，飲酒問題を指摘するような一般的援助関係が存在しなかった。このような状況が飲酒問題を潜在化させたと考える。身体的問題を理由にリストラされた後，自宅での飲酒がエスカレートする。家族による介入はあったが，否認が強く，自暴自棄的な飲酒を続けていた。身体的問題の重篤化と否認が，本人の問題に取り組む動機を脆弱化させていたと考えられる。

一方身体的疾患が重篤化し緊急入院となったことが，動機づけ支援に繋がる契機となった。生命危機による不安や恐怖を実感するほどの身体的問題に直面し，回復へのニーズが芽生えた時期にソーシャルワーカーに出会ったことは，援助関係を活用するいいタイミングであった。長年の飲酒を，クライエントは誰にも理解してもらえず，疲弊する家族からも半ば見放されていた。

このような状態を誰かに理解してもらい，アルコール依存症者としてではなく，今ここにいる一人の尊い存在としてありのままを受けとめてほしいというニーズがクライエントにあった。ソーシャルワークの開始期過程で，クライエントの人生に関心を寄せ，今ここにいるクライエントの感情に焦点化した援助関係を形成し，クライエントとソーシャルワーカーとの間に信頼関係を創る。この信頼関係が，クライエントの回復への動機づけに有効な援助関係として作用し，閉ざされたクライエントに前向きな変化をもたらしたと考える。

➡ アルコール依存症
エチルアルコールという依存性物質によって脳内物質の変化が起こり，飲酒欲求が抑えられない病気であるが，治療法があり，回復可能な病気である。「意志が弱い，だらしない」という社会的偏見によって専門治療につながりにくく，身体的，精神的，社会的，霊的問題が悪化する現状がある。

➡ アルコール教育プログラム
アウトリーチ支援の方法の一つの例である。ソーシャルワーク機能を活用したソーシャルワーカーが実施するプログラムで，具体的には，5～6回のセッションを設定する。クライエントの個別的状況に配慮しながら，セッションごとに，決められたテーマに沿って，本人，家族，必要に応じて関係者と，個別にあるいは合同で，ビデオやテキストを活用する。アルコール依存という病気が，クライエントの身体的・精神的・社会的な側面のどの部分を，どのような形で脅かしているのかについて，クライエントがこの病気の特性を理解しながら確認できること，その過程を通して自分自身の潜在的力を再発見し，その力を信じ，発揮し，継続的に問題解決に取り組むことができるような介入や支援を実践の目標にしている。

3 面接技術

□ 面接の意義，方法，留意点

面接（インタビュー）とは，良好な援助関係を成立させるためのコミュニケーションを図る場であり，信頼関係を醸成していく過程でも

ビネット2-2　田　援助関係を活用したアルコール依存の回復に向けた動機づけを高める支援

　Aさん：男性，40代，元会社員，同居家族あり

　Aさんは，身体的疾患（食道静脈瘤破裂）により医療機関に緊急入院したことが契機となり，主治医より**アルコール依存症**（以下，依存症と称す）と診断された。その治療の動機づけを高めることを目的にソーシャルワーカーが実施する**アルコール教育プログラム**（以下，プログラムと称す）を受けるよう勧められる。Aさんは，プログラム開始にあたって実施するインテーク面接において，「自分は依存症ではない」と否認し，プログラムを含む依存症回復支援を受けることに対して強い抵抗を示した。

　このインテーク面接や依存症回復チーム（医師，看護師など）から得られた情報から，Aさんの状態はもはや自力で回復することは難しい危機状況にあり，専門的援助関係を活用するアウトリーチが有効と判断した。ソーシャルワーカーは，依存症がAさんの苦しみにどのように関連しているのかについてAさんと共有することに努めた。援助関係を形成する初期の過程で，ソーシャルワーカーの問いかけなどにほとんど応じず拒否的態度をあらわにしていたAさんは，プログラムを拒否する権利があったにもかかわらず，毎回，プログラムを受けに面接室に姿を現した。ソーシャルワーカーは，Aさんのニーズが両価的感情を伴うとアセスメントし，そこにAさんの課題に取り組む潜在的な力が存在すると信じた。

　プログラムが最終回となった時，Aさんは声を震わせ感情をソーシャルワーカーにぶつけた。「自分は，単身赴任で家族と長い間離れ，全国に点在する閉鎖寸前の工場再建に全精力を傾け立て直してきた。再建するにあたっては団結が必要で，そのために飲酒を介在させる必要性があった。その飲酒が原因で身体を壊したのにもかかわらず，働けないという理由でまるでぼろ雑巾のように会社から捨てられた」と憤りや，怒り，無念と，今後の健康問題に対する不安や恐怖感を吐露した。ソーシャルワーカーは，このような背景がAさんの否認を強化していたととらえ，怒りや不安，恐怖感をもつことは当然のことであると伝えた。さらに，これまでの人生の過程と，現在回復に向けたプログラムに取り組んでいるAさんに対し心から敬意を表した。この面接を契機に，Aさんは，プログラム終了後，次の回復のステップであるグループワーク（院内ミーティング）に自ら進んで参加するようになった。

ある。「面接に始まり面接に終わるもの[21]」と言われるほど，ソーシャルワーク実践には必要不可欠な技術である。面接の結果は，クライエントの将来に大きくかかわる。また，クライエントにとって初めて体験する面接であった場合，ソーシャルワーカーを信頼できる専門職かどうかの印象をクライエントに与える。そのような重大な責任を果たすため，次の4つに留意しなくてはならない[22]。

① 　意識的・意図的話し合い

　面接は，クライエントシステムが自らの生活課題を解決できるようその力を引き出し，強め，取り組む動機づけを高め，ともに解決に取り組むという，**エンパワメント**[23]や**ストレングス**☞の考え方に裏打ちされた意識的に行われるコミュニケーションである。ここでいうコミュニケーションは，社交的な会話とは根本的に性質が違う。一つひとつの

➡ **エンパワメント**
　ソーシャルワーク実践で用いられる「エンパワメント」とは，貧困者，貧しい労働者，有色人種，女性，および性的指向，身体的・精神的問題，若年あるいは高齢により虐げられてきた人々の現実を共に知り，そういった人々が階級，人種差別により課せられる障害に対処することを含意する。

☞ **ストレングス**
本書第3章第3節参照

過程が意図的に慎重に展開されなければならない。

②　事実と感情双方に関心を寄せる話し合い

面接は，クライエントシステムについての具体的事実をつかむだけではなく，その事実の背後にある「心の状態（心の動き）」も知ろうとつとめることが必要である。事実を事実としてつかむことは大切であるが，そこにはクライエントシステムにある，複雑で繊細な感情が入り混じっていることを見落とさないようにし，それを受容することが大事である。

③　クライエントシステムとソーシャルワーカーとのパートナーシップによる話し合い

面接は，クライエントシステムとソーシャルワーカーの両者がそこに参加して，両者の協力関係において行われる。ソーシャルワーカーが一方的な聞き手となり，クライエントシステムに機械的に答えさせるというような面接は，クライエントシステムの参加が十分に得られていないという点で，正しい意味での面接とはいえない。

④　刺激＝反応の輪が目的に向かってらせん型に向上する話し合い

望ましい面接は，「循環反応」「らせん反応」の型を示す。面接の一部分をとってみると，質問（刺激）に対する応答（反応）というように，刺激と反応の輪を形づくられるといってよいであろう。反応がそのまま刺激となり，それに反応するように次の質問が展開される。このように，刺激＝反応の輪が，目的に向かってらせん型に向上していくような面接が理想の姿である。

□　**面接の成立条件（ソーシャルワーカーの基本的態度）**

ソーシャルワークの面接を成立させるには，ソーシャルワーカーとして次のような基本的態度を満たす必要がある。

①　傾聴する態度

面接者は，話し上手ではなくて，聴き上手でなければならない。よい聴き手になるということは，裏を返せば，クライエントシステムに十分に語ってもらうことである。ソーシャルワーカーの発言量の多い面接には，ソーシャルワーカーからクライエントシステムに対する，指示・解釈・説論・暗示などが多く含まれる。これは，一方向的でありパートナーシップによる話し合いとはほど遠い。

②　民主的態度

ソーシャルワーカーは，クライエントシステムを積極的に理解しようとする態度でなければならない。よき聴き手であるということは，「受け身」の態度とは異なる。生活課題解決のニーズを持ったクライ

エントシステムにとって，その解決に役立つ支援ができるよう，クライエントシステムとともに，その立場に立ち，理解するといった積極的で民主的な意味での聴き手でなければならない。多くのクライエントは，必ずしも自主的にソーシャルワーカーとの話し合いを求めている訳ではない（「欲せざる利用者」）。ソーシャルワーカーは，利用者との関係において，心理的優位の立場に立つのを防ぐことに敏感であり続けることが大切である。

③　受容する態度

ソーシャルワーカーは，相手をありのままに受け入れる態度，すなわち受容する態度が身に付いた人でなければならない。ソーシャルワーカーは，自分の経験だけから利用者の行動を批判してはならない。個々の人間の行動にはすべてその人なりの感情的な意味がある。したがって，善悪の価値判断を加える前に，そのような行動によって示された利用者の感情を心からありのままに認め受け入れる。ただし，受容するということは，反社会的行動を多めに見ることではない。その行動自体を是認するかどうかということではなく，そのような行動に至った利用者の感情や行動の規制などを，積極的に理解し受け入れることである。

④　対等な態度

ソーシャルワーカーは，指導者でなく支援者としての態度をとらなければならない。課題解決をする主役は，利用者である。ソーシャルワーカーが先に立って利用者を引っ張るという指導では利用者の自発性は低下し，信頼関係が構築されにくい。利用者が自分の力で歩くことを傍らで支え，方向づけをすることである。動機づけが乏しい利用者との面接方法として，「治療者（ソーシャルワーカー）と患者（利用者）が近接した位置に座って，一緒に，患者の真の苦痛を眺め・語る」[24]二等辺三角形の関係の維持がある[25]（図2-3）。利用者とソーシャルワーカーとの対等な関係性が，信頼関係を構築する効果的な関係の取り方である。

⑤　率直な関心を寄せる態度

ソーシャルワーカーは，よき観察者でなければならない。よき観察者とは，クライエントに対して率直な関心を示すことである。たとえば，面接するクライエントに関係する情報や話題についてあらかじめ収集し，面接時に必要に応じて話題として取り上げる。

また，話し合いを通してだけではなく，クライエントの顔色，服装，臭い，態度，緊張状態などについて，ソーシャルワーカーの五感を駆使し注意深く観察する。この場合，もちろん，クライエントを一

図2-3　対等な態度（二等辺三角形の関係の維持）の
　　　　イメージ

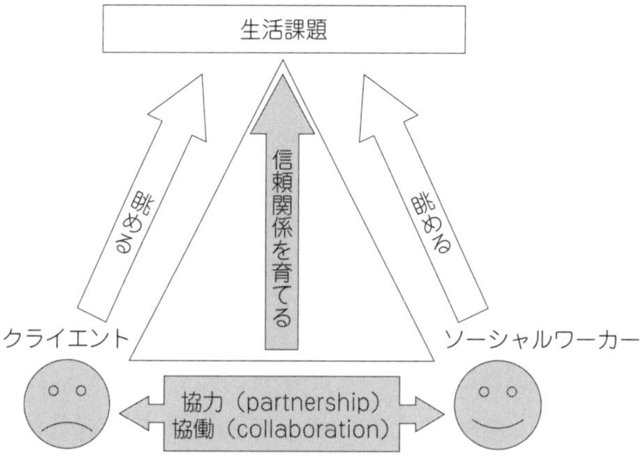

出所：筆者作成。

個人の人格として尊敬する気持ちが前提になる。

□ 面接技法の取得（マイクロ技法）

　熟練したよい面接は，意図的な話し合いを可能とする技法を習得することによって実現可能となる[26]。意図的面接技法については，クライエントの相互交流を深め，意図的で円熟した面接能力を開発する手助けになるマイクロ技法[27]が役立つ。そのための面接技法として，ここではアイビィ（Ivey, A. E.）のマイクロ技法を紹介する。この技法は，クライエントとの相互交流を深め，意図的で円熟した面接能力の開発に役立つ。

　この技法は，図2-4のような階層構造となっており，かかわり行動を基盤とする基本的かかわり技法，焦点のあてかた技法，積極技法，対決，技法の連鎖および面接の構造化，技法の統合の方向へと階段を上るよう進める。以下，基本的かかわり技法について概説する。

　①　かかわり行動（効果的な傾聴法の基礎）

　かかわり行動とは，クライエントのいうことをよく聴くこと（傾聴）である。かかわり行動は，表2-2のとおり4つの要素が含まれる。

　②　質問法（開かれた質問と閉ざされた質問）

　質問は，面接を進行させるのに役立つ。質問は討議の新局面を開き，論点を浮き彫りにし，クライエントの自己探求を深めることに有効である。クライエントが自分に起こっていることをどう把握しているかを知るために，クライエントの見方の外側に立って問題を一緒に眺める（図2-4：既出）ことである。この場合，「会話への誘い」と呼ばれる開かれた質問技法が有効である。一方，「会話への閉ざされ

図2-4　マイクロ技法の階層表

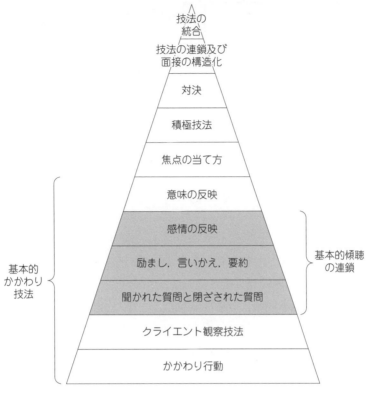

出所：表2-2と同じ，8の図より，筆者加筆。

表2-2　かかわり行動の要素

かかわり行動	内　容
視線をあわせる	凝視する必要はないが，自分以外の他人に話しかけようとしていることを自覚する
身体言語に気を配る	楽な姿勢を取りながらわずかに状態を傾ける傾聴動作
声の調子	スピード，声の大きさ，声の調子，時には話に興味を持っているかいないいかを表す
言語的追跡	新しい話題に誘導するのではなく，何を言ってもよいのだと支持している

出所：アイビィ，A. E. ／福原真知子他訳編（1985）『マイクロカウンセリング』川島書店，23-24をもとに筆者作成。

表2-3　開かれた質問と閉ざされた質問の例

質問法	質問の例
開かれた質問	「あなたは結婚についてもうすこし私に話してくれませんか」
閉ざされた質問	「あなたは結婚していますか」

出所：表2-2と同じ，37-39をもとに筆者作成。

表2-4　最小限の励ましと言い換えの特徴と例

明確化	特　徴	例
最小限の はげまし	瞬時的な発生であり，助けようとするクライエントに共感していることを表現するもの	「ええ」「そう」「それで」「それから」「もっと続けてください」「うーん」沈黙
いいかえ	正確にクライエントのいうことを聴く。	「ダメだと思うんですね」

出所：表2-2と同じ，48-53をもとに筆者作成。

図2-5　感情の反映のステップ

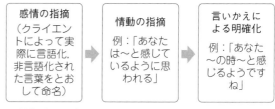

出所：表2-2と同じ，69，70をもとに筆者作成。

た誘い」と呼ばれる閉ざされた質問は，通常数語の返答か「はい」「いいえ」で答えることができる。会話の例を表2-3で示す。

③　明確化（最小限の励ましと言い換え）

「最小限のはげまし」は会話をさらに促し，「いいかえ」はクライエントが話すことをソーシャルワーカーが聴いているということを示すのに大変重要な明確化の技法である。それぞれの特徴と会話の例を表2-4に示す。

④　要　約

要約は，クライエントがその思考を統合するのを援助することである。クライエントの発言するいくつかの文節や全セッション，または何度かの面接で繰り返し表現された問題をあつかう。

⑤　感情の反映

感情の反映技法は，クライエントの情動の世界を正確に感じ取る技法であり，共感を高めるために最も重要な技法である。感情を反映させるためには，図2-5に示すステップが基本的かつ重要である。

□　面接の場面と構造

ソーシャルワーカーが行う面接は，場・時間・期間・費用などの特性から大きく2つの型に分けられる。

①　構造的面接（フォーマルな面接）

構造的面接は，面接者があらかじめ質問などを設定し，時間，期間，場所（普通は面接室）が決められ実施する。一般的には約束事，禁止事項などに関しての両者の契約といえる[28]

②　半・非構造的面接（インフォーマルな面接）

構造的面接に対し，レドルらの考え方を手がかりとした生活場面面接は非構造的である。これは，利用者の自宅，廊下，ベッドサイド，

プレイルーム，施設の中やキャンプなど，クライエントのふだんの状況の中で，「立ち話」「ちょっとした言葉」「言葉かけ」「さりげない行為」「一緒にいること」を重視している。[(30)]

📖 さらに知りたい人のための推薦図書

尾崎新（2006）『「ゆらぐ」ことのできる力』誠信書房.
▷ソーシャルワーカー，クライエントが経験する葛藤などの「ゆらぎ」を援助関係に活かす方法を詳解している。
奥川幸子（2007）『身体知と言語─対人援助技術を鍛える』中央法規出版.
▷クライエントの理解の仕方や，専門的援助関係の取り方について実践的かつ具体的に書かれている。

注

（1）　Compton, B. R., Galaway, B., Cournoyer, B. R. (2005) *Social Work Processes Seventh Edition : Relationship in Social Work Practice*, Thompson Brooks/Cole. 142.
（2）　木村容子・小原眞知子編著（2023）『ソーシャルワーク論 I 』法律文化社，6.
（3）　同前書，10.
（4）　ジョンソン，L. C.・ヤンカ，S. J.／山辺朗子・岩間伸之訳（2004）『ジェネラリスト・ソーシャルワーク』ミネルヴァ書房，1，152-153.
（5）　ラップ，C. A. 他／田中英樹監訳（2008）『ストレングスモデル』金剛出版，32.
（6）　岩田正美（2007）『現代の貧困』ちくま新書，107.
（7）　（1）と同じ，142-143.
（8）　バイステック，F. P.／尾崎新他訳（2006）『ケースワークの原則──援助関係を形成する技法 新訳改訂版』誠信書房，i.
（9）　同前書，17.
（10）　同前書，17.
（11）　（4）と同じ，256-259.
（12）　ブトゥリウム，Z. T.／川田誉音訳（1989）『ソーシャルワークとは何か』川島書店，131.
（13）　黒川昭登（1982）「第7章社会福祉における「実践」の意味」仲村優一監修『社会福祉方法論講座──I 基本的枠組み』誠信書房，227.
（14）　窪田暁子（2013）『福祉援助の臨床──共感する他者として』誠信書房，19-20.
（15）　奥川幸子（2007）『身体知と言語──対人援助技術を鍛える』中央法規出版，43.
（16）　（14）と同じ，55.
（17）　（8）と同じ，27.
（18）　バイステック，F. P.／田代不二男他訳（1965）『ケースワークの原則──よりよき援助を与えるために』誠信書房.
（19）　黒木保博他編（2002）『ソーシャルワーク』中央法規出版，70-71.
（20）　小松源助・山崎美貴子編（1983）『ケースワークの基礎知識』有斐閣，261.
（21）　仲村優一（2003）『仲村優一社会福祉著作集第三巻社会福祉の方法──ケースワーク論』旬報社，95.
（22）　同前書，95-96.
（23）　ターナー，F. J. 編／米本秀仁監訳（1999）『ソーシャルワーク・トリートメント』中央法規出版，339.
（24）　神田橋條治（1990）『精神療法面接のコツ』岩崎学術出版，132.
（25）　同前書，237.
（26）　石川到覚（2001）「第2章コミュニケーションと面接」久保紘章編『社会福祉援助技術演習』相川書房，69.
（27）　アイビィ，A. E.／福原真知子他訳編（1985）『マイクロカウンセリング』川島書店.
（28）　久保紘章（2004）『ソーシャルワーク──利用者へのまなざし』相川書房，96.
（29）　同前書.
（30）　久保紘章（1998）「特集：生活場面面接」『ソーシャルワーク研究』24(3) 相川書房，213.

■第 3 章■
ソーシャルワークの実践理論

学習のポイント

1 ソーシャルワークの実践理論，実践モデル，アプローチについて，理解する。

2 「人と環境の交互作用」をふまえた，システム理論・生態学理論・バイオ・サイコ・ソーシャルモデルの内容と，支援枠組みの特徴を学ぶ。

3 治療モデル，生活モデル，ストレングスモデルの特徴と，モデルからアプローチへの展開について理解する。

実践理論の意義と
ソーシャルワーク概念との関連性

□ **実践理論の意義**

　ソーシャルワーク実践理論とは「生活の中で起こっている現象に対して理論をもって説明し，ソーシャルワーカーがどこに，何に着眼し，実践を展開しているのかを示す根拠となる」ものである。

☞『ソーシャルワーク論Ⅰ』第1章参照

　ソーシャルワーカーが理論をもって実践を説明することは，その専門性が高いことを明らかにすることである。支援を求めてくる当事者に対して，また社会に対して，ソーシャルワーカーは専門職としての説明責任がある。

　しかし一方でソーシャルワーカーの実践は，「野生の勘」や「暗黙知」などとされて，理論で説明できにくいものとして扱われがちであった。ソーシャルワーカーは，実践理論に基づく枠組みによって，問題状況を統合的に理解し，それを根拠に適切な計画を立てて介入していることを，当事者や社会に説明することで，個々の実践が専門性に基づいた質の高い支援であると説明することができる。

□ **ソーシャルワークの実践理論・実践モデル・アプローチ**

① **ソーシャルワークの実践理論**

　ソーシャルワークの実践理論は様々な知識・理論・思想やその背景を基盤にして成立している。ここでは，ヴィンター（Vinter, R. D.）⁽¹⁾を参考にして，ソーシャルワークの実践理論を形成する，(1)ソーシャルワークのための理論，(2)ソーシャルワークの理論，(3)ソーシャルワークの実践理論，という3つのカテゴリーと，その位置づけを説明する。

(1)ソーシャルワークのための理論

　医学・精神分析学，心理学，社会学，教育学，哲学など古くからソーシャルワーク実践全体に影響を与えた理論の中で，とくに現在のソーシャルワークに大きな影響を与えた他領域の理論や考え方を指す。具体的には，生態学，一般システム論，コミュニケーション論，パーソナリティ論，認知理論，行動理論，学習理論，家族システム論，地域・社会化理論，社会構成主義などがある。これらの考え方を実践に援用することで，ソーシャルワーク実践理論の基盤が形成されている。ソーシャルワーク実践理論にとっては，より大きな理論と言

えよう。

　(2)ソーシャルワークの理論

　ソーシャルワークの原理や本質を示す，ソーシャルワークをソーシャルワークたらしめている理論を指す。具体的には，「人と環境の交互作用」，時間：空間把握，システム思考や生態学的視座等の特徴を持つシステム論やエコロジカルモデルまた両者を合わせたエコシステム視座などが上げられる。これらは人のくらしと環境状況の全体性や統合性等を視野にいれた把握が可能である。ソーシャルワーク実践理論にとっては中核となる理論と言えよう。

　(3)ソーシャルワークの実践理論

　ソーシャルワーク実践の基盤となり，実際的視点や介入方法をさし示す実践を支える具体的な理論であり，実践モデルおよび多様な実践アプローチを指す。いわば一局面や局地的な介入計画をたてる場合に，選択しながら介入を前提に用いられる，実践を直接支える小さな具体的な実践理論である。

　②　実践モデル

　ソーシャルワークの価値や態度に基づき，支援の基本的な視点・姿勢の違いによって支援のタイプを分類したもので，支援姿勢・状況認識の類型として，治療モデル，生活モデル，ストレングスモデル，として，本章の第3節で説明する。

　③　実践アプローチ

　介入の一時期一場面や介入の目標によってそのつど選び取る，より実践的な方法である。この多様なアプローチについては，本書の次章（第4章）にて詳述される。

 ## 人と環境との交互作用に関する理論

　ソーシャルワーク方法論の統合化に向けて実践理論は発展した。その中で，現代のソーシャルワーク実践において基盤となる考え方は，システム思考や生態学的視座等にもとづき「人と環境の交互作用」としてクライエントとその環境の状況を認識することである。また人の生活を，時間や空間的に，また全体的かつ統合的に把握することでもある。これは実践理論として，ソーシャルワークの原理や本質を示すソーシャルワーク固有の理論として位置づくものである。

　この理論群の特徴をあげると，有機的に関連している各要素の集合

ビネット3-1　🏠　8050問題と一般システム論

　50代の引きこもりの息子と80代の認知症の母親の世帯が，公的支援を拒否して，開放性の低い家族システムの中で暮らしていた。この当事者システムに外部環境の支援を入れようとしても，母子は介護系のサービスシステムには，相談することすら拒否している。母子は隣人システムも，親族システムからの資源も受け入れず，当事者システムの境界は硬直化している。

　しかし一方で母子は，医療サービスシステムを以前から相談相手として信頼して受け入れており，とくにかかりつけ医の話はこまめに守ってきた。そのため主治医を通じて，当事者システムに働きかけることで，より柔軟で開かれたかつ固有性の高い開放システムに当事者システムが変容する可能性を見出した。

体であるシステムの，交互作用となる循環性や力動性や相互依存性である。また，環境局面の重層性，生じた物事や事態に対して問題状況を生み出している「しくみ」としてみる全体性である。さらに，状況全体をアセスメントでまとめて，さらに介入する包括性・統合性，生活ストレスの認識と対処機制（コーピング）等の特徴を持つ。こうしたソーシャルワーク独自の代表的実践理論として，システム思考・理論，生態学的視座，バイオ・サイコ・ソーシャル（BPS）モデルの3つを説明する。

☐　システム思考・理論

　システム理論は，ソーシャルワークにとってたえず交互作用を行っている「人と環境」の関係を，一つの統合体として把握する。システムとは複数の要素が有機的に関連しあっている集合体である。人と環境の適合の在り方に焦点をあてると，主な概念として下記の①〜④が挙げられる。[2]

　①　開放システム

　一般システム論は「環境と相互作用しながら自己維持し続けるメカニズムはどのようなものか」を理解することが求められる。[3]以下(1)〜(5)で説明していく。具体例はビネット3-1で確認をしてほしい。

　(1)システムは生物・自然・機械・人間なども含む有機体であり階層性があること。

　(2)外部環境に対して，開かれている開放システムであること　閉鎖システムは外部とのやり取りが排除されている。

　(3)外部との情報やエネルギー，物質等とのやり取りに関して，システムの境界に柔軟性があるか，硬直化しているかにより，開放の度合いが環境変化に応じて変動すること。

(4)硬直化して開かれにくいシステムの場合でも，どんな情報やエネルギーを階層性のある外部システムのどこから入れるかについて戦略的に検討し実行することによって，内部システムの開放性が高まることがあること。

(5)内部システムの開放性が高まることは，人と環境の交互作用のバランスを再調整する契機となり，結果として人の暮らしと暮らし方について，生活／人生の再構成を当事者システムが検討し，変容・実施していくことを支援することにつながる。この概念は特に家族システム論で重要なものとなる

②　ホロンサブシステムとスープラシステム：複数の階層ごとの交互作用

ホロン（holon）とは，「一つのシステムはさらに小さないくつかのシステム（サブシステム）によって構成されているとともに，さらに大きなシステム（スープラシステム）を構成するうちのひとつである」[4]という複数の階層ごとのシステム間における交互作用によって全体が構成されているという考え方である。ソーシャルワーク実践においては複数の階層性のある各システムが，交互作用をそれぞれに起こして，より複雑で分厚い支援体系を当事者システムとソーシャルワークにもたらすと考える。

たとえば，大きなシステム（スープラシステム）としての地域介護福祉支援システムの次の階層のシステムの一つとして，在宅介護システムがあり，さらに小さなシステムとしてデイケアやショートステイ，入浴サービス等のサブシステムが機能している状態をいう。

③　ホメオスタシス：恒常性維持と自己組織化性・力動的定常状態[5]

生物には，生命維持のために，外部環境の変化に対し，内部環境を安定した状態に維持しようとする性質があり，それをホメオスタシス（恒常性）という。生物と同様，人が作り出す社会的システムも，自らのシステムを維持・変動させ，環境を統合して適応に向かうよう自己組織化する性質がある。

さらに開放システムは，外部システムからの資源・情報やエネルギーの流入および自システムからの流出を繰り返しながら，資源・情報やエネルギー等の制御や通信を行い，システム維持を目的とするのみならず，自らのシステムを成長・発展・変容させようとする目的で，サイバネティックという自己制御の仕組みをもって，常に安定した力動的定常状態を保つように働く。

ソーシャルワーク実践ではこうした人や家族，集団，地域などのシステムの自己組織化性と力動的定常状態に着目する。そしてクライエ

ントが抱えた問題を，システム全体の機能不全状態であると認識し，その機能回復や社会との適応・調和を目的にソーシャルワークを展開することが求められる。

④　サイバネティクスとフィードバック：定常化と自己調整

自己組織化性理論の発展形として，オートポイエーシス理論が唱えられている。自己とシステムの関係の特徴として，(1)自律性（自己保持），(2)個体性（同一性保持），(3)境界の自己決定（自己と非自己），(4)入力・出力の不在（循環性）が指摘されている。

常に変動しているシステムを制御する，サイバネティクスという機能は，フィードバックによりおこると考えられる。ここでいうフィードバックとは他システムから流入した資源や情報，エネルギーを，自システム内で処理し，システム固有の資源・情報・エネルギーとして他システムに流出させるアウトプット過程を言う。このフィードバックの過程において定常化を図るために，内部システムがそれぞれの役割や機能によりシステムの調整（自己調整）を行う。

クライエントの暮らしや暮らし方における生活状況の不都合は，人と環境との交互作用が作り出すクライエントシステムと，他システムとの機能不全の状況として現れる。外部システムから流入する資源・情報・エネルギーをクライエントが自システムで処理し，自システム固有の資源・情報・エネルギーとしてフィードバックできるようにソーシャルワークを行う。

□　**生態学的視点・エコロジカルモデル**

生態学とは生物と環境の適合状態や，そのダイナミックな均衡と相互性について，解き明かそうとする科学である。ソーシャルワークでは生態学の知識による視点を人間社会に適用し，隠喩（メタファー）を使いながら説明する。(6) ソーシャルワークではそれを「人と環境との交互作用」における生活の場に引き付けて，その暮らしや暮らし方に関する調和と均衡が生活課題として，どのように維持・改善・促進できるのかについて検討を行う。

さらに人と環境との時間的，空間的把握によって，人の歴史的文化的実存的な価値観やライフスタイルなどにも影響する要素も含めた，ライフ（生命／生活／人生）の質をみていく。つまり支援するクライエントを生活主体者として，環境との相互作用を通じて成長する存在であるととらえる。

またエコマップやタイムラインなどの技法を用いて，支援者と当事者がともに，人と環境との関係を全体的・統合的かつ多面的に俯瞰し

➡ 隠喩（メタファー）
比喩表現を使うことによって，相手に物事をわかりやすく伝えたり，表示物の視認性を高めたりできる手法のことである。ここでは，生態学の用語を使い，社会生活上の概念や内容を示すこと。

➡ エコマップ
エコマップ（生態地図）というマッピング技法の1つ。クライエントや家族の地域（空間）における生活環境とくに，社会資源との関係を視覚的にわかるように地図にしたもの。

➡ タイムライン
クライエントと社会との間の生態状況を，時間的歴史的に把握し，人生の軸を線上に書きあらわす技法である。空間的に把握するエコマップと同一紙上に書きあらわすのがよい。

つつアセスメントすることもできる。

　また人が環境と共存するための生態学的視点は，その共存するための能力を対処能力（コーピング），環境が人間のニーズに適応することを応答性（レスポンス）とし，このバランスが崩れると生活ストレスが発生すると考える。生態学の隠喩を用いながら，生活ストレスを生み出すストレッサーを円環的にアセスメントした生活課題をとらえ，クライエントおよび環境の能力（コンピテンス）が高められるように，多様なエンパワメントに基づく介入を行う。

　生態学がソーシャルワークに影響を与えた概念には①～⑦がある。

　①　人と環境の交互作用

　一方向で直線的な「原因→結果」という因果律で見るのではなく，様々な要因が交互作用によって影響しあっている「問題状況」を循環（円環）律としてみる。「物事はまわりまわってこうなっている」という考え方である。

　「なぜそうなるのか（原因や問題を追及する姿勢：WHY）」ではなく，「何がどのように起こっているのか（現象や状況を生み出したしくみを把握する姿勢：WHATやHOW）」を見ていく。次節の実践モデルでいうと，治療モデルから生活モデルへと考え方が変化した考え方のもとはここにある。

　②　人と環境の適合具合

　人と環境との適合具合に着目する。適合は人の成長や健康，満足につながる。

　不適合はニーズの不充足，局面に機能不全が生じているという意味を持つ。適合度をアップするためには，次のいずれかが必要である。(1)人の変化，(2)環境の変化，(3)人と環境の相互作用の変化である。

　たとえば脳梗塞を発症し，リハビリテーションを受け，車いす自立を獲得した人が自宅に戻るのに，住宅改造という(2)環境の変化を行うことで，人と環境の適合度を上げることになる。

　③　生活環境と地位

　生活環境とは生活環境，物理的かつ社会的かつ文化的な環境（住宅，交通機関，職場，学校，社会機関，病院，講演やレクリエーション施設，図書館など）を含む。そうした環境は人の成長や健康，社会的機能を支え，その可能性を高めるべきものである

　また地位とは社会的な立場・役割のことであり，人の生活状況や心理に影響する社会的環境のことである。たとえば公的交通機関の少ない不便な環境下で認知症者という社会的な立場になると，自家用車の運転もできず，行動範囲が狭くなり，社会的孤立を深める。

┌───┐

ビネット3-2　🏠　**パワーによる汚染**

　　重度障害者生活施設での暮らしは，施設職員のケアと運営で守られており，暮らし方について自己の意思を表明しなくても満足する生活ができる状況が，用意されているかもしれない。

　　しかしたとえば，嚥下障害により肺炎を繰り返すという問題を抱えていた場合，施設では食事介助による誤嚥多発の恐れから，胃ろう造設により，口からではなく胃に管で直接栄養を送ることで肺炎を避けるようにしようというケア方針を決定したとする。

　　そのとき，当人が口から食べることを生きがいとしていたとしても，施設の「よかれ」とする決定に異を唱えることは難しい。施設側の「よかれ」とする決定が，当事者にとって「受け入れ」がたい状況となる状況が出現する。

　　胃ろう手術を「よかれ」として進めようとする施設側はパワーを持っていることを意識する必要がある。「食べる楽しみを奪われることは到底承服しがたい。別の方法を検討してほしい」ということが主張できない当人のパワーレスな状態に気が付く必要がある。当人の意思を確認し，表出できるようにし，それを実行していくためには，支援環境や支援関係が，パワーに汚染された状況ではないことを確認しあっていかねばならない。

└───┘

④　パワー，パワーレス，汚染

ここでいうパワーとは政治的・社会的枠組みによる力のことであり，パワーのある人がそれを乱用することは様々な社会問題をもたらす。また理不尽なパワーの影響は社会全体に影響し，とくになかでも弱く排除されがちな人々に一番重くのしかかり抑圧する。そうした人々や集団は，発言や行動などパワーの発揮のできない状況の中で，パワーレスになっており，それが当たり前で慣らされてしまっていることも多い。また社会側が当事者のパワーの発揮を，意識しない場合を汚染という（**ビネット3-2**）。

⑤　ライフコース

誕生から高齢までの個々人の人生／生活における発達の道筋のことであり，「人と環境」の交互作用を時間の流れ（歴史）的・重層（構造的）に理解し，経験の内容やそこで得たものを見ていく。時間の流れには，歴史的時間，個人的な時間，社会的な時間があり，その人の「ライフ」生命／生活／人生に関わる経験や考え方は，以下の(1)(2)(3)の時間の交互作用によって変わってくる。

(1)歴史的時間とは，歴史的な社会変化，時代背景

(2)個人的な時間とは，個人の発達（成長）や経験

(3)社会的な時間とは，家族やグループ，コミュニティの中での変化や出来事

これらに文化的影響要因が加わり，時間その人自身の生命／生活／人生，暮らしや暮らし方への理解を深めることにつながる。

⑥　ストレッサー，ストレス適応，チャレンジ

ストレッサーは，現在あるいは未来の害や喪失のことで，様々なストレッサーに直面して起こる身体的・情緒的反応のことをストレスと言い，よい刺激であるストレス適応をユーストレス，悪い刺激となる不適応ディストレスに分かれる。

またストレスに適応することで，人は成長する。その成長の内実は，達成感や自己評価の高まりや関係性の深まりなどに表れる。また成長のため課題を達成するように努力することを，挑戦する，チャレンジすることとしてあらわす。一方で適応の失敗はさらなるストレスとなる。

課題に出会ったときの対処方法は，まずそれがストレッサーか否か，ストレッサーならば害や喪失が今起こっているのか，将来なのか，さらにチャレンジだと思える肯定的な事態か，について評価する。次にストレッサーだと判断したら，自分の適応方法をさらに評価する。その結果，自分や環境の資源を活用して，自分の中の一部，環境，あるいはそれらの関係を変えて，否定的な気分を抑え課題対処に向かう。

⑦　レジリエンスと防護要因

レジリエンスとはストレスに押しつぶされても元に戻る力，回復力のことである。人は逆境やネガティブなライフイベントを経験しても，つぶしたゴムボールが戻るように元の適応レベルまで回復する力を持つ。レジリエンスはとくに，気質（セルフ）の状態に表れる。(7)①洞察，②独立性，③関係性，④イニシアティブ，⑤ユーモア，⑥創造性，⑦モラル。

一方押しつぶされる体験を予防する視点から，害となるストレッサーを予防したり，ストレスに対する影響をへらしたり，迅速に改善するのに役立つ生物学的・心理学的・環境的なものとして，以下の防護要因（予防・保護）が検討される。

・家族のパターン
・外的なサポート（①物質・サービス，②情緒的，③情報，④評価）
・環境にある多様な資源

□　バイオ・サイコ・ソーシャル（BPS）モデル

ソーシャルワークの方法論の統合化後に開発されたバイオ・サイコ・ソーシャル（BPS）モデルでは，「人と環境」をバイオ，サイコ，ソーシャル，の3局面としてとらえ，その交互作用の内実を統合することでアセスメントする。それによりBPS要素間の交互作用の

➡ バイオ
　生理的・身体的機能状態の側面であり，遺伝など生得的な要因や疾患や傷病などに対応する身体的健康，人格に通じる欲求の表出や充足の強さの具合などがある。

➡ サイコ
　精神的・心理的状態の側面であり，自我機能の具合や無意識の防衛機制　自己と他者との基本的姿勢や関係人格の発達段階の過程民族性や宗教，ライフスタイル，ジェンダー，性的嗜好，文化的側面などがある。

➡ ソーシャル
　社会環境状態の側面であり，個人の具体的な物理的環境，家族状況と関係性，身近な隣人や知人との関係，地域社会における資源やサービスなどの社会的ネットワーク，政策や計画，価値観，態度まで含む文化や社会システム，一般社会の文化的価値観，法律，政策，差別的社会的評価，などがある。

具合とその統合的アセスメントとして，生活課題の成り立ちと問題発生のしくみの全体性や包括性を見ることができる。

　バイオ・サイコ・ソーシャルモデルによるアセスメントの手順は，下記の①〜④である。

　①　クライエントの置かれている状況「人と環境」の交互作用について，情報収集しバイオ・サイコ・ソーシャル各局面の要因に分けて把握する。

　②　困難状況は要因相互に関連しあい，複合的に絡まり作用しあっている様子を確認・理解する。

　③　要因はクライエントの弱さや不利の問題のみならず，クライエントの能力や意欲，嗜好，利用可能な環境要因・社会資源などのストレングスの観点も重視する。

　④　クライエントや環境側の意欲を高め動機付けをする支援，エンパワメントアプローチにつながることを理解する。

▢ バイオ・サイコ・ソーシャル（BPS）モデルの実際

　ビネット3-3の，Aさんの事例について，Aさんの置かれている状況を，以下①〜③のようにバイオ・サイコ・ソーシャルモデルの視点で分析していく。これをもとに　統合的アセスメントをし，Aさんはなぜ，上司に自分の病気を打ち明けるのを，拒否したのかを考えていく。

　①　バイオ（生理的・身体的機能状態）

　例として以下があげられる。

・クローン病　腸管の潰瘍化が進行する難病
・小児期に発症し，日常的に発熱や激しい痛みがある
・ストレスによる病状悪化の虞
・症状悪化により腸管切除術や人工肛門造設の必要性が出る可能性がある
・経管栄養法による特殊な食事が中心

　②　サイコ（精神的・心理的状態）

　例として以下があげられる。

・自分の病気や弱みは人に打ち明けたことがない
・人付き合いが悪く孤立していても，目的をもって自分の考えたことが実行できる
・発熱や痛みが常にありながら我慢づよい
・頑固
・仕事にやりがいを持つ

ビネット3-3　🏠　職場に対して自分の病気を打ち明けることを
拒否するＡさん

　26歳のＡさん（男性）は４歳でクローン病（小児慢性疾患：指定難病）の診断を受け，服薬と食
事制限を日常的に続けている。小腸を中心に消化管が潰瘍化しやすい難病のため，症状の悪化を防
ぐため，心身のストレスに気を付けつつ，通常の食事やアルコール等の刺激物をとらず，主な食事
は夜間睡眠時の経鼻栄養法で行っている。症状としては頻繁な発熱と激しい下痢と便秘を繰り返
し，下血と腹痛が常にある。

　日々こうした痛みや症状を抱えながら，Ａさんは日常生活や社会生活を送ってきた。学校はほぼ
皆勤賞であり，夏休みごとに入院して体調を整えていた。見た目は健常人と変わらず，学校や職場
では，食事会や飲み会にも参加しない付き合いの悪い人として友人や同僚からは思われていた。孤
立しがちではあったが，今までは病気のことは家族以外，学校関係者，親友１人が知っているだけ
である。教員には相談しながら支援は受けていた。

　父親は早くに亡くなり，母親はＡさんを大変心配している。しかし長年の母一人子一人の暮らし
の中で，経済的不安はあるものの，頑固ではあるがその頑固さで，なんとか社会的な難問に対処し
てきたＡさんを信じ，今後も思うとおりにしてあげたいとの母の意向がある。

　大学を出て３年　現在は地方公務員としてやりがいのある仕事も任されるようになってきた。し
かし体調は卒業以来ストレスが強くなったせいか不安定である。学生時代はあった夏休み期間もな
くなったためメンテナンスのための入院もできずに，潰瘍の増悪がすすんだ。このままだと腸管切
除術も視野に入れて，入院手術を考える必要が出てきたとの主治医の診断がでた。

　この治療方針の変更によって，Ａさんの暮らしや暮らし方や療養体制を組みなおす必要が出てき
た。主治医は職場の理解が必要であるとして，職場の上司に病気のことを話すようにと勧めるも，
Ａさんは拒否している。そこで主治医よりソーシャルワーカーに相談があった。

③　ソーシャル（社会環境状態）

例として以下があげられる。

・病気の秘密を持ったまま，人に打ち明けず社会人となり，仕事にや
　りがいを持つ

・身体障害者手帳も取得せず，制度を利用することもなかった

・自己努力で公務員として務めている。行政職場では障害者・病者と
　しての保護はあるが，出世コースからは外れる

・障害者雇用促進法がある

・職場の人間関係では孤立しながらも，その能力は上司に買われてい
　ることを自負している

ソーシャルワークの実践モデル

　本節では，ケースワーク（個別）実践から展開した視点や価値・態度に依拠した，治療モデル，生活モデル，ストレングスモデルの3つについて説明する。

☐ 治療モデル

　治療モデルは，医学モデルや病理・欠陥モデル・臨床モデル等などの呼称があり，それぞれ意味するものが少しずつ異なる。共通しているのは医学をモデル化し，客観的証拠（エビデンス）を重視し，客観性や科学性を担保しつつ課題を認識・達成しようとする点である。

　この考え方のモデルは，ケースワークの母と言われるリッチモンド（Richmond, M. E.）が，1917年『社会診断』等において，「社会環境」を改善することと「パーソナリティ」を治療的に改良することを実践の目標にしたことに始まる。ソーシャルワーク実践に専門性・科学性を求めはじめた当時，客観的に世間に正しさを表すものとして，医学や治療にその根拠を求めたのである。

　このモデルには，次の①〜④の考え方の特徴と展開がある。

　①　クライエントが問題をもつことを「病理」ととらえ，社会調査→社会診断→社会治療（処遇）という一方向の因果律（原因があって結果になる考え方）によるプロセス，つまり原因追及→問題特定→問題排除の枠組として考えられている。

　②　特にフロイト（Freud. S .）の精神分析学に大きく影響を受けており，パーソナリティの病理性や「問題・原因」の追究に関心がおかれる。その反面，社会や環境面の要素への関心が薄い。

　③　原因追及への関心が強くなりすぎると，病理欠陥モデルとみなされ問題化する。解決に関心が向かず，犯人探しや問題や欠陥の糾弾に終始してしまう可能性がある。

　④　治療モデルから直接展開した理論アプローチとして，心理社会的アプローチ（診断主義），機能的アプローチ（機能主義），そこから展開した問題解決アプローチ（折衷主義）がある。

☐ 生活モデル（ライフモデル）

　病理追求になりがちであった，治療モデルに対する批判が様々展開

される中で，生活モデルは，ジャーメイン（Germain. C.）とギッターマン（Gitterman. A.）によって『ソーシャルワーク実践の生活モデル』（1980年）において体系化された。その思考は人と環境の相互作用に新たに着目し生態学的視座を持ったライフ（生命／生活／人生）モデルとして示されている。

それは生態学を学問的基盤にして，人の適応性（対処能力・コーピング）を強化し，環境の応答性（レスポンス）を高めて，「人と環境との交互作用」の接点（インターフェイス）にあらわれる「暮らし」や「暮らし方」を課題の解決として見ていく。また人を治療の対象や「問題な人」でなく，「成長のための力をもった人」として支援していく考え方であった。その考え方の基盤には，①〜④の特徴と展開がある。

①　人の生活と環境との交互作用をもたらす関係において，個々人の暮らしや暮らし方はその個別性も高く，影響する環境要因もさらに多様である。そこには，様々な人的および環境的要因が複雑に絡んでいる。そのため病理的な問題追及を行う姿勢ではなく，様々な影響要因を認識して課題に臨むニュートラルな姿勢が求められる。

②　問題やニーズを生み出している，生活状況の分析（アセスメント）においては，治療モデルによる因果律ではなく，生活上のストレス状況を各要因間の多様な絡まり方を解きほぐすように，**円環的因果律**としてあらわすことができる。

③　ライフにおける問題状況を描くことで，多様な要因および要因間のどこにいつどのように介入するのかについて，複数の介入のバリエーションの可能性が成立し，そのことによって戦略的な介入計画を組むことができる。

④　生活モデルはエコロジカル（生態学）アプローチ，ジェネラリストアプローチ，システムズアプローチ等に展開されている。

□　**ストレングスモデル**

ストレングスモデルとは，クライエントの持つ「強み」や問題解決能力などに着目し，それらを生かした支援を行おうとするモデルである。病理に着目する治療モデルとは反対に，健全さに着目するものである。治療モデルへの批判は当初より言われていたが，1992年にサリービー（Saleebey, D.）があらわした『ソーシャルワーク実践におけるストレングス視点』によって，クライエントが潜在的にもっているストレングス（強み・強さ）をソーシャルワーカーが発見し，当事者がそれを認識することを通じて信頼関係を築くとされた。

➡◆　円環的因果律
circular causality。相互が原因でも結果でもあるという関係を指す。クライエントの問題を，クライエントだけの問題ではなく，家族の成員間，もしくは家族システム内の円環的にとらえることもその一例である。

```
ビネット3-4    🏠    ３つの実践モデルでアセスメントしてみよう
```

太郎さん（中学３年生）が学校に行くことを拒否するようになって３か月がたつ。スクールソーシャルワーカーの小池さんは，太郎さんの両親を呼んで今後のことを相談することにした。今までの太郎さんの生活環境と学校でのいじめのトラブルの状況を聞いて，アセスメントとプランニングを行ってみよう。

そしてその当事者およびその環境のストレングスを強め，ウィークネスを弱めることで，当事者自身の算段に沿った解決に向けた力を使えるようにする。その背景には①〜③の考え方の特徴と展開がある。

①　人が問題解決をおこなうためのストレングスは，個人や家族だけではなく，社会環境のストレングスも広く見出す必要がある。とくに地域は，ストレングスにとって資源の宝庫であり，資源開発の可能性も含めその潜在能力まで評価する必要がある。

②　支援者はクライエントの意思を尊重し，解決に向けた行動の内容や方法を，ともにパートナーシップのもとで考える。クライエントのストレングスは，支援者側の客観的判断に基づくものばかりではなく，クライエント側の主観を大切にする。その主観はクライエント側からみたストレングスであり，それを育てる支援も必要である。

たとえば隣近所から孤立していることが問題だとするのではなく，クライエントが一人で生活できていることや，地域の一人暮らしの見守り体制があることなどに，ストレングスを見出す。

③　ストレングスモデルは，エンパワメントアプローチ，ナラティヴアプローチ，解決志向アプローチなどに展開していく。

☐ 各実践モデルによるアセスメントとプランニングの特徴と相違

これら３つのソーシャルワークの実践モデルで，ビネット3-4に対してアセスメントとそれに基づくプランニングをしてみよう。

①　治療モデルによるアセスメントとプランニング

太郎さんの母親は一人息子の太郎さんが生まれつき心臓に障害があったことから，心配しつつ大事に育てた。母親が「遺伝的に生じた疾患であり，本人に申し訳ないと思う。健康第一で学校に行くことは無理をさせない方針できた。しかし中学３年で人生の岐路にたっていることを思うと，いてもたってもいられない」とのこと。父親は仕事が忙しく，妻の不安や不満に対応できずに夫婦の間もうまくいっていない様子であった。母親の過保護と不安が太郎さんの主な不登校の原因であると診断し，母子別々のカウンセリングと家族面談を実施する

ことした。

②　生活モデルによるアセスメントとプランニング

太郎さんは一人っ子で同じく一人息子の父親の両親と隣家で暮らしている状況で，皆に見守られながら大切に育てられていた。とくに母親は太郎さんの心臓疾患について義父母から責められ負い目を持っていた。学校よりも健康優先という子育てが，優しい母親を気遣い，その意向を尊重しようとする太郎さんの行動につながった。学校でいじめにあった時も，学校よりも健康を優先する母親の意向・支持を受けて，自覚的に不登校を選択したことがわかった。

生活モデルでは，不登校は病理の問題ではなく，単に人生上の経験，ニュートラル（よし悪しの判断ではない）な出来事としてアセスメントされる。そして多様な社会資源の紹介などの情報提供，他機関との連携，太郎さんと母親と一緒に今後の家族の人生の計画をすることに協力するというプランニングを実施することにした。

③　ストレングスモデルによるアセスメントとプランニング

太郎さんの不登校の選択は自覚的であり，孤立感に悩む母親に対する家族関係を配慮したものであることがわかった。自分が家族の核となりつなぎ手として自覚を持っているというストレングスを認めた。太郎さんが不登校を選択して以来，祖父母が仕事に多忙な父親の対応不足を責めた。父親も心配して学校との話しあいの席に出たり，母親と時間をとって夫婦で話し合う姿勢を見せていた。

家族の関係性を保つ意味では，太郎さんはむしろ不登校の問題を継続させるという選択を行うことも考えられた。そこで太郎さんに対して母親への気持ちを言語化したうえで，家族の一体化に取り組むことができるような不登校とは異なる目標を設定することを相談することにした。

このように採用する実践モデルの相違によって，情報収集の姿勢やその内容が異なり，さらにそれを整理したアセスメントおよびそのアセスメントを根拠にしたプランニングが異なってくるどの実践モデルを採用するかで，ソーシャルワークのプロセス全体に大きく影響するのである。

📖 さらに知りたい人のための推薦図書

久保紘章・副田あけみ編著（2005）『ソーシャルワークの実践モデル──心理社会的アプローチからナラティブまで』川島書店.

▷実践理論の歴史的変遷を，方法論の統合化を境に，歴史的にソーシャルワークの考え方の変遷と展開をたどり，具体的な実施方法までまとめた書籍。アプローチと実践の関係を考える上で，基盤となる書。

ゴールドシュタイン，E.・ヌーナン，M./福山和女・小原眞知子監訳（2014）『統合的短期型ソーシャルワーク──ISTT の理論と実践』金剛出版.

▷迅速で綿密な生物・心理・社会的アセスメントにより，支援困難ケースの問題の本質を見抜き，時間的・資源的制約の中で，複数のモデルを統合して最適な介入を構築する実践的な援助理論を紹介。

注

（1）　小嶋章吾（2021）「2章ソーシャルワークの実践モデルとアプローチの種類と方法」相澤謙治監修『新版ソーシャルワークの理論と方法1（基礎編）』みらい，36.
（2）　太田義弘・秋山薊二編著（1999）『ジェネラル・ソーシャルワーク』光生館，44-46.
（3）　ベルタランフィ，L./長野敬・太田邦昌訳（1973）『一般システム理論』みすず書房，35.
（4）　（3）と同じ，41.
（5）　（3）と同じ，52.
（6）　岡本民夫監修/久保紘章・佐藤豊道・川廷宗之編著（2004）『社会福祉援助技術論上』川島書店，258-259.
（7）　ウォーリン，S.J・ウォーリン，S./奥野光・小森康永訳（2002）『サバイバーと心の回復力』金剛出版.

参考文献

太田義弘（1992）『ソーシャルワーク実践とエコシステム』誠信書房.
小松源助（2002）『ソーシャルワーク実践理論の基礎的研究』川島書店.
ジョンソン，J.C.・ヤンカ，S.J./山辺朗子・岩間伸之訳（2004）『ジェネラリスト・ソーシャルワーク』ミネルヴァ書房.
ジャーメイン，C.他/小島蓉子編訳著（1992）『エコロジカル・ソーシャルワーク（カレル・ジャーメイン名論文集）』学苑社.
グティエーレス，L.M.・パーソンズ，R.J./コックス，E.O.編著/小松源助監訳（2000）『ソーシャルワーク実践におけるエンパワメント』相川書房.
狭間香代子（2001）『社会福祉の援助観──ストレングス視点・社会構成主義・エンパワメント』筒井書房.

第4章

ソーシャルワークにおける
多様な実践アプローチ

学習のポイント ──────────────────

1 ソーシャルワークにおける多様な実践アプローチの全体像を把握する。

2 ソーシャルワークにおける多様な実践アプローチの理解の仕方を学習する。

3 ソーシャルワークにおける実践モデルと実践アプローチの関係を理解する。

4 ソーシャルワークにおける9つの主要な実践アプローチの代表的論者,特徴,支援プロセスを理解する。

多様な実践アプローチの理解の仕方

□ **実践アプローチの多様性**

　一口に「ソーシャルワーク」と言っても，**実践アプローチ**は多様である。クライエントがかかえる課題をどのように把握し，どのような実践アプローチを用いて支援を行うかは一様ではない。

　100年以上あるソーシャルワークの歴史のなかで，実践アプローチ（以下，「アプローチ」）は移り変わってきた。「ケースワークの母」とよばれる**リッチモンド**（Richmond, M. E.）が『社会診断』を著したのは1917年であり，『ソーシャルケースワークとは何か』を著したのは1922年である。それから1世紀の年月が経過するなかで，さまざまなアプローチが登場してきた。

　新しいアプローチが登場するということは，ソーシャルワークがそれぞれの時代で生活を営む人々の課題に向き合い，発展してきた結果である。ソーシャルワークは，その妥当性や効果が検証され進化し続けている。そこの進化は現在進行形で行われおり，今後も止まることはないだろう。本章では，現時点におけるソーシャワークの代表的な実践アプローチについてみていきたい。

　まず確認したいのは，ソーシャルワークにおけるアプローチのバリエーションである。代表的なものとして，以下の9つをあげることができる。

① 心理社会的アプローチ
② 機能的アプローチ
③ 問題解決アプローチ
④ 課題中心アプローチ
⑤ 危機介入アプローチ
⑥ 行動変容アプローチ
⑦ エンパワメントアプローチ
⑧ ナラティヴアプローチ
⑨ 解決志向アプローチ

　なお，本章ではこの9つのアプローチをとりあげるが，これ以外にもソーシャルワークに適用されるアプローチがあることは忘れてはならない。

➡◆ 実践アプローチ
　ソーシャルワーカーがクライエントを支援する際，どのような理論にもとづき，何に注目し，何をすべきかを具体的に説明するものである。すなわちソーシャルワークにおける理論と実践を繋ぐ役割を果たす。ソーシャルワークが発展するなかで複数の実践アプローチが登場している。なお実践アプローチよりも抽象度の高い概念枠組みとして「実践モデル」がある。

☞ リッチモンド，M. E.
『ソーシャルワーク論Ⅰ』第6章参照

□ **実践アプローチをいかに学習するか**

　さて，これらのアプローチを私たちはどのように学習していけばよいだろうか。

　まずこの9つのアプローチは，厳密ではないが，登場した年代順に番号が振られている。たとえば，①心理社会的アプローチ，②機能的アプローチはソーシャルワークの初期段階に登場したアプローチであり，⑧ナラティヴアプローチ，⑨解決志向アプローチは，比較的最近になって登場したアプローチである。

　またそれぞれのアプローチは，その内部において発展を続けている点にも注意が必要である。たとえば，初期段階に登場した①心理社会的アプローチ，②機能的アプローチは，登場した当時のまま変化がないわけではなく，その後洗練され発展している。比較的最近登場した⑧ナラティヴアプローチ，⑨解決志向アプローチは，現在もなお発展し続けている。

　そしてこれらのアプローチは，ソーシャルワークの隣接領域（精神医学，心理学，社会学等）の展開と歩調を合わせながら登場していることも理解する必要がある。これらの隣接領域もソーシャルワークと同様に進化しており，相互に影響を与えあっている。そのため，隣接領域の学習を並行的に行っておかないと，ソーシャルワークのアプローチを十分に理解したことにはならない。

　ところで，さらに重要なことであるが，それぞれのアプローチは，少なからず対立することがあることには留意しておく必要がある。当たり前のことであるが，1つのアプローチですべての課題に対応可能であれば，別のアプローチは必要ない。新しいアプローチが登場した背景には，それ以前のアプローチの限界を克服しようとしたからであり，新しい課題に対応する必要性があったからである。そのため，あるアプローチで重視されていたことが，別のアプローチでは批判の対象となることもある。

□ **実践アプローチと実践モデルの関係**

　すでに述べたようにソーシャルワークのアプローチは多岐にわたる。これらのアプローチでは，クライエントをどのように理解し，どのように支援していくか，ということが具体的に示される。

　本章では，それぞれのアプローチを細かくみていく前に，本書の第3章で確認された「実践モデル」（実践の範型）との関係を整理したい。すなわち，①治療モデル，②生活モデル，③ストレングスモデルとの関係である。これらの実践モデル（以下，「モデル」）は，アプ

科学的根拠（エビデンス）

「科学」にもとづいた実践の根拠のことをいう。ここでいう「科学」とは，客観的に測定し，分析できる研究を指す。そのため尺度をもちいたアンケートの分析など量的研究（定量的研究）と親和性がある。ソーシャルワークの有効性をクライエントや社会に説明するうえで説得力を持つ。クライエントが紡ぐ語り（ナラティヴ）にもとづいた実践と対比的に論じられることが多い。

社会構成主義

社会構成主義は，モノゴトが社会的に作られている（＝構成されている）と考える立場である。単に「構成主義」とよばれることもあり，その場合の対義語は「本質主義」である。ソーシャルワークの文脈に引きつけていえば，クライエントがかかえる「問題」は，本質的なものではなく，社会的に（とくに言語的営みによって）作られたものである，と考える。この考え方を採用したアプローチは，通常の支援が馴染まない支援困難なクライエントに支援を届ける可能性がある。

ポストモダンソーシャルワーク

ポストモダンソーシャルワークは，近代的（モダン）なソーシャルワークの限界を克服するなかで誕生した。ここでいうポストモダンとは，直訳すれば単に「近代の後」という意味であるが，合理性，主体性などの「近代的なもの」からの脱却を目指す一連の運動をさす。ポストモダンソーシャルワークに分類されるものとしては，クリティカルソー

ローチの抽象度をあげたものであり，アプローチの全体像をマッピングするうえで有用である。

まず①治療モデルであるが，このモデルは，ソーシャルワークの初期段階に登場している。治療モデルでは，文字通り医療における「治療」になぞらえてソーシャルワークの支援方法が説明される。医療では，医師による診断により疾患の原因を特定し，その原因を取り除くように治療が行われる。それと同様にソーシャルワークにおける治療モデルも，ソーシャルワーカーによりクライエントがかかえる問題の原因を特定し，その原因を取り除くように支援が行われる。この治療モデルでは，**科学的根拠（エビデンス）**が重視されることになる。ソーシャルワークが専門性の確立をめざし，科学的なアプローチを求めるなかで必要とされたモデルといえよう。

この治療モデルに該当するアプローチは，心理社会的アプローチ，機能的アプローチ，問題解決アプローチ，課題中心アプローチ，危機介入アプローチ，行動変容アプローチがあげられる。

つぎに②生活モデルを飛び越えて，③ストレングスモデルをみていきたい。このモデルは，1980年代以降に登場する比較的新しいモデルである。ストレングスモデルは，**社会構成主義**（social constructionism）にもとづく，**ポストモダンソーシャルワーク**の流れを汲む。このストレングスという言葉は，日本語では「強さ」，「長所」を意味する。ストレングスモデルは，クライエントがかかえる「問題」に注目するのではなく，ストレングス（強さ，長所）に注目したほうがより支援効果が高いと考える。そこでは，クライエントがかかえる「問題」の原因には拘らない。この意味において，さきほどみた治療モデルと正反対のモデルいえる。

このストレングスモデルに該当するアプローチとして，エンパワメントアプローチ，ナラティヴアプローチ，解決志向アプローチをあげることができる。

さて途中で飛ばした②生活モデルであるが，このモデルは，治療モデルとストレングスモデルの中間的な位置にあり，正反対の関係にある両者を繋げるような役割をもつ。この生活モデルでは，**人と環境の交互作用**に注目する。そこでは，生活課題について，「クライエント本人に原因があるか」，あるいは「クライエントをとりまく環境に原因があるか」というように「原因」の所在を二者択一的にとらえるのではなく，複合的にとらえるモデルである。

この生活モデルは，どのアプローチを適用するうえでも無視することのできない，優れてソーシャルワーク的なアプローチといえよう。

このようなモデルとの関係を踏まえつつ，以下では，それぞれのアプローチについて詳しくみていきたい。

 多様な実践アプローチ

☐ **心理社会的アプローチ**

「心理社会的アプローチ（psychosocial approach）」の代表的論者として，ホリス（Hollis, F.）(5)(6)をあげることができる。このアプローチでは，「心理社会」という名称のとおり，クライエントがかかえる課題を，心理的要因と社会的（環境的）要因の両面からとらえる。そのためソーシャルワーカーは，クライエントの心理的側面だけでなく，クライエントを取り巻く社会的（環境的）側面の双方に働きかける。

このアプローチの起源は，「ケースワークの母」とよばれるリッチモンド（Richmond, M. E.）にまで遡る。リッチモンドは，精神分析学の祖であるフロイト（Freud, S.）の影響を強く受けていたわけであるが，その後，ハミルトン（Hamilton, G.），トール（Towle, C.），ギャレット（Garrett, A.）等によって，**診断主義アプローチ**☞として発展した。ホリスは，この診断主義アプローチの流れを受け継ぎながら，心理社会的アプローチとして体系化した。今日のクリニカルソーシャルワークとよばれる流れにつながる。

この心理社会的アプローチを理解するうえで重要な概念に，ホリスによる「状況のなかの人（the person in his / her situation）」がある。「状況のなかの人」とは，クライエントがかかえる課題を，クライエントの心理的側面にのみ焦点をあてるのではなく，クライエントの人間関係や周囲の環境との相互作用からとらえる。具体的な支援展開としては，この「状況のなかの人」の立場から心理社会的診断（アセスメント）を実施し，クライエントのパーソナリティの変容が目指される(7)。

たとえば，不登校傾向の児童がいたとする。心理社会的アプローチでは，その児童の不登校傾向について「ただ怠けているだけ」と考えるのではなく「状況のなかの人」の立場から，心理社会的診断（アセスメント）を行う。クラス替え，新しい習い事，引っ越し，両親の離婚や祖父母との死別などの児童をとりまく社会（環境）に変化があったとすれば，ソーシャルワーカーはそこに注目する。

ホリスによる心理社会的アプローチには，持続的支持，直接的指

シャルワーク，ラディカルソーシャルワークやナラティヴアプローチ，解決志向アプローチなどがある。『ソーシャルワーク論Ⅰ』第7章も参照。

➡◆ 人と環境の交互作用
交互作用（transaction）とは，互いが影響を与え合い，変化する関係をいう。ソーシャルワークでいう「人と環境の交互作用」は，「人」であるクライエントは，「環境」である他者，家族，組織等から影響を受けるだけでなく，影響を与え，互いに変化するものとしてとらえる。そのため支援対象は，クライエント個人に限定されず，そのクライエントを取り巻く他者，家族，組織等を含み，それらの交互作用が考慮されることになる。『ソーシャルワーク論Ⅰ』第6章も参照。

☞ 診断主義アプローチ
『ソーシャルワーク論Ⅰ』第6章参照

示，パターン力動的反省，発達的な反省，浄化法といった介入技法がある。

　持続的指示は，「うんうん，よくわかります」，「なるほど。そうだったのですね」とうなずきながらクライエントの話を聴くことである。直接的指示は，「○○することはあなたにとって良いことだと思います」とソーシャルワーカーの意見を明確にすることである。パターン力動的反省は，「○○だから，○○なのですね」などとクライエント自身の考え方のパターン，行動の傾向などを明確にすることである。発達的な反省は，「幼いころはいかがでしたか」とクライエントの幼少期の体験を振り返ることである。浄化法は，「○○さんを心配させないように，泣きたい気持ちを抑えていたのですね」と問いかけ，クライエントの感情を浄化（カタルシス）することである。[8]

　このような心理社会的アプローチは，長期的なソーシャルワーカーとクライエントの関係性，言語的介入によるクライエントのパーソナリティの変容を重視する。そのため，支援に対して積極的であり，一定の言語能力があるクライエントに対して有効となる。逆にいえば，問題を問題として認識していないクライエント，支援に対して消極的な**インボランタリークライエント**，言語的コミュニケーションが困難な乳幼児，認知症患者，知的障害者に対しては必ずしも有効ではない。

☐ 機能的アプローチ

　「機能的アプローチ（functional approach）」の代表的論者として，タフト（Taft, J.），ロビンソン（Robinson, V.），スモーリー（Smalley, R.）をあげることができる。[9] このアプローチでは，クライエントを潜在的な可能性をもった存在としてとらえる。すなわち，クライエントは，自らの「意思（will）」によって問題の解決の方向性を見いだすことができると考える。そのためソーシャルワーカーは，クライエント自身が問題やニーズを明確化することの手助けをすることになる。[10]

　機能的アプローチは，ランク（Rank, O.）の意思心理学の考え方にもとづいてタフト，ロビンソンにより確立された。その後，スモーリーに継承されることになる。このアプローチは，ハミルトン（Hamilton, G.），トール（Towle, C.），ギャレット（Garrett, A.）等による診断的アプローチへの批判から誕生した。そしてその後，心理社会的アプローチとして発展した。

　この機能的アプローチが批判する診断的アプローチには，フロイト（Freud, S.）による精神分析学の理論が重視されすぎたという課題が

ある。たとえば，診断的アプローチでは，クライエントの課題を分析するうえで，クライエントの成育歴の聞き取りにばかり力が注がれた。すなわち，クライエントの「現在よりも過去」に重きがおかれたといえる。こうしたアプローチに疑義を呈した機能的アプローチは，「過去よりも現在」に焦点をあてようとした。そこで機能的アプローチで重視されたのが，クライエントの自らの現在の「意思（will）」である。

　そのため機能的アプローチは，診断的アプローチと対立関係にある。診断的アプローチを批判した機能的アプローチは，「診断主義vs. 機能主義」の一大論争を引き起こした。

　このアプローチの特徴は，「疾病よりも成長」，「治療よりも支援」が重視される点に求めることができる。これは，診断的アプローチとの対比から浮かびあがる特徴である。なぜ，機能的アプローチでは，「疾病よりも成長」，「治療よりも支援」が重視されるのかといえば，そもそも機能的アプローチは，クライエントを潜在的な可能性をもった存在としてとらえることに由来する。そこではクライエントがかかえる課題は，治療の対象となるような疾病とは異なる。クライエントは，支援により成長できる存在なのである。

　また，このアプローチの特徴を，「機関の機能」を重視する点にもとめることができる。そもそも「機能的アプローチ」という名称は，ソーシャルワーカーが所属する「機関の機能」を意味している。「機関の機能」を重視する機能的アプローチでは，ソーシャルワーカーは，クライエントに「機関の機能」を十分に活用してもらうことを目指す。[11]

　そのため，機能的アプローチでは，ソーシャルワーカー中心ではなく，クライエント中心の立場をとる。すなわち，課題解決を行うのは，ソーシャルワーカーではなくクライエント自身であると考える。そこでは，ソーシャルワーカーは，「支援」の主人公ではなく黒子（くろこ）のような存在である。ソーシャルワーカーは，あくまでも「機関の機能」を代表して支援するのであり，課題解決を行うのは，あくまでもクライエント自身なのである。

　このような機能的アプローチでは，クライエントのニーズはソーシャルワーカーが見出すものではない。逆に，ニーズはクライエント自身が見出すものと考える。だからこそ，ソーシャルワーカーは，クライエント自身が問題解決の方向性を決定できるように働きかけることが求められる。

□　問題解決アプローチ

　「問題解決アプローチ（problem solving approach）」の代表的論者として，パールマン（Perlman, H. H.）[12]をあげることができる。パールマンは，すでに述べた「心理社会的アプローチ」と「診断的アプローチ」という，対立的な関係にある二つのアプローチの利点を一つにまとめた折衷的なアプローチとして，問題解決アプローチを提唱した。

　このアプローチに大きく影響を与えたのは，教育哲学者デューイ（Dewey, J.）である。また，エリクソン（Ericson, E. H.）らの自我心理学も大きな影響をあたえた。さらに，シンボリック相互作用論，役割理論，プラグマティズムの影響も受けている。問題解決アプローチは，パールマン以後も，ピンカスとミナハン（Pincus, A. & Minahan, A.），ゴールドシュタイン（Goldstein, H.），コンプトン（Compton, B. R.），ギャラウェイ（Galaway, B.）などにより発展した[13]。

　さてこの問題解決アプローチであるが，パールマンの著書『ソーシャル・ケースワーク──問題解決の過程』のタイトルからもわかるように，支援における「過程（プロセス）」が重視されるという点に大きな特徴がある。

　そしてこのアプローチでは，クライエントの問題を解決するのは，支援を提供するソーシャルワーカーではなく，あくまでも問題をかかえるクライエント自身であると考える。そこでは，クライエントは「潜在的な問題解決者」として位置づけられる。そして，ソーシャルワーカーは，クライエントの問題解決のプロセスをサポートすることが役割となる。

　問題解決アプローチを理解するうえでの重要なキーワードに「4つのP」がある。パールマンが重視した支援の要素である「人（person）」，「問題（problem）」，「場所（place）」，「過程（process）」の4つの頭文字が"P"であることから，「4つのP」と呼ばれている。なお後年，パールマンはこの「4つのP」に，「専門職（profession）」と「制度（provision）」2つのPを加えた。そのため今日では，「6つのP」として問題解決アプローチを理解しておく必要がある。

　クライエント自身が問題解決していくプロセスとして支援をとらえる問題解決アプローチでは，クライエントがどの程度，問題に向き合うことができるかということが重要となる。すなわちクライエントが，自らの問題と対峙する力が重要となる。パールマンは，このクライエントが問題と向き合う力を「**ワーカビリティ**」とよんだ。このワーカビリティを高めることは，クライエントの問題に対する対処能力である「コンピテンス」を高めることにつながる。

●◆　ワーカビリティ
　クライエントが問題に向き合う力のことをいう。パールマンが問題解決アプローチを説明するなかで使用した概念である。この概念の主語は，ソーシャルワーカーではなく，クライエントである点には注意が必要である。パールマンは，クライエントのワーカビリティ（workability）を高め，クライエント自身が主体的に問題解決できるように支援することこそソーシャルワーカーの役割であると考えた。

この「ワーカビリティ」について，パールマンは，①「動機づけ（motivation）」，②「能力（capacity）」，③「機会（opportunity）」の 3 点から構成されていると考えた。このような考え方は，それぞれの頭文字をとって MCO モデルと呼ばれる。「動機づけ」とは，クライエントが問題に取り組む意欲，「能力」とはクライエントが問題に取り組む能力，「機会」はクライエントが問題解決のために利用できる機会のことを指す。

この問題解決アプローチでは，①接触段階，②契約段階，③活動段階という 3 つの段階から支援を行う。さきほどみた，ワーカビリティ（MCO モデル）は，①接触段階において重要となる。②契約段階では，到達可能な目標，支援提供の方法，ソーシャルワーカーとクライエントの役割などの計画が策定される。③活動段階では，計画が実施に移されることになる。[14]

□ 課題中心アプローチ

「課題中心アプローチ（task-centered approach）」の代表的論者として，リードとエプスタイン（Ried, W. & Epstein, L.）[15] をあげることができる。このアプローチは，**プラグマティズム（実用主義）**の影響を受け発展した。そのため，綿密な計画にもとづいて短期的に支援を行うという特徴がある。そこでは，具体的な「課題（task）」が設定され，クライエントはその課題に取り組むことなる。

課題中心アプローチが誕生した背景には，それまでのアプローチが支援効果をあげるまでにあまりにも多くの時間を必要としていたことへの反省がある。たしかに，自然治癒するのと同じくらいの期間を必要とするのであれば，支援をする意味がない。

そのため課題中心アプローチでは，クライエントは短期的に取り組むことが可能な具体的な「課題」が重視される。そこにおける「課題」とは，問題が解決されたときの状態にいたるまでにとるべき一連の行動である。つまり，クライエントは，問題解決を直接的には目指さない。複数の小さく切り分けられた課題に取り組むことで，結果としての問題の解決を目指す。[16]

このアプローチでは，クライエント自身が支援に対して積極的に参加する必要がある。そもそも解決すべき問題は，ソーシャルワーカーが勝手に設定した問題ではなく，クライエント自身が解決する必要があると認める問題でなければならない。そしてその問題は，クライエントの努力で解決可能であり，クライエントにとって分かりやすい具体的なものである必要がある。

●◦ **プラグマティズム（実用主義）**

実用性（実際に役に立つかどうか）を重視する考え方である。19 世紀末から 20 世紀にかけて，アメリカを代表する思想となった。代表的論者として，ジェームズ（James, W.），デューイ（Dewey, J.）があげられる。一般的に「アメリカ的なものの考え方」というときは，このプラグマティズムが前提となっている。ソーシャルワークに引きつけて言えば，支援における効果が重視されることになる。

このように課題中心アプローチは，限られた期間（短期間）で，クライエント自身が認識し，自らの努力で解決可能な問題に対して効果を発揮する。逆にいえば，インボランタリークライエントに適用することは困難といえよう。

このような課題中心アプローチに対応可能な問題は，①対人関係における葛藤，②社会関係上の不満，③フォーマルな組織との問題，④役割遂行における困難，⑤社会的な過渡期の問題，⑥反応性の情緒的苦悩，⑦資源不足の7つである。

そして，①問題の明確化と選択，②契約，③課題の遂行，④終結の4ステップで展開する。

①問題の明確化と選択では，クライエントの努力で解決可能であり，クライエントにとって分かりやすい具体的な問題を明らかにする必要がある。問題がたくさんある場合は，そのいくつかを選択する必要がある。②契約は，ソーシャルワーカーとクライエントが，これから支援を行っていくことに関する契約を結ぶことをいう。ソーシャルワーカーは，対処すべき課題を絞り，目標や面接回数など，具体な計画をクライエントに提示し，それがクライエントと合意できたら，契約を結ぶことになる。③課題の遂行では，ソーシャルワーカーとクライエントの共同作業により課題の解決が図られる。そこでは，課題を設定し，その課題解決のサポート，検証，モニタリング，契約の更新などが行われる。④終結は，計画的かつ短期的支援を行う課題中心アプローチで重要なプロセスである。終結の時期は，予め計画された支援期間，面接回数により定められている。必要に応じて計画が修正され，契約が更新されることもある。[17][18]

☐ 危機介入アプローチ

「危機介入アプローチ（crisis intervention approach）」の代表的論者としては，リンデマン（Lindemann, E.）[19]，キャプラン（Caplan, G.）[20]，フィンク（Fink, S. L.）[21]，キューブラー＝ロス（Kübler-Ross, E.）[22]をあげることができる。

このアプローチは，フロイト（Freud, S.）の精神分析理論，エリクソン（Erikson, E. H.）の発達段階論などが基盤となっている。災害や家族の死，さらには自身の死などの「危機」における混乱状況にある人々への支援方法である。

「危機」は，予測不能で突然やってくる。人々は十分な準備なしに危機を体験すると，強いショックを受け，情緒的なバランスを崩す。そして深い悲嘆（ひたん）を経験する。危機介入アプローチでは，こうした危機

➡◆ 危　機
何らかの手を打たなければ破局に至るような極めて不安定な状態を意味する。ソーシャルワークでは危機介入アプローチにおける重要概念である。日本語で「危機」という言葉を聞くと，同じように「あぶない」という意味がある「危険」，すなわち，デンジャー（danger）やリスク（risk）などの言葉が想起されることもある。しかし，ここでいう「危機(crisis)」は，「危険」ではなく，あくでもクライシス（crisis）としての「危機」である。

に直面したただなかにいる人々に対して介入し，崩れた情緒的なバランスの安定を図ることで回復を目指す。[23][24]

リンデマンは，米国マサチューセッツ州ボストンにおける火災により死別した被災者遺族の悲嘆反応を調査し，悲嘆からの回復プロセスの研究を行った。この研究により危機介入アプローチのベースとなる「危機理論」の基礎をつくった。

キャプランは，危機解決とその後に起こる抵抗段階での社会資源の役割の重要性を指摘した。そして，地域精神活動における予防精神医学としての危機介入の方法論を提起した。

フィンクは，危機介入に陥った人がたどるプロセスを4段階で説明した。すなわち，①衝撃の段階，②防衛的退行の段階，③承認の段階，④適応の段階である。

①衝撃の段階は，危機に直面したすぐ後の段階である。大きな心理的ショックを受ける時期であり，強い不安や混乱が生じる。ときにはパニック状態に陥ることもある。この段階で求められるのは，まずはクライエントの生命を守ることが求められる。

②防衛的退行の段階は，現実危機的な状況に耐えることが難しくなり，自己を守るための行動をとる段階である。ここで自己を守る行動とは，逃避，否認，退行などである。専門的にいえば「防衛機制」が働くことになる。クライエントは，危機に直面しているにもかかわらず，表面的にはなにも問題がないように映るかもしれない。危機に対しての関心がなく，落ち着いているように振る舞うことがある。この段階は，無理に危機に直面させるのではなく，心理的サポートを行うことが求められる。

③承認の段階は，防衛的退行を経て落ち着きを取り戻す段階である。この段階においては，クライエントは徐々に現実に向き合おうとする。とはいえ，怒りや焦り，悲しみ，無力感が生じることもある。そして初期の①衝撃の段階のような不安や混乱することもある。ソーシャルワーカーは，クライエントが現実と向き合えるようにするため，周囲の人々を巻き込みながら適切なサポートを行うことが求められる。

④適応の段階は，現実を受け止め，危機に適応する段階である。危機を踏まえつつ，新たな人生を見据えて生活を営むことになる。この段階では，悲嘆（ひたん）から解放され，不安が減少する。

またキューブラー＝ロスは，だれもが直面する人生の重要なイベントである**死を受け入れるプロセス**を5段階で説明した。①否認と孤立，②怒り，③取り引き，④抑うつ，⑤受容の5つの段階である。

➡◆ 死を受け入れるプロセス
　キューブラー＝ロスは，死の受容に至るプロセスを5段階で説明している。①否認と孤立の段階は，感情的にその事実を否認（逃避）する。②怒りの段階は，「なぜ自分が」という死への反発する。③取り引きは，避けられない死をなんとか遅らせることができないかと神仏と交渉する。④抑うつは，神仏への取引の限界から虚無を感じる。⑤受容は，死にゆくことは自然の摂理であり，それをあるがままに受け入れる。しかし，このような死の受容プロセスは，すべての人の死に適用できるわけではないという点には注意が必要である。

　危機介入アプローチは、このようにクライエントがたどるプロセスを「段階論」によって説明するわけであるが、誰しもがこのような段階を経て「適応」や「受容」できるわけではない。危機介入アプローチを行ううえで、ソーシャルワーカーは、クライエントに「適応」や「受容」を押し付けないように注意する必要がある。

□　行動変容アプローチ

　「行動変容アプローチ（behavior modification approach）」の代表的論者としては、トーマス（Thomas, E. J.）(25)をあげることができる。トーマスは、心理学領域における行動理論をソーシャルワーク領域に導入した。

　このアプローチは、ワトソン（Watson, J. B.）に始まる「行動主義」を基礎とする。それまでの精神分析理論の自我心理学の影響を強く受けた伝統的なアプローチなどへの批判から導入された。すでにみてきたように伝統的なソーシャルワークのアプローチは、クライエントの言語能力に左右され、時間もかかり、効果が不明確であった。そこで行動変容アプローチでは、「問題となる行動を減らし、望ましい行動を増やす」など、具体的で分かりやすい支援のあり方を提示した。このような行動変容アプローチは、実証的なデータにもとづいた科学的なアプローチといえる。(26)(27)

　行動変容アプローチを理解するうえで、まずワトソンの行動主義を理解する必要がある。行動主義とは、文字どおり、人間を説明するうえで「行動」こそが重要と考える立場である。ワトソンの行動主義は、いわゆる「遺伝か、環境か」という容易に決着のつかない難問に対して、明確に「環境」の重要性を主張した。ワトソンは「わたしに1ダース（12人）の赤ちゃんを預けてくれれば、専門家にでも、芸術家にでも、実業家にでも、犯罪者にでも育てることができる（一部省略）」という行動主義を象徴する有名な言葉を残している。(28)

　さて、この行動主義を理解するうえで、無視できない重要な科学的実験にもとづいた考え方がある。「**レスポンデント条件づけ**」、「**オペラント条件づけ**」、「社会的学習理論」である。

　スキナー（Skinner, B. F.）(29)のオペラント条件づけは、その後発展し、応用行動分析（ABA）として発達障害児への支援や認知症患者への支援などの幅広い領域に浸透している。応用行動分析は、行動の前後を分析することでその行動の目的を明らかにし、前後の環境を操作して問題行動の解消をめざす。

　バンデューラ（Bandura, A.）(30)は、他者の行動を観察し、それを模倣

●● レスポンデント条件づけ
　古典的条件づけともよばれることもある。ロシアの生理学者パブロフ（Pavlov, I. P.）が行った「パブロフの犬」とよばれる実験が有名である。パブロフは、犬に餌を与えるときに特定の音を聞かせることを繰り返すと、犬はその音を聞くだけで唾液を分泌することを証明した。ワトソンは、このような条件づけを人間の行動を説明するうえで応用し行動主義を提唱した。

●● オペラント条件づけ
　ワトソンの行動主義を批判的に継承したスキナー（Skinner, B. F.）(29)により提唱された。道具的条件づけ（instrumental conditioning）とよばれることもある。スキナーが行った実験は、「レバーを倒すと餌がでてくる」という仕掛けのある箱（通称「スキナー箱」）を用意し、空腹のネズミを入れた。スキナーは、ネズミは箱の中を動き回るなかで「レバーを倒して餌を得る」という「行動」を「学習」することを明らかにした。

する（見て真似をする）ことにより新しい行動を学習できるという「社会的学習理論」を提唱した。それまでの行動主義では，「学習」には，自分自身で体験することが必須と考えられていた。しかしバンデューラは，モデルとなる他者を観察することからも「学習」することが可能であると考えた。

バンデューラの行った「ボボ人形実験」では，お手本役の大人がボボ人形（空気で膨らませたビニール製の道化師の人形）を殴る，木槌で打つなど攻撃的に扱い，その様子を幼児に見せると，幼児も同様にボボ人形に対して攻撃的な行動をとることが分かった。このような他者の行動を観察・模倣による学習を説明する社会的学習理論は，モデリング理論とも呼ばれる。このバンデューラの理論は，暴力的な映画やゲームを子どもが与える影響を説明する際によく引用される。

この社会的学習理論は，社会生活技能訓練（SST）として発展し，今日のソーシャルワークに大きな影響力をもっている。社会生活技能訓練は，社会生活を行ううえでの困りごとをスキル（技能，技術）として習得する方法である。

なお，この行動変容アプローチは，心理的支援の領域では，認知行動療法（CBT）として浸透している。エビデンス（科学的根拠）のあるアプローチとして，日本における公的医療保険制度の診療報酬の対象となっていることは特筆すべき点である。

□ エンパワメントアプローチ

「エンパワメントアプローチ（empowerment approach）」の代表的論者としては，ソロモン（Solomon, B. B.）[31]，リー（Lee, J. A. B.）[32]，コックスとパーソンズ（Cox, E. O. & Parsons, R. J.）[33]，グティエーレス（Gutiérrez, L. M.）[34]をあげることができる。エンパワメントアプローチは，文字通りクライエントを「エンパワーする（力づける，能力や権限を与える）」ことを目指したアプローチである。具体的には，抑圧された状態に置かれた人々の権利を回復することを目指すアプローチといえる。[35]

ソロモンは，1976年に『黒人のエンパワメント──抑圧されている地域社会によるソーシャルワーク』を著し，ソーシャルワーク領域におけるエンパワメントの重要性を主張した。その後，ソーシャルアクションの重要性を指摘したレイノルズ（Reynolds, B. C.），マルシオ（Maluccio, A. N.）の**コンピテンス**[36]➡の概念を踏まえ発展することになる。

これまでみてきた，①心理社会的アプローチから，⑥行動変容アプ

➡ **コンピテンス**
　専門的な能力や適性のことをいう。一般的な能力を意味するアビリティとは区別される。ソーシャルワークに引き付けて言えば，価値観の保持，専門技術としてのソーシャルワークの視点，アセスメント能力，介入の技術，コミュニケーションスキル，クライエント・ワーカーとの関係性・信頼感，チームアプローチ，ネットワーク化・住民組織化，情報の効果的活用などをあげることができる。

ローチまでは，モダニズム（近代主義）のアプローチであるが，この
⑦エンパワメントアプローチは，背景となるパースペクティブ（もの
の見方，とらえ方）が大きく異なる。すなわち，こうした科学性，合
理性，専門性を重視するモダニズムのアプローチへの懐疑に端を発す
るポストモダン（脱近代，後近代）のアプローチである。

　そこでは，困難をかかえた黒人等のマイノリティの当事者の主体性
の回復を目指した公民権運動（差別の撤廃と法の下の平等，市民として
の自由と権利を求める社会運動）の影響を強く受けている。同様の文脈
で，抑圧された女性の開放を目指すフェミニストアプローチとの親和
性もある。また，本書の第３章で述べたジャーメインとギッターマン
（Germain, C. & Gitterman, A.）の生活モデルの影響も受けている。[37][38]

　ソロモンは，黒人への支援をとおしてクライエントである当事者た
ちに支援を提供する以前に，当事者たちが生きる力を削がれた「パ
ワーレス（無力）」な状態であることに気づいた。エンパワメントア
プローチでは，クライエントである当事者を，ただ支援を受ける客体
としてではなく，生活を営む主体として位置づけ，奪われた力を取り
戻すこと重視する。

　リーは，ソロモンのモデルを汎用化し，抑圧を受けているより多く
のクライエントに適用した。リーは，エンパワメントを構成する要素
として次の３つをあげている。すなわち，①より積極的で潜在的な自
己の発達（自己効力性），②政治的現実のより批判的理解のための知
識と能力の発達（批判的意識），③個人や集団の目標を達成するため
の資源とコンピテンスの発達である。

　コックスとパーソンズは，エンパワメントアプローチに重要な10項
目をあげている。すなわち，①クライエントがなにを問題としている
かに着目，②クライエントのストレングス強化，③クライエントの階
級・権力の意識の向上，④クライエントに自分の力の理解の促進，⑤
クライエントを変化のプロセスに巻き込む，⑥協働，信頼，権限の共
有，⑦集団的行動の重視，⑧支え合いの活用，⑨スキルの活用，⑩ア
ドボケイトである。

　エンパワメントアプローチは，現在進行形で発展しているアプロー
チであるため，最近の研究動向にも注目する必要がある。

◻ ナラティヴアプローチ

　ナラティヴアプローチ（narrative approach）の代表的論者として
は，ホワイトとエプストン（White, M. & Epston, D.），アンダーソン[39]
とグーリシャン（Anderson, H. & Goolishian, H.），アンデルセン（An-[40]

dersen, T.)[41] をあげることができる。ホワイトとエプストンは「ナラティヴセラピー」，アンダーソンとグーリシャンは，「コラボレイティヴ」，アンデルセンは，「リフレクティング」を提唱した。これらは，同じナラティヴアプローチであっても視点や支援方法に一定の差異がある。

　「ナラティヴ（narrative）」とは，日本語では「物語」や「語り」と訳すことのできる概念である。ソーシャルワーカーは，クライエントが紡ぐ物語や語りに注目して支援を行う。そこでは，クライエントが語った内容だけではなく，未だ語られていない内容にも注意を払う。クライエントの話を聞く上では，「無知の姿勢」をとることが求められる。

　このナラティヴアプローチは，**ポストモダン思想**[☞]の流れを汲む社会構成主義（social constructionism）にもとづく。社会構成主義は，文字通り「ものごとは，社会的に，作られている（構成されている）」と考える立場である。すなわち，「ものごとには，本質が存在する」と考える本質主義とは正反対の立場をとる。

☞　ポストモダン思想
『ソーシャルワーク論
Ⅰ』第7章参照

　社会構成主義にもとづくナラティヴアプローチでは，クライエントがかかえる「問題」を，取り除く必要のある本質的なものとしてではなく，社会的な構築物（作り物）ととらえる。ソーシャルワーカーは，クライエントと協働することにより，この作り物としての「問題」が結果的に解消される状態を目指す。[42]

　ホワイトとエプストンは，フーコー（Foucout, M.）の権力論を家族療法に援用することで，クライエントが紡ぐ物語には，力（パワー）の優劣があることに着目した。すなわち，物語には，強い物語（優勢な物語）と弱い物語（劣勢な物語）があると考えた。ホワイトとエプストンは，この強い物語をドミナントストーリー（dominant story, 優勢な物語），弱い物語をオルタナティヴストーリー（alternative story, もう1つの別の物語）とよんでいる。

　具体的な技法としては，外在化，例外探し（ホワイトとエプストンは「ユニークアウトカムの発見」と呼んでいる）がある。

　外在化は，文字通り「問題」をクライエントから外に出すことを意味する。さらには，「問題」に「○○」という名前を付与する（名付け）。たとえば，「感情的で怒りやすい性格」という「問題」には，「イライラ虫」などの名前を付ける。そのことにより，その「問題」をクライエントと切り離し，外に出す（外在化する）ことができる。クライエントは外に出すことができた「問題」を冷静に見つめ直し，対処することができる。

　例外探しは，「問題」をかかえたクライエントが拘っている強い物語（ドミナントストーリー）の背後に隠れている弱い物語（オルタナティヴストーリー）に着目し，その弱い物語に光を当てる。弱い物語は，ソーシャルワーカーにとっては，一見，強い物語とはまったく異なる正反対の物語に映る。しかし，その弱い物語は，力こそ失っているが，クライエント自身も気づいていない希望となる可能性がある。支援を展開していくうえで重要なリソース（資源，強み）として活用することができる。

　なお，このようなナラティヴアプローチの知見は，近年では「対話」を重視するダイアローグ系のアプローチにおいても継承され，注目を集めている。[43]

☐　解決志向アプローチ

　解決志向アプローチ（solution focused approach）の代表的論者としては，バーグとド・シェイザー（Berg, I. K. & De Shazer, S.）[44]をあげることができる。

　このアプローチは，**家族療法**と**短期療法**の流れを汲み，社会構成主義に立脚する。「解決志向」という名前のとおり，「解決」を「志向」し，焦点をあてるアプローチである。そこでは，「問題」には焦点をあてない。すなわち，「問題志向」ではない。

　ソーシャルワーカーは，「問題」を特定したり，分析したり，さらにはその原因を探索するようなことはしない。その代わりに，クライエントと協働して「解決」のイメージを創り上げていく。そのため，「何が問題だったのだろう」というように問題志向的に考えるのではなく，「どうすれば，よくなるだろう」，「よくなるためには，何が必要だろう」と解決志向的に考える。[45]

　解決志向アプローチの特徴として，「〇〇クエスチョン」というように定式化されたいくつかの質問技法が用意されていることがあげられる。ここでは代表的な，①ミラクルクエスチョン，②スケーリングクエスチョン，③コーピングクエスチョン，④サバイバルクエスチョン，⑤エクセプションクエスチョンの５つを取り上げたい。[46][47]

　①　ミラクルクエスチョン

　「奇跡（miracle）」を想定した質問である。たとえば，「もし奇跡が起こって問題が解決したとしたら」という質問を投げかけて，問題解決後の状況を具体的にイメージしてもらうことが可能になる。日本では「奇跡」という言葉に文化的になじみがないため，「どのような願い事も叶う七夕の短冊があったとしたら，あなたは何を願いますか」

➡️　家族療法
　家族を対象とした心理療法である。一般的な心理療法が個人に焦点をあてるのに対し，家族療法（Family Therapy）は家族全体に焦点をあてる。虐待，ドメスティックバイオレンス，不登校，ひきこもり，非行など，家族がかかえる問題への支援に効果がある。学際的な関心が高く，心理療法のみならず，精神医学，看護学，ソーシャルワークなどの多くの領域での展開がある。

➡️　短期療法
　短期間での問題の解決・解消を目指す心理療法である。アメリカの精神科医であるエリクソン（Erickson, M. H.）の考え方や技法から発展した。代表的なものには，解決志向アプローチ（ソリューションフォーカスアプローチ）がある。問題の原因に焦点をあてる（問題志向）のではなく，解決するためには何が必要かと考える（解決志向）。このことは治療効果を高め，短期間での問題の解決・解消に至る可能性がある。

などのようにアレンジすることも可能であろう。

②　スケーリングクエスチョン

クライエントの状況を具体的に数字で「測る（スケーリングする）」質問である。クライエントが現在どのような状態にあるのかということについては，ソーシャルワーカーはもちろん，クライエント自身もよく分かっていないことは多い。そこで，たとえば「絶不調のときを1，絶好調のときを10とすれば，今のあなたはどれくらいですか」と質問する。クライエントは，「5か6ぐらいでしょうか。でも昨日は3でした」など，具体的に答えることができる。そこでソーシャルワーカーは，「10は無理だとしても，7や8にするにはどうすれば良いでしょうか」といった質問を行い，解決志向的な会話を行うことが可能になる。

③　コーピングクエスチョン

クライエントがこれまでどのようにして問題を解決しようと対処（コーピング）してきたことを尋ねる質問である。たとえば，「この大変な状況をどのように乗り切っているのでしょうか」などを質問することになる。この質問によりクライエントは，自分の持っているリソース（資源）に気づくことができる。

④　サバイバルクエスチョン

さきほどの③コーピングクエスチョンと似ているが，クライエントがより深刻な状況に置かれている場合に使用する。「これほどまでに深刻な状況をどのように生き延びたのですか」と質問を行う。極めて過酷な状況でも絶望せず生き抜いてきた理由を問うことで，クライエントの思いがけないリソースを知るきっかけとなる。

⑤　エクセプションクエスチョン

例外探しの質問である。クライエントが「問題」だと思っていることの例外を探すために用いられる。たとえば，「(問題が深刻化して)最悪の状況です」と語るクライエントとに対して，「最悪な状況ではなく，少し良い状況だったことはありますか」，「良い状況だったときは，悪い状況のときと何が違っていますか」などと質問する。クライエントは，「そういえば，良い状況のときはAさんと一緒にいました」などと解決のヒントとなる例外を語る可能性がある。

📖さらに知りたい人のための推薦図書

ターナー，F. J. 編／米本秀仁監訳（1999）『ソーシャルワーク・トリートメント』上巻・下巻，中央法規出版.

▷上巻598頁，下巻580頁にわたり，数多くのアプローチが紹介されている。本書をとおして，ソーシャルワークにおけるアプローチの全体像を見渡すことができる。

注

（1）　Richmond, M. E.（1917）*Social diagnosis*, Russell Sage Foundation.（＝2012，杉本一義・佐藤哲三監修『社会診断』あいり出版.）

（2）　Richmond, M. E.（1922）*What is Social Case Work?:An Introductory Description*, Russell Sage Foundation.（＝1991，小松源助訳『ソーシャル・ケース・ワークとはなにか』中央法規出版.）

（3）　厚生労働省社会・援護局福祉基盤課福祉人材確保対策室（2019）「社会福祉士養成課程のカリキュラム（案）」18. をもとに筆者作成.

（4）　たとえばターナー（Turner 1996＝1999）では，さらに多くのアプローチが紹介されている。Turner, F. J. eds.（1996）*Social Work Treatment: Interlocking Theoretical Approaches, fourth edition*, Free Press.（＝1999，米本秀仁訳『ソーシャルワーク・トリートメント』上巻・下巻，中央法規出版.）

（5）　Hollis, F.（1964）*Casework : A Psychosocial Therapy*, Random House.（＝1966，黒川昭登・本出裕之・森野郁子訳『ケースワーク──心理社会療法』岩崎学術出版社.）

（6）　Hollise, F.（1970）The Psychosocial Approach to the Practice of Casework, Robert W. Roberts and Robert H. Nee, eds., *Theories of Social Casework*, The University of Chicago Press, 33-76.（＝1985，久保紘章訳「ケースワーク実践における心理社会的アプローチ」『ソーシャル・ケースワークの理論──７つのアプローチとその比較Ⅰ』川島書店，31-74.）

（7）　丹野真紀子（2005）「心理社会的アプローチ」久保紘章・副田あけみ編著『ソーシャルワークの実践モデル──心理社会的アプローチからナラティブまで』川島書店，3-16.

（8）　第31回社会福祉士試験問題102において，ホリス（Hollis, F.）の心理社会的アプローチの介入技法について出題されている.

（9）　Smalley, R. E.（1970）The Functional Approach to Casework Practice, Robert W. Roberts and Robert H. Nee, eds., *Theories of Social Casework*, The University of Chicago Press, 77-128.（＝1985，久保紘章訳「ケースワーク実践に対する機能派アプローチ」『ソーシャルケースワークの理論──７つのアプローチとその比較Ⅰ』川島書店，75-129.）

（10）　小松源助（2002）『ソーシャルワーク実践理論の基礎的研究──21世紀への継承を願って』川島書店.

（11）　髙山惠理子（2005）「機能的アプローチ」久保紘章・副田あけみ編著『ソーシャルワークの実践モデル──心理社会的アプローチからナラティブまで』川島書店，17-32.

（12）　Perlman, H. H.（1957）*Social casework ; a problem-solving process*, University of Chicago Press.（＝1966，松本武子訳『ソーシャル・ケースワーク──問題解決の過程』全国社会福祉協議会.）

（13）　戸塚法子（2005）「問題解決アプローチ」久保紘章・副田あけみ編著『ソーシャルワークの実践モデル──心理社会的アプローチからナラティブまで』川島書店，33-52.

（14）　Perlman, H. H.（1970）The Problem-solving Model in Social Casework, Robert W. Roberts and Robert H. Nee, eds., *Theories of Social Casework*, The University of Chicago Press, 131-179.（＝1985，久保紘章訳「ソーシャル・ケースワークにおける問題解決モデル」『ソーシャルケースワークの理論──７つのアプローチとその比較Ⅰ』川島書店，131-184.）

（15）　Reid, W., Epstein, L., eds.（1977）*Task-centered practice*, Columbia University Press.（＝1979，山崎道子訳『課題中心ケースワーク』誠信書房.）

（16）　芝野松次郎（1986）「課題中心ケースワーク」『臨床ケースワーク──クライエント援助の理論と方法』川島書店，73-94.

（17）　芝野松次郎（2005）「課題中心ソーシャルワーク」久保紘章・副田あけみ編著『ソーシャルワークの実践モデル──心理社会的アプローチからナラティブまで』川島書店，93-115.

（18）　伊藤富士江（2001）『ソーシャルワーク実践と課題中心モデル──わが国における適用をめざして』川島書店.

（19）　Lindemann, E.（1944, classical article）Symptomatology and management of acute grief, *American Journal of Psychiatry*, 151（6），155-160.

(20)　Caplan, G.（1961）*An Approach to Community Mental Health*, W. B. Saunders Company.（＝1968, 山本和郎訳『地域精神衛生の理論と実際』医学書院.）

(21)　Fink, S. L.（1967）Crisis and Motivation : A Theoretical Model. *Archives of Physical Medicine & Rehabilitation*, 48(11), 592-597.

(22)　Kübler-Ross, E.（1969）*On Death and Dying*, Macmillan.（＝1971, 川口正吉訳『死ぬ瞬間――死にゆく人々との対話』読売新聞社.）

(23)　川村隆彦（2011）「危機介入理論・アプローチ」『ソーシャルワーカーの力量を高める理論・アプローチ』中央法規出版, 95-112.

(24)　Aguilera, D. C.（1994）*Crisis intervention: theory and methodology*（*7th ed.*）, Mosby.（＝1997, 『危機介入の理論と実際――医療・看護・福祉のために』川島書店.）

(25)　Thomas, E. J. ed.（1967）*Behavioral Science for Social Workers*, Free Press.

(26)　津田耕一（2005）「行動療法とケースワーク」久保紘章・副田あけみ編著『ソーシャルワークの実践モデル――心理社会的アプローチからナラティブまで』川島書店, 73-92.

(27)　三原博光（2000）「行動変容アプローチ」加茂陽編『ソーシャルワーク理論を学ぶひとのために』世界思想社, 85-106.

(28)　Watson, J. B.（1930）*Behaviorism*（*Revised edition*）, University of Chicago Press.

(29)　Skinner, B. F.（1938）*The Behavior of Organisms: An Experimental Analysis*. B. F. Skinner Foundation.

(30)　Bandura, A.（1977）Social Learning Theory, Prentice Hall.（＝1979, 原野広太郎監訳『社会的学習理論――人間理解と教育の基礎』金子書房.）

(31)　Solomon, B. B.（1976）*Black Empowerment : Social Work in Oppressed Communities*, Columbia University Press.

(32)　Lee, J. A. B.（1994）*The Empowerment Approach to Social Work Practice*, Columbia University Press.

(33)　Cox, E. O., Parsons, R. J.（1994）*Empowerment-Oriented Social Work Practice with the Elderly*, Brooks/Cole Pub Co.（＝1997, 小松源助監訳『高齢者エンパワーメントの基礎――ソーシャルワーク実践の発展を目指して』相川書房.）

(34)　Gutiérrez, L. M.（1990）Working with Women of Color : An Empowerment Perspective, *Social Work*, 35(2), 149-153.

(35)　Gutiérrez, L. M., Cox, E. O., Parsons, R. J.（1997）*Empowerment in Social Work Practice*, Wadsworth Publishing Company.（＝2000, 小松源助監訳『ソーシャルワーク実践におけるエンパワーメント――その理論と実際の論考集』相川書房.）

(36)　小原眞知子（2010）「保健医療分野におけるソーシャルワーク専門性と職務満足度の関連性について」『社会福祉』51, 19-39.

(37)　久保美紀（2000）「エンパワーメント」加茂陽編『ソーシャルワーク理論を学ぶひとのために』世界思想社, 107-135.

(38)　和気純子（1998）『高齢者を介護する家族――エンパワーメント・アプローチの展開にむけて』川島書店.

(39)　White, M., Epston, E.（1990）*Narrative Means to Therapeutic Ends, Norton.*（＝1992, 小森康永訳『物語としての家族』金剛出版.）

(40)　Anderson, H., Goolishian, H.,（1988）Human Systems as Linguistic Systems : Preliminary and Evolving Ideas about the Implications for Clinical Theory. *Family Process*, 27, 371-393.（＝野村直樹著・訳『協働するナラティヴ――グーリシャンとアンダーソンによる論文「言語システムとしてのヒューマンシステム」』遠見書房.）

(41)　Andersen, T.（1991）The Reflecting Team : *Dialogues and Dialogues about the Dialogues*, Norton.（＝2001, 鈴木浩二監訳『リフレクティングプロセス――会話における会話と会話』金剛出版.）

(42)　荒井浩道（2014）『ナラティヴ・ソーシャルワーク――"〈支援〉しない支援"の方法』新泉社.

(43)　Seikkula, J., Olsoln, M. E.（2003）The Open Dialogue Approach to Acute Psychosis: Its Poetics and Micropolitics., *Family Process*, 42(3), 403-418.（＝2015, 斎藤環訳「精神病急性期へのオープンダイアローグによるアプローチ―その詩学とミクロポリティクス」斎藤環『オープンダイアローグとは何か』医学書院.）

(44)　Berg, I. K., De shazer, S.（1993）Making numbers talk: Language in therapy, S. Frieden ed., *The new language of change : Constructive collaboration in psychotherapy*, Guilford Press, 5-24.

⑮　Breg, I. K., Miller, S. D.（1992）*Working with the problem drinker : A solution focused approach*, W. W. Norton & Company.（＝1995，斎藤学監訳『飲酒問題とその解決──ソリューション・フォーカスト・アプローチ』金剛出版.）

⑯　De Jong, P., Berg, I. K.（2007）*Interviewing for Solutions (4th edition)*, Wadsworth Publishing.（＝ 2016，桐田弘江・住谷祐子・玉真慎子訳『解決のための面接技法──ソリューション・フォーカスト・アプローチの手引き（第 4 版）』金剛出版.）

⑰　この 5 つの質問技法は，社会福祉士試験第25回問題109でとりあげられている。

Ⅱ部
ソーシャルワークの方法

■第 5 章■
グループワーク

学習のポイント

1 ソーシャルワークの一方法である，グループワークの特徴を理解する。

2 グループワークにおけるアセスメントの要素について学ぶ。

3 グループワークの展開過程に応じた，ソーシャルワーカーの援助について学ぶ。

4 セルフヘルプグループの特徴と，ソーシャルワーカーの役割について理解する。

グループワークとは

□　グループワークの定義と特徴

　ソーシャルワークの一方法にグループ（**小集団**）を活用するグループワークがある。グループワークという言葉は，一般的にもグループで行う共同作業を指して使われているが，ここでは，ソーシャルワークの一方法としてのグループワークを指しているということを，まずは押さえていただきたい。

　ソーシャルワーク方法論におけるグループワークは，1935年アメリカの全国ソーシャルワーク会議でニューステッター（Newstetter, W.）によりグループワークが定義づけられ，全米グループワーク研究会が設立された1930年代にソーシャルワークの一方法として位置づけられた。"social group work"（ソーシャルグループワーク）と呼ばれていたが，最近では，"social work with groups"（グループを活用したソーシャルワーク）という表現もなされている。

　グループワークの定義は多くの研究者が提示しているが，概して，「ソーシャルワーカーの専門的援助によりグループ（小集団）を活用して，グループメンバー個々の成長や問題解決，グループ全体としての問題解決，あるいは地域社会の問題解決に向けて用いられる方法」であり，その特徴は，以下のようなものである。[1]

・グループメンバーやグループ全体，そしてグループメンバーを取り巻く環境に専門的かつ意図的に働きかけるソーシャルワーカーの存在があり，

・プログラム活動やグループメンバーらの相互作用によるグループ（小集団）の経験を通じて，

・個人，集団あるいは地域社会の諸問題に対処し得るよう人を援助する。

□　グループワークの意義

　個人，集団，地域社会のニーズを満たすには，個別の援助よりもグループを活用する利点がいくつかある。[2]これらは，グループワークの意義ともいえるものである。以下，その意義を示していく。

・多様な人やものごとからの共感：ピアやソーシャルワーカーによってグループメンバーの状況を理解したり，他人の身になって考えた

➡　小集団
　①対面的な関係にあること，②メンバーの間に相互作用が行われていること，③メンバー相互の間に個人としての印象や知覚を有する複数人の集まりをさす。グループワークにおける人数はだいたい4〜20人といわれるが，大切なことは，人数ではなく，グループ（小集団）の特性であり，グループの目標達成のためにどのようなグループ構成がよいかを考慮する必要がある。

りすることで自分のことがわかる。

・フィードバック：グループメンバー（以下，メンバー）で多様な観点を共有する。

・セラピー（治療）の助け：他のメンバーを助けたり，相互にサポートし合え，経験や知識を共有してくれるメンバーにとって癒す力となる。

・希望：他のメンバーが自分と似た状況に効果的に対処することが希望を注入してくれる。

・相互援助：メンバーらは助けを受けるだけでなく与えたりもする。

・ノーマライゼーション：社会では受け入れられないと思われる問題からスティグマが取り除かれる。

・新たな行動の練習：グループの安全な環境の中で新たな行動を試す機会が得られる。

・現実吟味：現実的か社会的に受け入れらえるやり方かどうか，さまざまな様式を共有し，フィードバックが得られる。

・反復：メンバーの助けをもって，過去の家族やピア（仲間），友人との不十分な関係を乗り越える。

・家族の原点の作り直し：メンバーらは家族の象徴的な代わりとなる。

・リソース（資源）：関心事に関する幅広い豊富な知識やそれらの関心事に役立つ資源やサービスがある。

・ロールモデル：メンバーやそのリーダーがモデルとして貢献する。

・連帯：他のメンバーとのつながりが得られる。

・社会化：他者から社会的スキルを学び，孤立を克服する機会が得られる。

・ソーシャルサポート：グループの他のメンバーからのサポートが得られる。

・卓越：障害を補ったり適応したりする方法をメンバー同士で共有する。

・確認：メンバー同士で似た経験や問題，関心事を確かめ合う。

・我が事のような学び：他のメンバーの対処反応を聞くことによって学ぶ。

・メンバーは，グループの相互作用を通じ，自分たちの組織あるいはコミュニティにおいて利害関係を持っていると感じることができる。

・大量の情報により，問題解決や意思決定のためのアクションプランを生み出す。作業を分担し合うことは，タスクを効果的に早くすま

せうる。

□　グループワークの原則

　グループワークには，ソーシャルワークの専門価値から派生する援助原則を基礎におきながら，ソーシャルワーカーの実践を規定し基本的な姿勢や態度を示す，グループワークならではの原則がある。ここでは，コノプカ（Konopka, G.）の14の原則を示す。[3]

①　各個人がそれぞれ独自に異なることを認知し，かかわっていく（グループ内の個別化）

②　グループは多種多様であり，そのグループはそのグループとしてとらえ，かかわっていく（グループの個別化）

③　各メンバー独自の強さや弱さすべてを心から受け容れる

④　ソーシャルワーカーとメンバー間に意図的な援助関係を築く

⑤　メンバー間に有用な協働関係ができるように促す

⑥　グループのプロセス（過程）に適切な修正をほどこす

⑦　各メンバーが，自分の能力の段階に応じて参加できるように促し，能力をより発揮できるようにする

⑧　メンバーが問題解決のプロセス（過程）にかかわることができるようにする

⑨　メンバーが葛藤を解決する経験を充分に積むことができるようにする

⑩　グループでの関係やグループでなされる事柄において，さまざまな新しい経験の機会を与える

⑪　各個人と全体的な状況のアセスメントに関連して，適切に制限を用いる

⑫　各メンバーとグループの目的や目標の適切な評価に従って，プログラムを意図的に区別して用いる

⑬　個人とグループの進捗を継続的に評価する

⑭　ソーシャルワーカーとして，あたたかく，人間らしく，規律をもって自己を活用する

② グループワークの方法

▢ グループワークの類型

　トーズランド（Toseland, R. W.）とリーバス（Rivas, R. F.）は，グループワークの目的に従って，種々のグループワークをトリートメントグループとタスクグループに分類している。[4]トリートメントグループは，主目的がメンバー個々の社会的・情緒的ニーズを満たすことにあるものであり，①サポート，②教育，③成長，④セラピー，⑤社会化と⑥セルフヘルプを目的としたグループワークがある。タスクグループは，直接的・本質的にメンバーのニーズにつながるものではないが，メンバーだけでなく，より広いクライエント層・支持者層に影響を与えるであろう目標の達成を，目的とするグループワークである。クライエントのニーズに応ずるものとして，チーム，トリートメントカンファレンス，スタッフ教育があり，組織のニーズに応ずるものに，委員会や理事会などがある。コミュニティのニーズに対するものとしては，ソーシャルアクショングループなどがある。

　このように，グループワークには，さまざまな目的を指向したものがある。グループワークの実践においては，概してトリートメントグループに属する実践が多いように見受けられる。タスクグループに属するものとして，たとえばカンファレンスやソーシャルアクションは，わが国の社会福祉士養成課程において「ソーシャルワークの理論と方法」科目に置かれており，グループワークとは別立てされている。したがって，本章では主にトリートメントグループについて紹介する。タスクグループにあたる実践においても，本章におけるグループワークの知識を活用し役立てていただきたい。

　各種トリートメントグループについて，その目的とソーシャルワーカーの役割，グループの構成については表5-1を参照されたい。

▢ アセスメント

　グループワークでは，ソーシャルワーカーは，その始まりからその過程，終結にわたって，実践の状況を把握し効果的な介入を計画立てるために，個々のメンバー，全体としてのグループと，グループの環境がどのように機能しているかについてアセスメントを行う。[5]

　各メンバーの機能については，メンバーの内面的特質（メンバーの

表5-1　トリートメントグループの類型

	目　的	ソーシャルワーカーの役割	グループの構成
①サポート	既存の対処能力に活力を与え，グループメンバーがストレスのあるライフイベントに対処するのを援助すること	共感的理解と相互援助のファシリテーター（促進者）	多様ではあるが，グループで共有される人生経験に基づく
②教育	プレゼンテーションやディスカッション，体験を通じて教育すること	教育者 グループディスカッションの構造化の提供者	教育レベルやスキルのレベルの類似性
③成長	グループメンバーの潜在能力や気づき，洞察を発展させること	促進者 ロールモデル	グループメンバーの成長や改善に向かって取り組む力に基づき，多様である
④セラピー	行動を変えること 行動変容の介入を通じた，矯正，リハビリテーション，コーピング，問題解決	専門家，権威者あるいは促進者 ※アプローチによる	多様である 同様の問題や関心を持つ人たち
⑤社会化	ソーシャルスキルやコミュニケーションを高めること プログラム活動や構造化されたエクササイズ，ロールプレイ等を通じた，対人関係の改善	グループの行為やプログラム活動のディレクター（指導者）	グループの配置や目的により，多様であったり同質であったりする
⑥セルフヘルプ	グループメンバーが自分自身の問題を解決するのを援助すること	他のグループメンバーと共有される問題を持つ（非専門職の）一般の人 問題を共有する専門職者である場合もある	共有される問題や関心にのみ基づく

出所：Toseland, R. W., Rivas, R. F.（2022）*An Introduction to Group Work Practice (9th.)*, Pearson Educational Limited, 37, をもとに筆者作成。

➡ ソーシャルスキル
対人関係や社会生活を営むために必要な技能（スキル）のことをいう。

☞ ソーシャルサポートネットワーク
本書第11章参照

➡ グループの凝集性
グループメンバーらがグループに対して抱く所属感によるグループ全体のまとまりを指す。凝集性のあるグループは，メンバー間の相互作用も活発で協力的であり，メンバーのグループに属している満足感も高い。メンバー間の相互援助が得られやすく，メンバー

成長発達過程で起こった出来事，現在の健康状態，心理・情緒上の状態，認知力，信念，動機付け，期待など），対人関係とメンバー間の相互作用（**ソーシャルスキル**の程度，**ソーシャルサポートネットワーク**の範囲や質，役割の遂行）や，メンバーが機能する環境の状況（環境は支えとなっているか，グループや自分の目標を果たそうとするメンバーの能力を妨げているか，目標を達成するために役立つどのような資源がメンバーの環境から引き出せるか）を評価する。

　グループ総体の機能では，メンバー間のコミュニケーションや相互作用のパターン，**グループの凝集性**，**グループの規範**，各メンバーの役割や地位，**グループの文化**等について評価する。

　グループの環境としては，機関の環境（グループの目的はその機関・施設の目的に沿っているか，どのような**社会資源**がグループに提供されうるのか，機関内のソーシャルワーカーの地位はどのようなものか，サービスを提供することについてその機関の態度はいかなるものか），施設間の

環境（自分の機関でグループを提供していることを知らせているか，他の機関とサービスが不必要に重複していないか）や，コミュニティの環境（グループに協力や支援を提供してくれるか，グループによって向けられている問題についてのコミュニティの態度）に焦点をあてる。

メンバーやグループ総体のアセスメント方法としては，メンバーによる自己観察や，ソーシャルワーカーによる観察（自然観察，ロールプレイやプログラム活動を通じた観察），記録者など他者によるレポートや，標準化された尺度などのツールがある。

□ プログラムの活用

グループワークにおけるプログラムとは，個人およびグループのニーズを満たすためにソーシャルワーカーの助けを得て慎重に計画され，また個人及びグループが実行する活動，相互関係，相互作用など諸経験の全範囲を含むプロセスそのものを指す。また，その中の個々の具体的な活動は，グループワークにおいてプログラムの一部として意識されるという上で「プログラム活動」と呼ばれる。[7]

プログラムは，活動そのものがグループワークの目的ではなく，個人と全体としてのグループが個人あるいはグループの望ましい目標を達成することを助けたり，[8]また，目標達成のためにメンバー間の関係を高めたり，[9]グループのプロセスや構造に変化を与えたりするための[10]ツール（手段）である。

プログラムを選択する際の留意点として，次のようなことがあげられる。[11]

・社会福祉機関・施設の目的や機能と一致あるいは両立するか援助目標を達成するに効果的か
・メンバーのニーズ，興味関心，懸念などを基盤にしているか
・メンバーの特性（年齢・心身の状態・これまでのグループ経験・文化的背景等）に合っているか
・グループの構成や発達段階に応じているか
・個々のメンバーの最大限の関与（参加・決定）が可能であるか
・プログラムの特性ともたらさせる効果を理解しているか
・計画（準備）と自発性のバランスがとれているか

以上に加えて，これらの留意点を踏まえ，必要に応じプログラム活動の内容や実施方法を工夫することで，メンバーそしてグループにより適した活動へと変容させることもできる。

個々の目標あるいはグループ全体の目標の達成に大きく寄与する。逆に，凝集性が低いと，孤立したメンバーあるいは無関心なメンバーがいたり，サブグループ（下位集団）が生じ拮抗したりする。

➤ グループの規範
メンバーとして容認される行為や容認されない行為・言動やルール等の規準を指す。

➤ グループの文化
メンバーらが共通してもつ価値観，信念，習慣や慣例などである。メンバーらは民族的，文化的，人種的背景や過去の経験から生ずる独自の価値観をグループに与えるが，これらの価値観はグループのコミュニケーションや相互作用を通して融合される。また，文化は社会福祉機関や地域社会といったより大きな社会システムの価値観，慣例や伝統によっても影響を受けるものである。

➤ 社会資源
クライエントのニーズを充たすために用いることができる人的・物的・制度的資源の総称。

③ グループワークの展開過程

　グループが形成されると，グループ内に力動が働き，グループは変化し発達する。数々の研究者による実践と観察によってグループの発達段階モデルが提示されている。グループの発達は一直線に進むとは限らず一進一退もあれば重複もあるものの，グループの発達段階モデルは各段階でのソーシャルワーカーの役割や適切な介入を説明する枠組みを与える。

　ここでは，グループワークの展開過程について，シュールマン（Shulman, L.）の準備期，開始期，作業期，終結・移行期の４段階にしたがい，いくつかの発達段階モデルにおける知見を取り入れながら解説する。

□ 準備期

　この段階は，あるニーズをもつクライエント個人，集団あるいは地域を援助するグループを形成するために，グループワークの計画を立て準備する段階である（表5-2）。

　まず，グループの目的・目標を具体的に決める。グループを計画することになった背景・理由や充たされるべきニーズは何かを明確にし，その上でどのような人々のための（対象者）何を目的とした，何を目指すグループなのか（目標）を定め，そのために用いる方法・アプローチ及び具体的なプログラムを検討する。ソーシャルワーカーは，グループワークの実施機関の方針，機能や目的に従い，機関がそのグループワークを是認しバックアップするために機関内でそのグループワークの実施に対する**コンセンサス**を取ることが大事である。

　次に，グループの構造を考える。対象とするメンバーの特徴として，年齢，性別，生活歴，問題・関心，心身の状態・状況，生活状況などがあげられよう。グループワークの目的と照らし，同じような特徴のメンバーに限る同質のグループか，あるいは異質のグループか，"**開放したグループ**"か"**閉鎖したグループ**"か，そしてグループの大きさ（人数）を考慮する。また，グループワークへの参加の仕方として，対象者層からの志願制にするのか，あるいはソーシャルワーカー等による選抜制にするのかについても検討する。志願制にするなら募集・選定方法（広報，募集期間，選定方法等）についても戦略が必

➡ **コンセンサス**
　意見の一致，合意を得ること。

➡ **開放したグループ**
　グループワークの実施期間中，メンバーの出入りがあるグループを指す。途中からのメンバーの入会も退会も可能なグループの形態である。

➡ **閉鎖したグループ**
　グループの実施期間中，始めから終わりまで同一のメンバーで固定して実施するグループのことをいう。

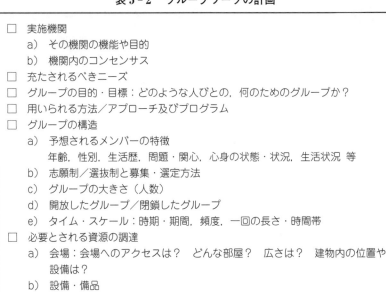

表5-2　グループワークの計画

☐　実施機関
　　a)　その機関の機能や目的
　　b)　機関内のコンセンサス
☐　充たされるべきニーズ
☐　グループの目的・目標：どのような人びとの，何のためのグループか？
☐　用いられる方法／アプローチ及びプログラム
☐　グループの構造
　　a)　予想されるメンバーの特徴
　　　　年齢，性別，生活歴，問題・関心，心身の状態・状況，生活状況 等
　　b)　志願制／選抜制と募集・選定方法
　　c)　グループの大きさ（人数）
　　d)　開放したグループ／閉鎖したグループ
　　e)　タイム・スケール：時期・期間，頻度，一回の長さ・時間帯
☐　必要とされる資源の調達
　　a)　会場：会場へのアクセスは？　どんな部屋？　広さは？　建物内の位置や
　　　　設備は？
　　b)　設備・備品
　　c)　スタッフ
　　d)　財源
☐　記録・評価・コンサルテーション／スーパービジョンのアレンジメント

出所：筆者作成。

要である。選抜制であるなら，候補者への面接等を通じ，グループ
ワークの目的や方法，期待される効果などを詳しく説明し，その候補
者に参加の有無を決めてもらう。

　次に，グループワークを実施するセッション（会合）のタイムス
ケール（実施時期・期間，頻度，一回の長さ・時間帯）を検討する。こ
れはグループの目標やそのためのプログラム，メンバーの状態・状況
により異なってくる。たとえば，就学前の子どもをもつ親のグループ
では，参加するには平日の午前中，2時間程度が都合が良いとの声が
多く，週1回か隔週くらいで1～2か月間が参加できる条件の範囲で
あることがうかがえる。

　そのほか，必要とされる資源として，会場（会場へのアクセス，部
屋の広さ，建物の設備等）や，プログラムを実施する上での設備と備
品，スタッフ，経費とその財源等について詰め調達をはかる。会場へ
のアクセスが悪い立地条件やアクセスが困難な対象者の場合，交通手
段の確保も検討すべきである。スタッフにおいては，外部の専門家や
ボランティアの協力等も考慮する場合があろう。財源については，機
関で賄う以外にも助成金事業が使えないか，情報を入手するとよい。

　また，記録・評価，**コンサルテーション**や**スーパービジョン**の手は
ずを整えておくことも大切なことである。前節のアセスメントであっ

☞ コンサルテーショ
ン
本書第9章第5節参照

☞ スーパービジョン
本書第9章参照

ビネット 5-1　　🏠　学童期の子どもをもつ親対象のグループワークの計画

　準備期におけるグループワーク計画の一例として，学齢期子育て支援講座 PECCK（Parents' Empathic Communication with Children in Kobe）を参考にしてみよう。[12]

○施設／機関の目的

　PECCK は神戸市総合児童センターの療育指導事業の一つとして開発された。当センターは，子どもと子どもを取り巻く環境における諸問題の総合的な調査・実践機関であり，同じ建物内にある児童相談所をはじめ，地域の児童館，他児童福祉施設，地域団体，地域住民との連携のもと，子ども家庭福祉の中核施設としての役割を担っている。その中の療育指導事業は，障害児の療育や近年の子ども虐待，子育て不安といった問題に対応すべく，親子あるいは親を対象とした講座を開発し，地域へ普及させていくことを目的としている。

○充たされるべきニーズ

　この親グループの必要性は，児童相談所での思春期の問題行動に関するケース分析から，思春期に問題が顕著なケースの多くに，学童期からの初発的な問題行動の出現が見られることがわかったことに端を発する。初期非行をはじめとする問題行動に直面した親は，問題解決に奔走するも，子どもの気持ちと向き合い受け止めるよりも，私の気持ちを理解できる子どもになってほしいといった訴えが多く，親と子どもが意思疎通や感情の交流不全を起こしている状態が明らかとなった。その一方，近年整備が強化されている子育て支援策には学童期対象のものがほとんどない現状がある。そのような情況から，地域レベルでの支援策として，親の孤立化を防ぎ，親自身が自分自身を見つめ直し，新たな親子関係を創造する機会を提供することが必要と考えられた。

○グループの目的

　親子のコミュニケーションが促進され，学齢期に必要であると考えられる愛着関係が育まれるために，親による子どもへの共感が高まるような機会を提供すること。

○用いられる方法／アプローチ及びプログラム

　グループワークの方法論と，共感，認知行動療法，家族システム理論を用いている。プログラムは講義，体験学習，グループディスカッションの3つの要素で構造化されている。

　プログラムは全7回で，①プログラムの概要説明，講義「学齢期の子どもと家族」と自己紹介，②講義「親子の交流パターン」と意見交換，③演習「〇〇家の日常」，④演習「我が家のコミュニケーション 4コマ漫画」，⑤演習「ロールプレイ⑴親体験」，⑥演習「ロールプレイ⑵子ども体験」，⑦まとめとふり返り，気づきと変化となっている（演習では，演習を通じた体験の共有とグループディスカッションを行う）。

○グループの構造

　対象者は，「親の言うことをきかなくなった」「ウソをつくようになった」「"いじめ" が心配だ」など，子ども（小学生）への対応に困っている親である。

　市や当センターの広報紙，新聞への掲載，児童領域の公共機関・施設でのちらしの掲示・配布を通じ，10名を公募する。そのほか，児童相談所のケースからの送致も受け付ける。閉鎖したグループの形態をとり，期間は約2か月，全7回，毎週火曜日の10:00-12:00に実施する。

○必要とされる資源

　会場には，和室を使用し，座卓を3つ合わせ，10名のメンバーとスタッフが座卓を囲むセッティングとする。設備・備品として，毎回お茶が飲めるように，コーヒー・紅茶・緑茶・砂糖・クリームを準備する。他，プログラム活動に使用する画用紙・色鉛筆・クレヨンなどの画材と，教材冊子等のコピー用紙などが必要である。

スタッフには，当センター職員１名（当センターとの調整），福祉・教育・心理領域の学識者や実践家（グループワーク運営），児童相談所心理判定員２名（コンサルタント），ボランティア学生（記録と備品の手配）等がいる。

経費としては，スタッフの交通費等にあてる人件費，上記備品にかかる経費であり，当センターの療育指導事業予算から支出する。

○記録・評価・コンサルテーション／スーパービジョンのアレンジメント

記録としては，グループの各セッション（会合）を録音する（メンバーの承諾を得て）とともに，記録係がセッション中のメンバーらの発言を記録し，逐語録，要約記録，個別記録を作成する。そのほか，インテーク用紙の提出や，「評価アンケート」等を実施している。

会合の前後にミーティングを毎回開き，スタッフ全員で総ディレクターを中心にグループスーパービジョンを行う。

たように，どのような記録をどのような形でとるのかについて評価すべき事項を勘案して決める。また，専門家からのコンサルテーションや機関内でのスーパービジョンについても検討しておく。

グループワークの計画の一例として，**ビネット5-1**を参照されたい。学齢期子育て支援講座 PECCK がどのように計画立てられたかについて，表5-2（既出）にあるグループワークの計画に必要な内容に沿って記している。

□ 開始期

新たなグループに入る際，多くの人はさまざまな期待と不安を入り混じって持っているであろう。「このグループはどんなグループなのか，どんなことが起こるだろう」「良い人たちが集まっているといいけれど」といった疑問や不安の反面，何かしらの問題解決を求めて来ている人たちゆえに「どうにか解決の糸口が見えればいいのに」「同じような事で悩む人たちとのつながりができればいいのに」という期待ももっているにちがいない。その期待と不安の感情は，メンバー同士が互いに接近しようとしながらも，自分のスタンスも維持しようとする行動に現れる。よって，ソーシャルワーカーへの注目は高く，ワーカーがどういう人か，どのようにグループをすすめていくかに関心を寄せる傾向にある。

このような開始期のソーシャルワーカーの役割は，メンバーの探索を許容し，固い緊張を解きほぐし（アイスブレーキング），グループの凝集性を促進するよう努めることである。メンバーらがそれぞれの，またグループ全体のニーズがあってこのグループが存在し，グループ経験を共有し互いに支え合えることを伝える。そして「わたしたちの

グループ」という言葉で一体感を示したり，メンバーらがグループで成し遂げた事や貢献している事を，グループにフィードバックしたりする。あまりの自己開示は求めず，メンバーそれぞれが自分のペースやスタンスでグループにかかわり，グループが安心できる場となることを心がける。プログラムでは，密な相互作用のない，満足感や成就が得やすい活動を用いる。

　グループの初回にはとくに，グループの目的を明確にし，メンバーらと参加動機や参加の仕方を確認し合いながら，メンバーらが同じ方向を向けるように援助する（契約）。あたたかい雰囲気でメンバーを迎え入れ，メンバーらには，自己紹介でこのグループをどうやって知ってどのような理由で参加したか等，打ち明けるに抵抗を感じない範囲の事がらを簡単に話してもらう。そして，機関の目的や機能，事業等について簡単に紹介し，このグループの目的と方法・プログラムやソーシャルワーカーの役割等を説明する。グループの目的等については，メンバーの期待するものと一致するか，または異なるのか自由にメンバーに語ってもらいながら，グループが何をしようとするところなのかを明確にしていく。

□　**作業期**

　作業期は，グループの凝集性も高まり相互援助ができだし，目標達成に向かってさまざまな課題に取り組んでいく段階である。しかしながら，グループ内の役割や地位等々のダイナミクスにより役割や規範の修正なども起こってくる。

　セッション（会合）を重ねるにつれ，メンバーの目はソーシャルワーカーよりも他のメンバーへいくようになり評価しはじめるようになる。一人ひとりのことがよく分かりだしたり，共通点を見出したりするようになるとグループへの関心も強まり，グループ内にメンバーらのさまざまな役割が現れてくる。しだいにグループの規範や文化も派生し，メンバーらにグループでどうふるまうかができてくる。その反面，それらにまつわる葛藤が生じることもある。生じた葛藤がグループの発達に望ましくないのであれば，ソーシャルワーカーは"今ここでグループ内に何が起こっているのか"をグループに投げかけ，メンバーらの否定的感情を表現することを奨励し，グループ全体で向き合って考えるよう促す。グループの目的を再確認し合うことでメンバー間に共通の目的があることを再び喚起したり，必要があればグループのすすめ方や決まり事を話し合いで修正したりする。場合によっては，個別あるいはサブグループ（下位集団）への対応も必要で

あろう。メンバーらがソーシャルワーカーに対し抵抗を示すことには，メンバーらの自律性を尊重するとともに，メンバーに平等に率直に応じていく。

　上記のような規範，役割，地位等のダイナミクスにより起こる葛藤は幾度か形を変え起こるだろうが，それらを乗り越えていくうちに，グループ内の相互作用のパターンが築かれ，相互援助も増す。そうすると，メンバーらはメンバー個々のグループの外の生活にも目が向けられるようになってくる。ソーシャルワーカーは，メンバーらが他のグループや地域等との接点をもつ機会を提供し，それぞれが自身の生活の場でもグループの成果を活かしていけるように援助する。

□ 終結・移行期

　終結・移行期は，グループが目標を達成する，あるいはもともと定められていたグループのセッション（会合）回数を終了し，グループが終わる段階である。それは各メンバーらが自身の生活や新たな場へ移行していく段階でもある。

　メンバーにとって，せっかく親しくなったメンバーらとのグループが終わりグループから離れることは，メンバーらに喪失感，悲しみや不安，あるいは怒りといった感情を引き起こす。グループが終わりに近づくと，グループはまだ必要であり続行できないかとか，グループは役に立たなかったとか，自分たちを追い出すのかといった言動があるのも，それらの感情の現れである。過去グループでやったことのあるプログラムに興じたり，グループ経験のいろんな出来事を思い起こし昔話をしたりといったこともある。それは自分たちがグループを通じ経験してきたことの意味や価値を評価する一部ともなる。また，グループが終わった後のことを考え，自らグループの外に新たな場を見つけてくる者もいるかもしれない。これらの反応は順番に起こってくるとも限らず，反応の出方や強さは，グループが過ごした期間，グループのダイナミクスや個々によっても異なるものである。

　ソーシャルワーカーの役割は，互いに離れて行くというこの段階の主要な課題をメンバーらが遂行できるよう促すことである。メンバーらが終結にまつわる思いや感情を表現できるようにし，そのアンビバレントな感情（相反感情）に気づくよう援助する。また，メンバーらがこれまでのグループでの活動や収穫について話し合い分かち合う機会を提供する。グループでの肯定的経験，否定的経験，そこから学んだこと，またこれから取り組んでいく課題などをメンバーらが評価するのを助ける。グループでの経験がここだけのものではなく，メン

バーらが自身の次の生活経験にそれらをむすびつけていけるように援助することが大切である。それらグループを通じて得たものをメンバーが今後の成長に活用できる，その力をもっていることを伝えることができる。

　次につなげるというところでは，他の援助が必要なメンバーを他の機関やサービスに送致することもソーシャルワーカーがなすべきことの一つである。もしワーカーの退職などでワーカーがグループを離れる場合は，新たなワーカーへ円滑に移行できるようにする。そのほかにも，グループが終結しても，頻度や形態はさまざまであろうが，個別あるいはグループにサポートを提供し続ける可能性を考慮し対応することも考えられる。

 ## セルフヘルプグループ

☐ セルフヘルプグループとは

　セルフヘルプとは，「当事者同士の共同による自助」を意味し，「何らかの問題・課題を抱えている本人や家族自身の当事者グループ」のことをセルフヘルプグループという[13]。疾病，難病，回復者，障害，依存症などのある本人および家族の会などがある。セルフヘルプグループの機能には，①人間同士の感情を開放し支え合う，②問題とのつきあい方を学ぶ，③問題を解決・軽減する，④メンバーが成長する，⑤モデルとなる人と出会う，⑥役に立つ情報が得られる・交換する，⑦安心して居られる場所をつくる，⑧社会に向けて働きかけるといった点がある[14]。

　活動の中核を成すのは，「体験を話す」というものである。メンバーが抱えている問題・課題について，それぞれのメンバーが自身の体験を話すこと，また他のメンバーの話しを聴くことを通じ，体験に基づく感情や思考，知識，情報等を分かち合い，共感を得ながら，自らの問題・課題に向き合い，self（自らを，「わたしたち（We）」を）を助けることにつながっていくというものである。

☐ ヘルパー・セラピー原則と体験的知識

　岩田は，セルフヘルプグループの成立要件として，a）メンバーの主体性，b）メンバー同士の対等性，c）メンバー同士で交換される体験談，d）グループが信頼でき安心できる安全な場などをあげてい

(15)
る。ここでは，この成立要件に影響を与える，セルフヘルプグループの重要な2つの概念について取り上げる。

① ヘルパー・セラピー原則

まず，a) メンバーの主体性に関し，メンバーは自分のため，自分が助かるためにセルフヘルプグループに参加し活動する。グループ内で相談の受け手になる時も，相談に乗ってあげるのではなく自分のために行うということも意味される。これはb) メンバー同士の対等性と深く関連しており，メンバーは同じ問題・課題をもつ仲間であり，ともに学び合う対等な仲間としてグループの運営並びに活動に携わり，仲間同士で一つにまとまったグループとなることでd) 信頼に基づく安心安全な場となれることが求められる。

セルフヘルプグループの「ヘルパー・セラピー原則」を提唱したリースマン（Riessman, F.）は，「人は援助を受けるよりも，他者の援助者になることによって，より大きな利益を受ける」ことを見出した。すなわち，援助者になることは自分のセラピー（治療）になることを意味している。伝統的なソーシャルワークにおいては，クライエントは援助を受ける側とみなされていたが，セルフヘルプグループではメンバーは援助者と被援助者の両方の役割を担うことになり，メンバーはパートナーシップのもと，また安心安全なグループの中で成長することができるのである。

② 体験的知識

c) メンバー同士で交換される体験談はセルフヘルプグループの中核を成すが，a)，b)，d) に基づくグループにおいて体験談の交換を通じ，各メンバーは自身の体験を再体験し，気づき，取り入れ，成長する。セルフヘルプグループにおいて，「話す」は「放す」であり，言い放しであり，聴き放しとする。

メンバーらによって分かち合われる体験（談）はメンバーらが仲間となる接着剤となり，グループの中に集められ，突き合し重ね合わされ，洗練されて丸められる。これが体験に基づく知識，すなわちセルフヘルプグループならではの「体験的知識」と呼ばれるものである。その体験的知識はメンバーに伝達され活用されるようになるのである。

□ ソーシャルワーカーの役割

セルフヘルプグループのメンバー構成や活動にもよるが，ソーシャルワーカーがセルフヘルプグループに対して行い得ることとして，下記のようなものがある。
(16)

① ソーシャルワーク専門職としての立場から，メンバー及びグループが求めている情報・知識を提供する。

② （主導権はメンバーが取るが，）周辺的な事務，会費の徴収，会報の発行などをメンバーらに代わって担う。

③ 当事者あるいは当事者となる人をグループに紹介するルートをつくり（関係者・部署との連携を含む），グループにつなげる。

④ 新しいグループの結成やグループを組織するための資源や技術を提供したり，グループの相談役（スーパービジョンないしコンサルテーション）を務める。

⑤ 当事者のアドボカシー（弁護・代弁）の役割を担う。

　あくまで，当事者が中心であり，ソーシャルワーカーは側面的に援助する。この他，セルフヘルプグループの研究に従事して，知見を積み重ね精錬させて知識や技術をうみ出し，実践や教育を通じて社会に還元したり，それら知識・技術の普及・啓発のためにパンフレットや手引きを作成したりすることも，ソーシャルワーカーの役割の一つである。

📖 さらに知りたい人のための推薦図書

大利一雄（2003）『グループワーク——理論とその導き方』勁草書房.
▷グループワークの歴史・理論・技法を一冊にまとめた必携書であり，わかりやすく解説されているため入門書としてもすすめられる。

倉石哲也（2013）『学齢期の子育て支援——PECCK講座の開発・実践・効果』どりむ社.
▷著者が神戸市総合児童センターで主宰した学齢期子育て支援講座の10年間の実践研究にもとづき，グループワークのプログラム開発・効果検証・地域システム構築についての詳細がよく理解できる一冊である。

注
（1）　木村容子（2008）「集団援助技術」大竹智・倉石哲也編『社会福祉援助技術』ミネルヴァ書房，107.
（2）　Toseland, R. W., Rivas, R. F.（2022）*An Introduction to Group Work Practice*（9*th*.）, Pearson Educational Limited, 33.
（3）　Konopka, G.（1983）*Social Group Work*（3rd ed.）, Prentice-Hall, Inc, 125-179.
（4）　（2）と同じ，36-57.
（5）　平山尚・平山佳須美・黒木保博・宮岡京子（1998）『社会福祉実践の新潮流——エコロジカル・システム・アプローチ』ミネルヴァ書房，118-135.
（6）　トレッカー，H. B.／永井三郎訳（1978）『ソーシャル・グループ・ワーク——原理と実際』日本YMCA同盟出版，134.
（7）　大利一雄（2003）『グループワーク——理論とその導き方』勁草書房，56.
（8）　Wilson, G., Ryland, G.（1949）Social Group Practice, Houghton Mifflin Company.
（9）　Middleman, R. R.（1968）*The Non-Verbal Method in Working with Groups*, Association Press.
（10）　Gentry, M. E.（1984）"Developments in Activity Analysis: Recreation and Group Work Revisited," *Social Work with Groups*, Vol.7（1）, 35-44.
（11）　（7）と同じ，56-57.

(12)　倉石哲也（2013）『学齢期の子育て支援──PECCK 講座の開発・実践・効果』どりむ社.

(13)　久保紘章（2004）『セルフヘルプ・グループ──当事者へのまなざし』相川書房，137.

(14)　(12) と同じ，142；高松里（2004）『セルフヘルプ・グループとサポート・グループ実施ガイド──始め方・続け方・終わり方』金剛出版，14，15.

(15)　岩田泰夫（2008）『セルフヘルプグループへの招待──患者会や家族会の進め方ガイドブック』川島書店，51-61, 145-158.

(16)　(13) と同じ，130-134.

参考文献

青井和夫（1959）『小集団』誠信書房.

Bernstein, S. (ed.)（1976）*Explorations in Group Work: Essay in Theory and Practice*, Charles River Books, Inc..

Sulman, L.（2015）*The Skills of Helping Individuals, Families, Groups, and Communities*, Brooks/Cole Pub Co..

■第6章■

コミュニティワーク

学習のポイント

1 コミュニティワークが単なる地域活性化や地域づくりではなく，ソーシャルワークの実践だということを理解する。

2 コミュニティワークを進めるうえで，個別支援との連動を理解する。

3 コミュニティワークが地域の働きかけを創造的に組み合わせていく実践であることを学ぶ。

コミュニティワークの定義・意義と目的

□ **アメリカにおけるコミュニティオーガニゼーション理論の発展**

　日本におけるコミュニティワークの概念は，戦後アメリカから導入された**コミュニティオーガニゼーション**理論の研究・実践の蓄積があり，その後，1970年代から80年代にかけてイギリス発祥の「コミュニティワーク」理論の研究が進められてきた。まず，古典的なコミュニティワークの理論に，どのようなものがあったのかを見ていく。

　1939年にアメリカで出された**「レイン報告」**では，都市におけるソーシャルワークの実践としてはじめてコミュニティオーガニゼーションという用語が採用され，ニーズに適合するように資源を動員するという「ニーズ・資源調整説」が提起された。そして住民のニーズの発見とその限定を行い，困窮状態，働くことができない状況を改善すること，そのような状態に陥らないように予防することを目的とし，ニーズに合わせて資源を調整しながら結びつけることがコミュニティオーガニゼーションであると定義された。(1)

　コミュニティオーガニゼーションは，住民のニーズにかなう社会的サービスを開始し，福祉機関の努力を調整し，福祉プログラムを確立することを目指すものであった。そしてその目標を達成するための方法として計画立案を位置付けることにより，ソーシャルワークの固有の機能として明確化された。(2)このようにコミュニティワークの概念が初めて定義された初期の段階から，コミュニティワークはソーシャルワークの実践として位置付けようとされ，住民のニーズを充足すること，予防的な支援を行うことを計画的に推進することを目指していたことがわかる。

　ニーズ・資源調整説に続いて，ニューステッター（Newstetter, W.）は，1947年地域に存在する多様なグループの代表者によるグループ間の関係調整により選択された共通の社会的目的に焦点を当てる「インターグループワーク説」を提唱した。この定義は，今日の日本における社会福祉協議会の協議会方式の基礎となる考え方となっている。(3)

　地域社会には当然のことながら，その地域固有の問題があり，その問題解決を目的として事業やサービスに関わるさまざまな機関・団体・グループ・そして個人が活動を行っている。より効率的に，効果的に問題解決を促進するために，①目標の達成に関わり，構成する諸

●◆ **コミュニティオーガニゼーション**
　アメリカにおいて，1930年代後半からコミュニティオーガニゼーションの理論化が進められた。初期の段階では，地域社会におけるニーズを見出し，社会資源との調整を図り計画的に課題解決を目指すことが重視されたが，その後，地域住民の参加による課題解決が重視されるようになり，地域社会の統合化・組織化の理論が展開された。日本でも1950年後半より研究が進められ，社会福祉協議会の実践に影響を与えている。

●◆ **「レイン報告」**
　レイン（Lane, R. P.）を委員長とし，1939年全米社会事業会議「コミュニティオーガニゼーション起草委員会報告書」が提出された。コミュニティオーガニゼーションの定義を試み，複数の案を考慮した上で「ニーズに適応するように社会資源を動員する」ということが定義の核心とした。これを「ニーズ資源調整説」という。

集団の関係を調整し，満足のいく関係を創る，②諸集団の代表との間に，十分な意思疎通と相互関係を図る，という２つの手段を用いて，地域問題を組織的に解決することが必要であると，ニューステッターは提唱した。[4]

その後，1955年，ロス（Ross, M.）は，「統合化説」と呼ばれるコミュニティオーガニゼーションの概念を以下のように示した。

> 「共同社会みずから，その必要性と目標を発見し，それらに順位をつけて分類する。そしてそれを達成する確信と意思を開発し，必要な資源を内部外部にもとめて，実際行動を起こす。このようにして共同社会が団結協力して，実行する態度を養い育てる課程がコミュニティ・オーガニゼーションである。」[5]

□ アメリカ・イギリスから日本へ

このロスのコミュニティオーガニゼーションの定義について，山口稔は，①問題把握と分析，②計画策定，③実行を通して，課題解決を目指すタスクゴールと，共同社会が団結協力して，実行する態度を養い育てる過程というプロセスゴールを統合化した内容となっているとする。[6]

ロスの著書『コミュニティ・オーガニゼーション』は，岡村重夫により翻訳され，今日にいたるまで社会福祉協議会の実践に，大きく影響を与えた。1962年に策定された「社会福祉協議会基本要項」において提唱された「住民主体の原則」にこのコミュニティオーガニゼーション理論が反映され，地域社会に働きかけ，タスクゴールとプロセスゴールを求めることが社会福祉協議会の機能として明記されることになった。

その後，70年代から80年代にかけて，「コミュニティワーク」という用語の発祥国であるイギリスにおけるコミュニティケア研究が進められる。イギリスのコミュニティワークの定義としてはツウェルヴツリース（Twelvtrees, A.）による「人々が集団的な活動によって自分自身が属するコミュニティを改善しようとするのを援助するプロセス[7]」が知られている。

ここまで紹介した，コミュニティワーク理論はいわゆる「古典」と呼ばれるものである。しかしあえてこれらの理論，あるいはコミュニティワークの定義を紹介したのは，コミュニティワークが今日「地域づくり」の一方法として，きわめて狭い意味に解釈される可能性が危惧されるからである。

定藤丈弘はコミュニティワークについて「社会資源を動員・開発す

ることや，あるいは人々の社会的成長を疎外するさまざまな社会環境的障壁を地域社会が協力して除去することを重要な任務とする技術であり，それらをとおしてケースワークやグループ・ワークと連携しつつ，人々の生活問題の解決に当たるのである[8]」と定義している。

　ソーシャルワークの価値の根幹である個人の生存権の保障は，コミュニティワークでも貫徹され，その価値を地域レベルで実現することをコミュニティワークは目指す。それゆえに，地域の人々の生活困難の解決をとおして，人々の地域における生存権の保障を達成することを基本理念としている[9]と定藤が指摘するように，コミュニティワークは単に地域づくりのみを目的とするものではない。地域住民が地域で暮らすなかで現れる地域生活課題の解決に向けたアクションに住民自ら参加することを通して，住民の主体形成を行うことを目指すソーシャルワークの一方法として位置付けられる。

　コミュニティワークは課題解決を目指すタスクゴールとともに，地域住民の1人ひとりの意識が変容していく過程というプロセスゴールを統合化した内容であり，課題を認識しアクションを起こす地域住民の主体性に価値を見出す，地域住民との協働実践であるということをあらためて確認しておきたい。

□ 生活困窮者支援から求められたコミュニティワーク

　2000年の社会福祉法改正により，「地域福祉」という用語が初めて法律に登場し，以降，日本の社会福祉の推進は，地域を基盤とすることが前提とされるようになった。

　そして2015年，生活に困窮するおそれのある人を対象に，生活困窮者自立支援制度が開始された。この制度の特徴として，経済的困窮にのみ焦点を当てるのではなく，制度の狭間という状況を，地域のつながりから切り離された孤立状況ととらえている点がある。この制度が成立する過程で「社会保障審議会　生活困窮者の生活支援の在り方に関する特別部会」が設置され，2013年1月に報告書が提出されているが，そのなかで生活支援体系の基本的視点として以下の4点，①自立と尊厳　②つながりの再構築　③子ども・若者の未来　④信頼による支え合い　が示された。そして②つながりの再構築については以下の説明がなされている。

　　生活困窮者が孤立化し自分に価値を見出せないでいる限り，主体的な参加へ向かうことは難しい。一人一人が社会とのつながりを強め周囲から承認されているという実感を得ることができるこ

とは，自立に向けて足を踏み出すための条件である。新たな生活支援体系は，地域社会の住民をはじめとする様々な人々と資源を束ね，孤立している人々が地域社会の一員として尊ばれ，多様なつながりを再生・創造できることを目指す。そのつながりこそ人々の主体的な参加を可能にし，その基盤となる。(下線，筆者)⁽¹⁰⁾

□ 包括的支援体制整備から求められたコミュニティワーク

これに続き2017年，社会福祉法の改正により，各自治体における全世代を対象とした包括的支援体制の構築が義務化された。複合化，複雑化している地域生活課題に対して，従来の分野別，縦割りの領域を越えたセーフティネットの構築が求められており，以下の3つの支援を内容とする，新たな事業の創設が求められることとなった。

①　断らない相談支援：本人・世帯の属性にかかわらず受け止める相談支援

②　参加支援：本人・世帯の状態に合わせ，地域資源を活かしながら，就労支援，居住支援などを提供することで社会とのつながりを回復する支援

③　地域づくりに向けた支援：地域社会からの孤立を防ぐとともに，地域における多世代の交流や多様な活躍の機会と役割を生み出す支援

そして，これらの3つの支援が，一体的に実施されることが求められるようになった。包括的支援体制の推進をめざし設置された「地域における住民主体の課題解決力強化・相談支援体制の在り方に関する検討会」(2016年10月〜2017年9月) および「地域共生社会に向けた包括的支援と多様な参加・協働の推進に関する検討会」(2019年5月〜2019年12月) の議論の中では，繰り返し社会的孤立が課題視され，基盤としての地域力の重要性が提起された。相談支援で，孤立化する個人の地域生活課題を受け止め，社会のつながりを再構築する参加支援を行い，地域のつながりの基盤を強化するということは，まさに**ソーシャルインクルージョン（社会的包摂）**への取り組みであり，地域社会の在り方への問い直しであった。

□ 社会福祉士養成教育に求められたコミュニティワーク

こうした流れの中で，2020年「社会福祉士及び介護福祉士法施行規則及び社会福祉士介護福祉士養成施設指定規則の一部を改正する省令」が出され，社会福祉士養成カリキュラムが改正されることとなった。厚生労働省より示された，科目「ソーシャルワークの理論と方

➡ ソーシャルインクルージョン（社会的包摂）

マイノリティの存在である，個人やグループが社会的なつながりや支援の不足によって孤立し，あらゆる参加の機会が奪われるような状況をソーシャルエクスクルージョン（社会的排除）と呼ぶ。この状況を許さず，すべての人に社会への参加の機会を保障し，多様性を認め，誰一人とりこぼさない社会の実現をめざしていく理念を指す。

法」の「教育に含むべき事項」を見ると，コミュニティへの働きかけに関する内容が，改正前では「地域資源の活用」「ネットワーキング」にとどまっていたが，改正後のカリキュラムでは明確に「1　コミュニティワークの意義と目的」「2　コミュニティワークの展開」として位置付けられることとなった。

コミュニティワークの復権ともいうべき状況ととらえることもできるが，コミュニティワークがその誕生の時期から重要視してきた理念が包括的支援体制における「地域づくり支援」に継承されるのか，それともコミュニティワークを矮小化し，地域づくり＝地域住民にお任せというような，地域を資源化する動きに傾倒していくのかを注視すべきである。

② コミュニティワークの方法

▫ コミュニティワークの射程

コミュニティワークをソーシャルワークの実践方法として考えていく際に，コミュニティワークの射程をどのようにとらえるべきかを確認してみたい。

髙田眞治はコミュニティワークが，ソーシャルワークとしての基本的な視点と要件を備えるということは，コミュニティという人々の生活の場で，個人と環境との相互作用という視点から生活問題を把握するということであり，コミュニティワークの対象は地域社会やその中での生活の営みの場である，家庭における生活問題となるとしている[11]。

ソーシャルワークとしてのコミュニティワークは実践科学であるので，地域における生活問題を把握することにとどまらず，その解決をめざす実践として理解される。したがって，コミュニティワークの取り組むべきターゲットは，地域で生活を営む個人のいのち，人権が守られ良好な生活環境において暮らし続けることを保障するということであり，その課題達成にむけて地域における個人，あるいは集団の生活問題をとらえ，その問題をコミュニティの問題として考えて，その問題解決のための援助，介入を行う専門的実践であると考えることができる[12]。

コミュニティワークのポイントは2つある。まず一つ目はコミュニティワークが単に地域活性化や地域づくりということだけではなく，

その焦点は地域で暮らす個人，あるいは集団の生活問題にあるということである。コミュニティワークは一人ひとりの生活問題を見ず，地域の一般的な課題のみに着目するのではない。一人ひとりの生活問題をしっかりと見つめながら，「この人だけではない。同じような悩みをもつ人が地域にほかにもいるのではないか？」と視点をひろげ，ひとりの問題にとどめず，複数の人の問題としてとらえなおしていく。このように，一人の問題をその人だけの問題にとどめずに，複数の人が同じように悩んでいる問題としてとらえなおす考え方を，コレクティブアプローチといい，コミュニティワークの重要な視点となる。

　そしてもう1つのポイントは，さらにそれら複数の人に起こっている問題を「あの人たちの問題」として他人事にとどめておくのではなく，地域住民が「私たちの地域で起こっているコミュニティの問題」としてとらえなおすことである。そして，地域住民が主体的に課題解決に向かうことを支援することがコミュニティワークとして求められている。

□ コミュニティソーシャルワークとコミュニティワークの関係性

　コミュニティワークと類似する概念にコミュニティソーシャルワークがある。コミュニティワークとコミュニティソーシャルワークの関係性については，一方が他方を包括する概念なのか，同じ意味として理解するのか，並列する別の概念なのかということについては統一の見解には至っていない現状がある。

　コミュニティソーシャルワークとコミュニティワークの違いについてコミュニティソーシャルワークの理論・実践をけん引してきた大橋謙策は，「コミュニティワークは，地域にある多様な生活問題の中でも，地域住民の共通理解になりやすい問題にやや焦点をあてて，その解決・改善を図る地域開発モデルであり，そのための関係組織の連絡調整が活動の中心になりがちである」とコミュニティワークの不足を指摘し，「コミュニティソーシャルワークはそのコミュニティワークの弱点を補い，地域において個別課題を抱えている人の自立生活支援をコミュニティのもつエネルギーも活用して解決しようとするものである」としている。[13]

　筆者は，コミュニティソーシャルワークとコミュニティワークは地域福祉を推進していく重要な機能であり，重なりあう部分が多いとしつつも，完全に統合化されるものではなく，その重なりを意識するべきだとして，図6-1の概念図を提起した。

　そして個別ニーズの把握から支援のネットワーク化をはかり，さら

図6-1　個別支援と地域支援の重なり

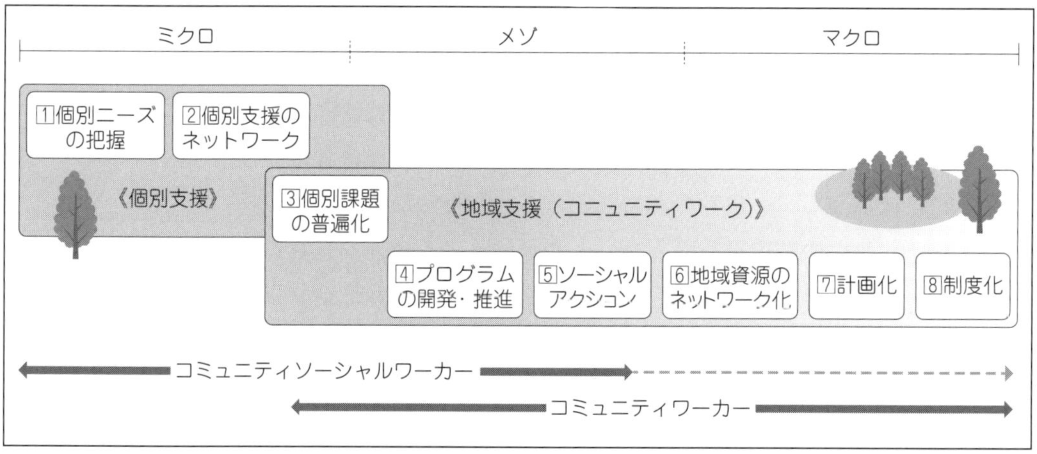

出所：川島ゆり子（2017）「地域福祉援助とは何か」川島ゆり子・永田祐・榊原美樹・川本健太郎『地域福祉論』ミネルヴァ書房，5.

に個別課題の普遍化を行い地域の中でプログラムの開発推進までをコミュニティソーシャルワーカーが主に担い，個別課題の普遍化からプログラム開発推進，地域資源のネットワーク化，さらに計画化，制度化をコミュニティワーカーが主に担うという整理を行っている。

　コミュニティソーシャルワーカーは，具体的にこの職名で社会福祉協議会に配置されている場合あるが，総合相談窓口担当者として，地域の多様な相談を総合的に受ける役割として，他の職名で配置されている場合もある。

　コミュニティワーカーは社会福祉協議会において「地域担当」として配属されている場合や，生活支援体制整備事業における「生活支援コーディネーター」として社会福祉法人に配置されている場合もある。

　この二つの実践は重なりあい，協働が求められる場面も多い。ケースによっては相手の領域に越境することも十分考えられる「相互乗り入れ型の協働実践」が地域で展開されていくことになる。

▢ コミュニティソーシャルワークとの関係性から見るコミュニティワークの独自性

　コミュニティソーシャルワークは，個人の地域での暮らしを支える個別支援を実践の基軸としながらも地域組織化へと越境し，プログラム開発やソーシャルアクションまでを実践の範囲とする。それに対してコミュニティワークは，地域でのつながりや地域住民の意識への働きかけ，地域組織化を実践の軸としながらも，個人の地域での暮らしを支える個別支援の実践へと越境する。なぜなら，コミュニティワー

クの射程には，個人の生活問題が含まれるからであり，一つのケース
をきっかけとして地域が変わっていく可能性をコミュニティワークは
信じるからである。

　重なり合いながらも，それぞれの実践の基軸が違うからこそ，協働
することへの価値が生まれる。もちろん，個別ニーズの把握から計画
化，制度化に至るまでの幅広い統合的機能を一人のソーシャルワー
カーが担う場合もありうる。

　しかしそのようなスーパーマン的な実践者を期待するよりは，コ
ミュニティソーシャルワーカーとコミュニティワーカーの協働実践を
目指すことが現実的であろう。両者が，コミュニティソーシャルワー
クの基軸を，個別支援，特に支援のはざまにおかれるような支援困難
事例へのアウトリーチ・寄り添い支援に置くことにより，社会的孤立
の課題がより鮮明になる。

　そして，そのような状況が起こる場としての地域に対して，地域の
意識の変化を促していく。それによってコミュニティワークが，人と
人の関係性のなかで生活問題を抱える個人あるいは集団の，地域での
生存権を保障することを目指していく役割が明確となる。

☐ 個別課題の普遍化

　コミュニティワークのターゲットとして個人，あるいは集団の生活
問題をとらえ，その問題をコミュニティの問題としてとらえなおすこ
との必要性を先述したが，個人の問題である「一人の生活問題」がす
ぐに直結してコミュニティの問題「みんなの生活問題」になるわけで
はない。

　一人ひとりの生活に立ち現れる「生活問題」を点の支援で終わらせ
るのではなく，このような悩みを持っている人は他にもいると集合的
にとらえなおす。さらにその人たちの生活問題がなぜ地域で起こるの
か，地域として何ができるのかということを，問題に悩む当事者だけ
ではなく，地域住民や地域で活動する専門職や事業者など多様な人々
が話し合う対話の場を設定し，個別課題の普遍化（一人の課題から地
域の課題へ）を行っていく。

　この対話の場に，アウトリーチ支援・伴走支援を行うコミュニティ
ソーシャルワーカーと，地域づくりを主軸とするコミュニティワー
カーが共に集い，1つのケースをきっかけとしながらどのような地域
づくりをしていくべきかを検討していくことが求められる。

▣ コミュニティワーカーの役割の複合性

　図6-1で示したようにコミュニティワーカーの役割は，個別課題の普遍化・プログラムの開発推進・ソーシャルアクション・地域資源のネットワーク化・計画化・制度化という役割を担いながら，地域における人びとの生活問題を解決していくことを目指していくということになる。その際に忘れてはいけないことは，地域住民がその地域（コミュニティ）問題の解決に向けて自主的，計画的，組織的に取り組めるように「側面から援助（イネーブラー）」の役割をはたすということである。コミュニティワークは人びとの生活問題を解決するというタスクゴールと地域住民の意識の変容というプロセスゴールを統合的に目指す実践であり，地域住民の主体性が尊重されなければならない。

　このように多様な側面をもつコミュニティワーカーの役割をどのように整理すれば良いかということを考える際に，参考にすべきコミュニティワークのモデルとして，ミシガン大学のロスマン（Rothman, J.）のコミュニティインターベンションモデルを紹介したい。

　ロスマンは，本章1節で紹介したロスの統合化説をベースにしながらも，コミュニティにおける個々人の生活問題は多様であり，地域の状況も多様であるためコミュニティへの働きかけは一つのモデルでは通用しないとし，複数のモデルを組み合わせる必要性を提起した。これがコミュニティインターベンションと呼ばれるコミュニティワークのモデルである。また，ロスマンは時代によって，コミュニティ実践のモデルを変容させていることも興味深い。

　まず，ロスマンは1955年，コミュニティオーガニゼーションの3つのモデルを提唱した。

　①　小地域開発モデル：住民参加を重視しつつ，コミュニティの組織化を図る。

　②　社会計画モデル：効率的な社会資源の配分による課題達成を目標とし，それを可能にする計画の立案を重視する。

　③　ソーシャルアクションモデル：搾取された人々のための諸資源の増大や待遇の改善を目指して，より広域のコミュニティに要求し地域社会の変革を図る。

　1970年代以降の政治的・経済的な状況を背景として「マクロソーシャルワーク」が提起され，上記の3つのモデルに，政策モデル，アドミニストレーションモデルを追加し，5つのモデルとして提唱した。そしてさらにこれらのモデルを整理し，最終的にはモデルを重なり合わせ，複数のモデルを同時に組み合わせて実践することや，地域

➡➡ 側面から援助（イネーブラー）

　社会福祉の文脈としての側面的援助とは，支援対象者の主体性を尊重し，その人たちが自ら課題解決という目標を達成することを援助する実践方法をいう。地域住民の主体性を尊重するコミュニティワークは，側面的援助を重視してきた。しかし，この側面的援助が強調されすぎると，専門職は後方に下がり「住民任せ」になってしまう可能性があり，注意する必要がある。

図6-2　コミュニティインターベンション
　　　　モデル

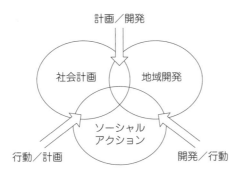

出所：瓦井昇（2020）「現代の地域福祉における課
　　　題と新しい視座」『福井県立大学論集』53, 47.

の状況の変化に合わせてモデルの移行を求めた（図6-2）。[15]

　計画を立てる，地域開発をする，ソーシャルアクションを起こすという単独の地域への働きかけだけではなく，たとえば，地域の中で何か資源を開発しようとするときに，その財源をどうするか，誰にどのような役割を担ってもらうか等を，計画的に進める必要があり，計画／開発の重なりが求められる。また，当事者が抑圧されている状況に対抗し，ソーシャルアクションを起こしていく必要性がある場合も，どのように地域の賛同者を集めるか，どのターゲットに対してどのタイミングで訴えかけていく等，やはり計画的に進めていく必要があり，行動／計画の重なりが求められる。地域に対して働きかけるには，まさに「あの手この手」で多様なモデルを組み合わせていくことこそ，コミュニティワークの醍醐味といえるだろう。

　このような複合的な働きかけをしていく際にも，コミュニティワーカーは住民に対して指示的ではなく「側面的援助」を行うが，これは必ずしも後ろに下がるということではない。日本の社会福祉協議会において，コミュニティワーカーは「黒子の役割」に徹するということもかつて言われていたが，時にはアクション性をもって地域に働きかけることが必要な場合もある。

　加納恵子は，住民主体という原則は保持しながらも活動レベルでの役割は，「**活動の推進者**」と「**活動のアシスタント**」（ビネット6-1）という2面性があるとする。[16]

　このようにコミュニティワーカーは，アシスタントの役割だけではなく，推進者のようにアクション性をもって地域を刺激していく役割，課題解決のためにスモールステップを設定しながら，必要な情報や資源を調整し，計画的に推進していく役割があるということは意識

活動の推進者
　側面的援助という非指示的立場を基本としつつも，ワーカーの専門的知識と技術が，活動自体を導いていく，推進者としての役割。現状を調査分析したり，人々が話し合える機会や場を提供したり，無関心層に対して刺激を与えることなどを行う。

活動のアシスタント
　主役である住民たちが，活動を円滑に展開していけるようにアシスタントとして動く。必要な情報の提供を行ったり，活動の内部・外部の連絡調整役を担う。

ビネット6-1　　地域組織化のプロセスを重視する実践

【主題・主旨】

活動のアシスタントとしてのコミュニティワーカー

【解説】

地域内に見守りの必要な住民が増えてきたことをコミュニティワーカーは気にしていた。しかし、この地域は地域外から移り住んできた世帯が多く、マンションごとに管理組合は機能しているがマンション間のつながりは弱かった。そこでコミュニティワーカーは、いきなり住民に見守りを依頼するのではなく、まず地域のつながりを支えることからスタートし、つながりの深まりの中で住民が主体的に地域の困りごとに関心を持つようになることを支えた。

1980年代のバブル期に分譲された山手のマンション群では住民の高齢化が進み、地域活動の担い手も不足する状況になっていた。このままでは地域のつながりも弱ってしまうと考えた自治会長が社会福祉協議会のコミュニティワーカーに相談をし、地域住民が話し合う場を設けることになった。

コミュニティワーカーは、地域の支え手になってほしいと地域住民にお願いをすることは住民の主体性を尊重することにはならないと考えた。まず地域のつながりづくりを考えることを提案し、「この地域の宝」を皆で考えていくワークショップを開催した。そしてそこで見出された地域の宝を「次の子どもたち世代へつないでいくために何ができるか」と考える機会を継続的に実施していった。その中から、地域の豊かな自然を宝とし、その風景を撮影した「写真展の開催」、地域で暮らす楽器が得意な人を宝とした「地域でのミニ音楽祭」、地域に隣接するゴルフ場のグリーンを宝とした「ゴルフ場を避難場所にした災害訓練」など、多彩な活動が生まれ、そこで顔を合わせる機会が増えた住民同士が互いに気にかけあうようになり、そこから安否確認のしくみなどが話し合われるようになっていった。

をしておかなければならない。この2面性を臨機応変に使い分けていくことが、今日のコミュニティワーカーに求められる役割となる。

③　コミュニティワークの展開過程

▢　地域課題の発見

本章第1節で触れたように、コミュニティワークは個人、あるいは集団の生活問題をとらえ、その問題をコミュニティの問題として考えて、その問題解決のための援助、介入を行う専門的実践である[17]。また、そのプロセスにおいて地域社会の変革を目指すという2重の目的を持つワークとなる。これら一連のワークは個別支援から地域支援へと常に一方通行の矢印で進むわけではなく、循環の関係性にある（図6-3）

個別支援のプロセスの中で得られたアセスメント情報に、コミュニ

図6-3　個別支援とコミュニティワークの循環

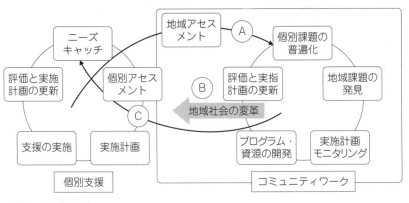

出所：筆者作成。

ティワーカーが行う地域アセスメントの情報と重ね合わせていくことにより，この地域に同じような悩みを持つ人がいるという「個別課題の普遍化」の視点を持つことができる（図6-3のⒶ）。複数の人が同じような悩みを持ちながらそれが解決できないということの背景として，地域にどのような課題があるのかということを探りながら，「地域課題の発見」を地域住民と協働しながら進めていく。

☐ 実施計画とモニタリング

地域として取り組むべき「地域課題の発見」がなされたら，次はどのようにその課題解決に向けて目標を設定し，計画的に取り組んでいくかという「実施計画」を立案していくことになる。

その際に地域アセスメントの情報に基づきながら，その地域特性に応じた方法で課題解決に向けた取り組みを試行し「モニタリング」を行い，継続的なプログラム開発の必要性があるかどうかについて，検討する。

☐ プログラム・資源の開発と評価，実施計画の更新

継続的なプログラムの必要性について地域での合意を形成できたら次は，「プログラム・資源の開発」を目指していく。しかし，コミュニティワークは新たなプログラムや資源の開発を常に目指すわけではない。解決すべき生活問題とは何かという原点に立ち戻ることを忘れず，地域で何が必要なのかということについて，常に地域アセスメントに基づきながら問い直す必要がある。ロスの統合化モデルが示したように，コミュニティワークの目標は，地域課題解決とともに「地域社会の変革」にある（図6-3のⒷ）。そう考えると，目に見える形のプログラムや資源ばかりではなく，人々の関係性や，そこに宿る相互

　の信頼性という社会関係資本にも着目し，コミュニティワークとして地域の人々の関係性や，意識に働きかけていくことも重要な目的となる。

　このように考えると，コミュニティワークの評価は，社会資源の開発実績にとどまるのではなく，さらに長期期間に及ぶ地域の変革のプロセスを評価する軸も併せ持つ必要がある。2017年社会福祉法改正により，地域福祉計画においても評価を行う必要性が明記された。

　コミュニティワークは，一人の生活問題から学び，それを地域の課題へととらえなおし，地域の住民の主体性を信じて共に地域課題の解決を目指し地域を変革させていくことを目指す。一人ひとりの住民の生活権を保障し，その活動に参加する地域住民の主体形成を促すソーシャルワークであり，実践科学であるので，評価も欠かすことができない。

📖さらに知りたい人のための推薦図書

川島ゆり子・永田祐・榊原美樹・川本健太郎（2017）『地域福祉論』ミネルヴァ書房.
▷地域福祉の実践方法をコミュニティソーシャルワークとコミュニティワークの重なりでとらえ，事例による実践の解説を行っている。
高森敬久・高田眞治・加納恵子・平野隆之（2003）『地域福祉援助技術論』相川書房.
▷コミュニティワークについて重要な理論がていねいに解説されている。また海外のコミュニティワークについての比較についても学べる。
岩間伸之・原田正樹（2012）『地域福祉援助をつかむ』有斐閣.
▷個別支援と基盤としての地域づくりの連動について，事例に基づきながら必要性を学ぶことができる。

注
（1）　牧里毎治（2003）「コミュニティワークと福祉のまちづくり」牧里毎治編著『地域福祉論』放送大学出版，150.
（2）　髙田眞治（2003）「アメリカのコミュニティワーク」高森敬久・髙田眞治・加納恵子・平野隆之『地域福祉援助技術論』相川書房，128.
（3）　（2）と同じ，129.
（4）　瓦井昇（2020）「現代の地域福祉における課題と新しい視座」『福井県立大学論集』53，44.
（5）　Ross. M.（1967）*Community Organization Theory Principles, and Practice, 2nd ed.*（＝1968，岡村重夫訳『コミュニティ・オーガニゼーション──理論・原則と実際』全国社会福祉協議会，42.）
（6）　山口稔（2010）『コミュニティ・オーガニゼーション統合化説──マレー・G・ロスとの対話』関東学院大学出版会，71.
（7）　Twelvtrees. A.（2002）*Community Work 3rd Edition*（＝2006，杉本敏夫訳『コミュニティワーク』久美，1-2.）
（8）　定藤丈弘（1989）「コミュニティ・ワークの思想」高森敬久・高田真治・加納恵子・定藤丈弘『コミュニティ・ワーク』海声社，100.
（9）　同前書，101.
（10）　厚生労働省（2013）「社会保障審議会　生活困窮者の生活支援の在り方に関する特別部会　最終報告書」5.
（11）　髙田眞治（2003）「コミュニティワークの対象」高森敬久・髙田眞治・加納恵子・平野隆之『地域福祉援助技術論』相川書房，70.

(12)　同前書.

(13)　大橋謙策（2015）「新しい社会福祉としての地域福祉とコミュニティソーシャルワーク」中島修・菱沼幹男
　　　共編『コミュニティソーシャルワークの理論と実践』中央法規出版，9.

(14)　加納恵子（2003）「コミュニティワーカー」高森敬久・高田眞治・加納恵子・平野隆之『地域福祉援助技術
　　　論』相川書房，101.

(15)　（4）と同じ，53，46-47.

(16)　（14）と同じ，102

(17)　（11）と同じ，70.

参考文献

加納恵子（2003）「イギリスのコミュニティワーク」高森敬久・高田眞治・加納恵子・平野隆之『地域福祉援助技
　　術論』相川書房，137-150.

川島ゆり子（2017）「地域福祉援助とは何か」川島ゆり子・永田祐・榊原美樹・川本健太郎『地域福祉論』ミネル
　　ヴァ書房.

第7章

ソーシャルアクション

学習のポイント ──────────────────────

1　ソーシャルアクションの定義について理解する。

2　ソーシャルアクションの必要性について学ぶ。

3　ソーシャルアクションのプロセスについて学ぶ。

4　ソーシャルアクションの具体的な展開について学ぶ。

ソーシャルアクションの定義・意義と目的

　ソーシャルワーク専門職は，社会正義の実現に向けて，「社会を変える」ために，人々や様々な構造に働きかける。それは，私たちの実践の根拠である「ソーシャルワーク専門職のグローバル定義（2014年）」や「ソーシャルワーカーの倫理綱領（2020年6月2日改定）」に示されていることからも明らかである。

　この「社会を変える」ことについて木下大生は[1]，①法律を作る・変える，②状況（状態）を変える，③慣習を変える，④人々の意識を変える，の4点に整理している。裏を返せば，これら①〜④の現在の状況が人々の幸せやより良く生きることを妨げている。これらの変革を成し遂げるために，ソーシャルワーク専門職は，ソーシャルアクションに取り組む。

　たとえば高良麻子は[2]，ソーシャルワークにおけるソーシャルアクションの本質を踏まえ，日本の現状に即した定義の試みとして，「ソーシャルワークにおけるソーシャルアクションとは，生活問題やニーズの未充足の原因が，社会福祉関連法制度等の社会構造の課題にあるとの認識のもと，社会的に不利な立場に置かれている人々のニーズの充足と権利の実現をし，国や地方自治体等の権限・権力保有者に直接働きかける一連の組織的かつ計画的活動及びその方法・技術である」とした。

　また，アメリカで一般的に採用されているマクロソーシャルワークのテキストで，ブルーグマン（Brueggemann, W. G.）は[3]，「ソーシャルアクションとは，当事者集団が現状の政治的活動において無視され，また効果的な取り組みがなされていない社会的な問題状況に対して，彼らが共通して感じている困難や苦しみへの社会的な関心を集め，人々が動き出すように取り組んでいくプロセスである。ソーシャルアクションは，社会的な問題が経済的・政治的に固定化され，変化しづらい状況において，社会を変えていくための強力で有効な手段であり続ける。小さなソーシャルアクショングループや地域組織等が，長期的・組織的・全国的もしくは世界的な取り組みに参加し，ともに力を合わせる時，ソーシャルアクションは社会運動になる（筆者訳）」とした。

　つまり，ソーシャルアクションとは，生きづらさを抱える人々と共

☞ ソーシャルワーク専門職のグローバル定義
『ソーシャルワーク論Ⅰ』第3章参照

☞ ソーシャルワーカーの倫理綱領
『ソーシャルワーク論Ⅰ』第12章参照

にその生きづらい社会を変えていく実践であり，そのためのプロセス及び方法・技術である。

ソーシャルアクションの方法

□ どうやって社会を変えるのか

社会的な問題や不正義が発生している状況を，特定の集団に所属していることや，身体的特徴，疾患，性的な指向やジェンダーアイデンティティ（SOGI）などを理由とする差別や偏見によって，生活に必要な資源が未充足であること，資源やサービスが適切に利用できない状況が発生していること，そしてそこに生きづらさや困難が発生していることと理解する。しかし，このことに直接関係していない多くの人々は無関心で，この問題が取り上げられることもなく，解決策が検討されることもないまま，発生している生きづらさや困難は固定化され，変化が難しい状況となっている。

そこでソーシャルワーク専門職は，当事者のグループ等と共に声をあげ，彼らの声を多くの人に届ける。多くの人々の関心を集め，無関心だった人々が問題状況に気づき，社会の変化に向けて共に動き始めるように働きかける。また，国や地方自治体等の権限・権力保有者に直接働きかけていく。そこで，デモ，署名，陳情，請願，訴訟等で世論を喚起しながら集団圧力によって立法的・行政的措置を要求していくことや，多様な主体の協働による非営利部門サービス等の開発とその制度化に向けた活動によって法制度の創造や関係等の構造を変革していくことを目指す。

ソーシャルワーク専門職として，その社会的な不正義を生み出す構造となっている差別や偏見，慣習や価値観，そしてこれらに基づく法律や制度，政策を変えていくことなくして，人々の幸せな暮らしを実現することはできない。ミクロ・メゾ・マクロレベルのソーシャルワーク実践を分断させることなく，一体的にとらえた実践に取り組む上で，ソーシャルアクションの方法を学ぶことは，ソーシャルワーク専門職にとって必要不可欠である。

□ 様々なソーシャルアクションの方法

ソーシャルアクションの方法と関連して，高良は，ソーシャルアクションの定義にあわせて「その主なモデルには，デモ，署名，陳情，[4]

請願，訴訟等で世論を喚起しながら集団圧力によって立法的・行政的措置を要求する闘争モデルと，多様な主体の協働による非営利部門サービス等の開発とその制度化に向けた活動によって法制度の創造や関係等の構造の変革を目指す協働モデルがある」とした。

　また，ロスマン（Rothman, J.）は，基本的な介入戦略として「計画／政策」「コミュニティの能力開発」「ソーシャルアドボカシー」の[5]３つを示した上で，「ソーシャルアドボカシー」を「変化を引き起こすための圧力の活用」として，闘争型戦術による圧力とともに，変化に向けたツールとしてデータを活用すること，変化に向けた「てこ」として変化を必要とするメンバーや当事者の連帯によるパワーを活用することを実践アプローチとして挙げた。

　石川久展は，社会の変化を促す実践の例示として，連携や協働，[6]ネットワーキング，チームアプローチ，会議，リーダーシップ，運営管理，リサーチ，評価や効果測定，コミュニティデベロップメント，コミュニティオーガナイジング，後援会等による啓蒙活動，政治家への陳情やロビー活動，ソーシャルメディアの活用，デモ活動などが一般的に活用されていると述べている。

　社会を変えていくためには，創意工夫をもって多種多様な方法を検討していく必要がある。ここでは，方法を考える上でヒントになる例を挙げたに過ぎない。変化に向けたパワーをどう生み出すのか，どのようにパワーを探して活用可能にしていくのかを，活動に取り組む仲間たちと共に検討することが大切である。

 ## ソーシャルアクションの展開過程

☐ ソーシャルアクションのステップガイド

　ここでは，ソーシャルアクションの展開過程を，一人ひとりの声をつなげ，人々を組織化し，社会変革のためのパワーを生み出していくコミュニティオーガナイジングのステップやプロセス，ソーシャル[7][8]ワーカーが組織とどのようにかかわり，社会や政策の変化に向けて働きかけるかの基本プロセスから学んでいく。また，ビネット７−１〜[9]３に示した事例をもとに，展開過程を具体的にイメージしていく。

　まず，事例の概要を**ビネット７−１**から読み取っていく。

ビネット7-1　　　　🏠　事例の概要を知る

　民生委員のＡさん（62歳）が暮らしているＢ地域は，65歳以上の高齢者が人口の60％を占め，人口減少が著しい。もとは一つの村で人口が4,000人を超えた時代もあったが，林業の衰退に伴い，現在では300人が暮らすのみだ。15年前に隣の市と合併した。日用品を購入できる場所は地域にはなく，車で30分以上かかる。週に2回，移動販売車が巡回している。

　合併で，村役場は支所となり，地域の高齢者をよく知る行政の保健師はいなくなった。社会福祉協議会も職員が常駐しなくなった。社会福祉協議会は，Ｂ地域から介護保険のデイサービス（通所介護）とホームヘルプサービス（訪問介護）を撤退させた。デイサービス（通所介護）を利用するには，片道30分以上送迎車に乗らなければならない。診療所は1週間で半日のみの診察となった。

　地域で暮らしている高齢者は，Ｂ地域での暮らしを大事にして，人と人の結びつきが強く，お茶のみ会や井戸端会議を楽しみにしている。助け合いの意識も強いが，最近では，高齢化が進んだことで，助け合いたくても助けに行けない。高齢者で介護が必要になると，一人暮らしを続けられなくなり，泣く泣く子どもたちが暮らす周辺の市や地域に引っ越さなくてはならないという人たちが増えてきた。

　Ａさんは，Ｂ地域が好きで，いつまでもこの村で暮らしたい。しかし，最近の地域を出ていかざるを得ない人たちを見て，強い不安を感じていた。「地域を出ていかなくてはいけなくなった人も，地域に介護サービスがあればここで暮らし続けられたのに」と考えた。そこで，「デイサービス（通所介護）とホームヘルプサービス（訪問介護）を取り戻すことができないか，そもそも，介護保険料の支払いはしているのに，Ｂ地域では介護保険サービスを使えない状態になっているのはおかしい」と考えた。Ａさんは，現在は常駐していないが，以前Ｂ地域の担当だった社会福祉協議会のＣ社会福祉士に相談した。

□ **対話の機会づくり**

　はじめのステップでは，人々が共に行動を起こすために，人と人が話し合う対話の機会をつくる（**ビネット7-2**）。

　ハーバード・ケネディスクールのガンツ（Ganz, M.）にコミュニティオーガナイジングを学んだ鎌田は，変化を起こすことができるか(10)どうかわからないような不確実な状況下において，他者の力を引き出すリーダーシップが求められると述べている。このリーダーシップを生み出すために必要なのがパブリックナラティヴである（表7-1のステップ1）。鎌田は，困難を抱える人々自身が「私のストーリー(11)(Story of Self)」を語って聞き手と心でつながり，聞き手と共有する価値観や経験を「私たちのストーリー（Story of Us）」として語ることで一体感を作り出し，今行動する必要性を示す「行動のストーリー(Story of Now)」を語ることが必要で，これら3つのストーリーがつながったものがパブリックナラティヴであると説明している。

ビネット7-2　🏠　対話の機会をつくる

　Aさんと C 社会福祉士は，話し合い，B 地域で生活する高齢者たちに話を聞きに行った。他の人たちはどのように感じているのか，どのような不安を抱えているのか，どうしたいと思っているのか，一人ひとりとの話し合いを重ねていった。

表7-1　コミュニティオーガナイジングの5つのステップ

ステップ	内　　容
1	共に行動を起こすためのストーリーを語るパブリックナラティヴ
2	活動の基礎となる人との強い関係を作る関係構築
3	みんなの力が発揮できるようにするチーム構築
4	人々の持つものを創造的に生かして変化を起こす戦略作り
5	たくさんの人と行動し，効果を測定するアクション

注：5つのステップの実践を支えるものとしてコーチングがある。
出所：鎌田華乃子（2020）『コミュニティ・オーガナイジング──ほしい未来をみんなで創る5つのステップ』英知出版，の本文にもとづいて筆者が表を作成。

表7-2　コミュニティ組織化の準備と行動

	10段階	20キーワード	4過程
1	現場に入る	①活動現場の選択	予備
		②予備調査の実施	
2	住民と出会う	③関係づくり	準備
		④コミュニティ理解	
3	組織化のスケッチを描く	⑤課題の選択	
		⑥解決案の構想	
4	コミュニティリーダーシップを形成する	⑦始動のための集まり	組織化の行動
		⑧学習・トレーニング	
5	行動計画を立てる	⑨調査研究	
		⑩計画作成	
6	住民を集める	⑪住民との対話	
		⑫動機づけ	
7	住民が行動する	⑬住民の集い	
		⑭実践的な行動	
8	評価する	⑮成果確認	
		⑯フォローアップ計画	
9	省察する	⑰学びの確認	組織の立ち上げ
		⑱価値の共有	
10	組織を立ち上げる	⑲組織の準備	
		⑳設立総会	

出所：韓国住民運動教育院／平野隆之・穂坂光彦・朴兪美編訳（2018）『地域アクションのちから──コミュニティワーク・リフレクションブック』全国コミュニティライフサポートセンター，を筆者改変。

| ビネット 7-3 | 田 | 対話を重ね，関心の高い人たちとチームを作る |

　ビネットのＡさんとＣ社会福祉士は，Ｂ地域の高齢者たちの中には介護保険サービスがないことに不満や不安を抱えている人たちが少なくないことを知り，同じ関心を持っているＢ地域唯一の市議会議員Ｄ議員，老人クラブ会長のＥさん，地域住民で支所長のＦさん，Ａさんの同級生でこの問題に強い関心を持つ郵便局長でボランティア団体代表のＧさんで集まり，お互いの考えを話し合い，今後，共に活動に取り組んでいくリーダーシップチームとなった。

☐ 関係構築・チーム構築

　次のステップは，人と人の関係を構築することやチームを構築することである（ビネット 7-3）。対話は，社会を変えていくための組織づくりに必要不可欠であり，メンバー間の関係構築やチーム構築につながっていく。これは鎌田の関係構築・チーム構築（表 7-1 のステップ 2）や，韓国住民運動教育院（CONET）の住民と出会う段階（表 7-2 の 2 段階）での関係づくりやコミュニティの理解，ウェイル（Weil, M.）とギャンブル（Gamble, D. N.）のソーシャルワーカーと組織との協働関係の構築，組織のリーダーシップおよび組織の資源・課題の把握における組織メンバー相互のインタビューのプロセス（表 7-3 のステップ 1・2）からもわかる。

　対話による関係構築やチーム構築は，ソーシャルアクションの土台となるパワーを生み出す取り組みであり，それぞれの序盤や準備のプロセスに位置づけられている。対話の取り組みは，最初に取り組めばよいということではない。ソーシャルアクションのプロセス全体を通じてあらゆる関係者・組織・団体との信頼関係構築に取り組み，変化に向けたパワーを生み出し続けなければならない。また，それぞれが持つ資源を理解し合い，その力をより良く発揮できるようなチームを作ることが必要である。

☐ 情報収集・分析・戦略づくり

　次に，チームのメンバーが共に社会や組織の変化の必要性について分析を深め，変化に向けた戦略を作る（ビネット 7-4）。CONET は課題の選択と解決案の構想（表 7-2 の 3 段階），ウェイルとギャンブルでは立ち向かっている問題の社会的・経済的・環境的・政治的側面についてより深く分析すること（表 7-3 のステップ 3）が位置づけられている。人々の生きづらさを変えていくために，社会のどのような変化が必要なのか。国レベルの政策なのか，都道府県・市区町村レベルの政策なのか，法律や制度なのか，人々の価値観や慣習，意識なの

ビネット7-4　🏠　情報収集を重ね，情報をもとに戦略を作る

　話し合いを受けて，リーダーシップチームのメンバーはそれぞれが関係する人たちに，地域に介護保険サービスがない問題についてどう考えているかを聞いてくることや，情報収集してくることを宿題にした。

　AさんはB地域の一人暮らしの高齢者を中心に話を聞いたが，「先のことは考えたくない（怖い・目を背けたい）」「もういまさらどうにもならない」「手遅れだ」「介護サービスを使いたいなんてわがままだ（そんな権利はない）」という声が聞こえてきた。しかし，あきらめているという声の一方で，「ここで暮らし続けられるなら，最期まで暮らし続けたい」という思いを多くの人たちが持っていることが分かった。

　そこで，地域としてはいろいろと課題があるが，「誰もが平等に介護サービスを利用して，住み慣れた場所で暮らし続けられる地域」を目指して活動していくことを決めた。

　具体的には，市の介護保険事業計画の担当者や策定委員長をはじめとする策定委員らを招いたシンポジウムおよび意見交換会を開催し，そこに500人の参加者を集め，市の担当者や策定委員らに，人口減少エリア（旧村地域）での介護サービスの整備を計画に明記することを約束してもらうことを，ゴールに設定した。

かなどを検討する。そしてその変化に向けて，誰（人・組織他）のどのような変化を起こすことができれば，起こそうとしている社会の変化を起こすことができるのかについて，分析を深めていく。鎌田は，戦略とは「私たちが持っているもの（資源）を，必要な力（パワー）に変え，ほしいものを手に入れること」とし，次の5つの質問に沿って考えることが効果的な戦略を検討するのに役立つと述べている。

　①　一緒に立ち上がる人（同志）は誰か
　②　ほしい変化（戦略的ゴール）は何か
　③　どうしたら持っているものを必要な力に変えられるか
　④　戦術は何か
　⑤　行動計画（タイムライン）は何か

　鎌田によると，人々の持つものを創造的に生かして変化を起こす戦略作りが位置づけられており（表7-1のステップ4），この戦略作りには前述したような分析を含むと同時に，「アクションの行動計画」が含まれている。ウェイルとギャンブルでは，政策を変えるというゴールに向けて，ゴールや目的を設定すること，そしてそのゴールと目的を達成するためのリーダーシップや戦略づくりの力を高めていくことが位置づけられている（表7-3のステップ6）。

表 7 - 3　基本プロセス10のステップ

ステップ	コミュニティオーガナイジングのステップ	ソーシャルアクションの文脈でのステップ
1	近隣住民やコミュニティとの協働関係を明確化・構築する。	政治的・社会的活動組織との協働関係の明確化と構築，もしくは必要に応じて組織づくりを支援する。
2	既存の，または潜在的な組織について，リーダーシップや組織の持つ資源と課題を把握する。	相互のインタビューによるメンバー間教育と参加型評価の技術を活用して，既存の組織のリーダーシップおよび組織の持つ資源と課題を把握する。
3	トレーニングやワークショップ，リーダーや参加者との 1 対 1 のコーチング，関連団体との協議を通して，組織がスキルを高めることを支援する。	立ち向かっている問題の社会的・経済的・環境的・政治的側面について，組織がより深く分析することを支援する。
4	組織が，彼らの生活の質を改善する努力に向けたゴールや目的を設定する技術を高めることを支援する。	政策を変えるというゴールに向けて，組織がゴールや目的を設定したり，効果測定をしたりする技術を高めるように支援する。
5	組織のリーダーがつながりづくりや資源獲得，幅広く包括的なコミュニケーションの仕組みを用いるスキルを高めるよう支援する。	組織のリーダーとメンバーが，つながりづくりや資源獲得，幅広く包括的なコミュニケーションの仕組みを組織で用いるスキルを高めるよう支援する。
6	組織のゴールや目的を達成するための戦略を分析し，リーダーシップと組織の能力を高め，強化することを支援する。	組織が，彼らのゴールと目的を達成するための戦略を通して，リーダーシップや組織の能力を高め，強化するよう支援する。
7	生活の質を改善するアクションの戦略や戦術を検討し，組織内の対立や意見の違いを理解し解決する方法を学ぶよう支援する。	制度の変化がゴールや戦略に対する敵対的な外部からの反応を生み出す可能性に配慮しつつ，組織が成長し，戦略の幅が広がっていくのに伴う組織内部の対立や意見の違いを理解し解決する方法を学ぶよう支援する。
8	組織が近隣住民やコミュニティの取り組みの進み具合をモニターし，評価する方法を学ぶよう支援する。	組織が彼らのゴールに対する進み具合をモニターし，評価する方法を学ぶよう支援する。
9	組織が効果的なアクションを計画・実行することを支援する。	組織が効果的なアクションを計画・実行することを支援し，敵対的な外部の反応から保護する。
10	組織がリーダーシップの進化や組織の発展，アクションの勝利を喜びあうよう計画することを支援する。	組織がリーダーシップの進化や組織の発展，アクションの勝利を喜びあうよう計画することを支援する。

出所：Gamble, D. N., Weil, A. (2010) *COMMUNITY PRACTICE SKILLS LOCAL TO GLOBAL PERSPECTIVES*, Columbia University Press, 131-137, 354-362, の本文にもとづいて，筆者が表を作成・訳。

<table>
<tr><td>ビネット 7-5</td><td>田</td><td>目標達成に必要な技術や能力を身につける</td></tr>
</table>

　リーダーシップチームのメンバーは，どうすればより多くの人にこのアクションに参加してもらえるのかについて，話し合った。また，チラシの作り方やSNSの使い方をはじめとする広報の方法を学んだ。

☐ 組織メンバーの能力開発・学習・スキルアップ

　このステップで重要なのは，戦略づくりと同時に，組織やそのメンバーの能力開発や学習，スキルアップが位置づけられていることである（ビネット 7-5）。始動のための集まりや学習・トレーニング（表7-2の4段階）[19]，戦略づくりや効果測定の技術，つながりづくりや資源獲得，幅広く包括的なコミュニケーションのしくみづくり，組織内部の対立や意見の違いを理解し解決する方法，ゴールと目的を達成するための戦略を通してリーダーシップや組織の能力を高め，強化する支援，モニタリングや評価の方法を学ぶような支援（表7-3のステップ7）[20]が位置づけられている。

　鎌田[21]は，5つのステップの実践を支えるものとして，主体的に動けるリーダーや，自分で動ける人を育てるためのコーチングを位置づけた。戦略づくりは，どこかで専門職が作り上げるのではなく，トレーニングを受けたり，ワークショップに参加したり，コーチングを行ったりしながら，変化を必要としている人たちが自ら作っていく。そこでは多様性のあるリーダーシップチームが必要であるとしている。

　これらを通して，ソーシャルアクションによって社会の変化を起こそうとする人々や組織自身が，目標の達成に向けて能力を高めることが重要である。そしてそれが，困難に立ち向かう当事者同士がともに力を高めていくプロセスとなる。

　組織メンバーの能力開発・学習・スキルアップは，ソーシャルアクションのプロセスのすべての局面で意識される必要がある。すべてのプロセスは目標達成のプロセスであると同時に，リーダーシップを高めていくことや組織メンバーの能力開発・学習・スキルアップのプロセスでもある。

☐ アクションの計画・実行・評価（効果の測定）

　最後に，必要な変化に向けて具体的な行動の計画（タイムライン）を立て，アクションを実行し，その成果を評価する（ビネット 7-6）。

　韓国住民運動教育院（CONET）は，この最後のステップは変化に向けてコミュニティのメンバーが行動することであり，コミュニティ

┌───┐

ビネット7-6 🏠　変化に向けて働きかけるターゲットに対する
　　　　　　　　　　　具体的な行動を計画し，実行する

　半年後に介護保険事業計画の策定委員会が組織され，1年後には次期介護保険事業計画が策定されることになっている。そこで，① B地域のリーダーシップチームのメンバーは，3か月後までにI地域・J地域にも同様のリーダーシップチームを作るように働きかけ，それぞれ10人程度のリーダーシップチームを構築すること，②半年後に3地区合同の意見交換会に200人集めること，そして，③9か月後に市の介護保険事業計画の担当者や策定委員長をはじめとする策定委員らを招いたシンポジウムおよび意見交換会を開催し，そこに500人の参加者を集め，市の担当者や策定委員らが人口減少エリア（旧村地域）での介護サービスの整備を明記することを約束してもらうことを目指すという行動計画（タイムライン）を考えて，活動をはじめた。

└───┘

　メンバーが集まり，実践的な行動を起こしていきながら，成果を確認し，引き続きコミュニティメンバーが主体的に行動する組織の立ち上げにつなげるステップだとしている（表7-2の8～10段階）。
　ウェイルとギャンブルは，コミュニティメンバーのアクションの進み具合をモニターし，効果的なアクションを計画・実行できるように支援することに加え，取り組みを通して得られたアクションの目標の達成を評価するだけでなく，組織やリーダーシップの進化や組織の発展を評価し，これらの達成や変化を喜び合うことの大切さを示している（表7-3のステップ8～10）。また，ウェイルとギャンブルは，この10のステップは新しい情報が得られた時やそれまでとは異なる考え方を導入する必要がある場合には，前のステップに戻って考え直すフィードバックループとなっていると述べている。(22)
　ソーシャルアクションの取り組みは，時間がかかることが多い。これらのステップを意識しながら，順調に進めることができたとしても，社会の必要な変化を起こせるとは限らない。改めて情報を収集して，新しい考え方を取り入れて，また戦略を検討し直すことも求められる。より多くの仲間や新しい仲間に声をかけ，共に活動してもらえるように働きかける必要もあるだろう。ステップを進めていく中では，ウェイルとギャンブルのステップの中で示されているように，組織内部の対立や意見の違いが発生することや変化よりも維持を求める敵対的な外部の反応が起きることも予想される。
　簡単ではない，しかし，そこに生活上の困難や生きづらさがある以上，ソーシャルワーク専門職は，当事者と共に社会の必要な変化に向けて働きかけ続けることが求められる。

📖 さらに知りたい人のための推薦図書

鎌田華乃子（2020）『コミュニティ・オーガナイジング――ほしい未来をみんなで創る５つのステップ』英知出版.
▷社会を変えるためのコミュニティ・オーガナイジングの内容が，ストーリーをもとにわかりやすく説明されている。

木下大生・鴻巣麻里香編著（2019）『ソーシャルアクション！あなたが社会を変えよう！――はじめの一歩を踏み出すための入門書』ミネルヴァ書房.
▷社会を変えようとして取り組んだ多種多様な事例が，取り組んだ当事者らによって記述されており，具体的にイメージできる。

注

（1）　木下大生・鴻巣麻里香編著（2019）『ソーシャルアクション！あなたが社会を変えよう！――はじめの一歩を踏み出すための入門書』ミネルヴァ書房，211-218.

（2）　高良麻子（2017）『日本におけるソーシャルアクションの実践モデル「制度からの排除」への対処』中央法規出版，183.

（3）　Brueggemann, W. G. (2014) *The Practice of Macro Social Work*, BROOKS/COLE CENGAGE Learning, 421.

（4）　（2）と同じ.

（5）　Rothman, J., Erlich, L. E., Tropman, J. E. (2008) *STRATEGIES OF COMMUNITY INTERVENTION*, eddie bower publishing co. inc.（＝2021，渡辺裕一「第2章マクロソーシャルワークの過程と理論的枠組み」公益社団法人日本社会福祉士会『社会を動かすマクロソーシャルワークの理論と実践　あたらしい一歩を踏み出すために』中央法規出版.）

（6）　石川久展（2019）「わが国におけるミクロ・メゾ・マクロソーシャルワーク実践の理論的枠組みに関する一考察――ピンカスとミナハンの4つのシステムを用いてのミクロ・メゾ・マクロ実践モデルの体系化の試み」『Human Welfare』第11巻第1号.

（7）　鎌田華乃子（2020）『コミュニティ・オーガナイジング――ほしい未来をみんなで創る５つのステップ』英知出版.

（8）　韓国住民運動教育院／平野隆之・穂坂光彦・朴兪美編訳（2018）『地域アクションのちから――コミュニティワーク・リフレクションブック』全国コミュニティライフサポートセンター.

（9）　Gamble, D. N., Weil, A. (2010) *COMMUNITY PRACTICE SKILLS LOCAL TO GLOBAL PERSPECTIVES*, Columbia University Press, 354-362.

（10）　（7）と同じ.

（11）　（7）と同じ.

（12）　（7）と同じ.

（13）　（9）と同じ.

（14）　（8）と同じ.

（15）　（9）と同じ.

（16）　（7）と同じ.

（17）　（7）と同じ.

（18）　（9）と同じ.

（19）　（8）と同じ.

（20）　（9）と同じ.

（21）　（7）と同じ.

（22）　（9）と同じ，354.

参考文献

IFSW（JFSW）（2014）「ソーシャルワークのグローバル定義」（https://jfsw.org/definition/global_definition/）
　（2023.11.15）

日本ソーシャルワーカー連盟（2020）「ソーシャルワーカーの倫理綱領」（https://jfsw.org/code-of-ethics/）
　（2023.11.15）

第8章

ネットワーキングと
コーディネーション

学習のポイント ───────────────────────────

1　ネットワークとネットワーキングの相違を理解する。

2　ネットワーキングの種類，目的，意義を把握する。

3　ネットワーキングの重層性とセーフティネット機能を確認する。

4　コーディネーションの目的，意義について理解する。

① ネットワーキング

□ 定義（ネットワークとネットワーキング）

　ソーシャルワークにおいてこれら2つの概念はどのように定義されているのであろうか。ここでは，公益財団法人日本精神保健福祉士協会が2020年に発行した「精神保健福祉士の業務指針第3版」から引用してみる。

　まずネットワークとは「地域における特定の課題や支援を必要とする人々の存在を念頭において，フォーマル・インフォーマルな関係者が網状の関係を構築している様子[1]」と定義されている。ここから読み取れることは，ネットワークとは，支援に関係する人々の間で構築された「関係網」であること，そしてこの関係網（だからこそネットワークと呼称される）は，そもそも「特定の課題や支援を必要とする人々」を念頭に置いて構築されている，という2つのことになるだろう。かつその支援に関係する人々とは，フォーマル（専門職），あるいはインフォーマル（非専門職）の両方から構成されている，ということも留意すべき点になる。

　次に，ネットワーキングについては，先の日本精神保健福祉士協会による業務指針の中では，先のような意味でのネットワークを構築していくことこそがネットワーキングであると説明されている[2]。つまり，ネットワーキングとは上記のような意味のネットワークを構築することであり，同時にその結果として得られた構築物，ないし成果物（支援に関係する人々の関係網）そのものを指す。

　後者の成果物も形態としてはネットワークであり，この場合は自然発生的なものというよりは，人工的，意図的に構築され，加工されたネットワークという意味合いが強い。このようにネットワーキングには2つの意味が存在していることに留意したい。

□ ネットワーキングの意義

　それでは，なぜこうしたネットワーク作り，すなわちネットワーキング（あるいはその成果物としての「加工されたネットワーク」）が必要になるのであろうか。引き続き，日本精神保健福祉士協会の業務指針における説明を見ていきたい。日本精神保健福祉士協会の説明では，ネットワークを構成する人々には，それぞれ以下の3つの資源のどれ

かを保持しているとされる。

　すなわち，①専門的な知識やスキル，②特定のクライエントや地域などにかかわる情報，③構成員同士の情緒的サポート，の各資源である。①は専門職が有しているが，②や③は家族，友人，隣人などの非専門家の方が有している確率が高い。

　このように考えれば，ネットワークとはさまざまな（社会）資源が相互に交換し合われる（資源交換）の場になっていることに気づく。ネットワークが作られ，あるいはその拡充が果たされた時に，問題解決に必要な資源が入手できる可能性も高まる。利用者の抱える「特定の課題」を解決したり，その支援に活かしたりするために，こうした資源交換の場を意図的に構築して，必要な資源を入手し，それを活用していく可能性を高めていくことこそがネットワーキングに他ならない。なお，インフォーマルな存在（家族，友人，近隣など）から提供される資源を，特に「ソーシャルサポート」と呼ぶ場合がある。

　さて，ネットワーク，あるいはネットワーキングは，後述するように３つのタイプ（利用者，ソーシャルワーカーおよびサービス提供組織）に分類できるが，いずれにおいても上記のような意味で支援活用上の意義がある。

　同時に，この２つの概念は各タイプにおいて，利用者，ソーシャルワーカーおよびサービス提供組織がそれぞれ各種の資源を活用し，エンパワメントにとっても極めて重要な意義を有している。

　加えて，忘れてはならないのが，ネットワークの３タイプは，利用者の問題発生を予防し，あるいは仮に発生したとしても早期に解決することを可能とならしめる**セーフティネット**としての意味を有している点である。つまり，ネットワーキングとはセーフティネット作りに他ならない。この点については後述する。

　さて先にネットワーク，ネットワーキングには３つのタイプが存在していると述べた。すなわち，①利用者の社会ネットワーク，②ソーシャルワーカーの専門職ネットワーク，そして③ソーシャルワーカーが所属する組織・機関による組織間ネットワーク，という３つである。以降，それぞれについて見てみることにしたい。

□ 利用者の社会ネットワーク

　まず，利用者のネットワーク，ネットワーキングである。これはさらに大きく２つに分けることができる。１つは，ある利用者を中心に置き，その利用者が取り結んだ関係網の全体をネットワークと呼び（したがって利用者を中心にした星状のネットワークとして描かれる）（図

●◆ セーフティネット
　一般的には，何らかの危険が生じることが想定される場合に，それに備えて被害を回避，最小限にとどめる，ないし速やかな回復を図るためのしくみを意味する。生活困窮や失業などを念頭に，そうした事態に陥ることを防ぐなどの支援制度をそのように称することが多い。法制度で言えば，生活保護法，生活困窮者自立支援法などが相当する。本書で取り上げたネットワーク（例えば，利用者の社会ネットワーク）もそこから必要な資源を調達することで，生活問題発生の予防や速やかな回復が果たし得ることが期待される。

図8-1　スター型

●◆ 社会ネットワーク
　社会の様々な様相を行為者が織りなす網状の関係でとらえた構造であり，行為者として人間，組織，国家・自治体から鉄道や飛行機など様々なものが想定される。社会学では主に個人が織りなす関係網（パーソナルネットワーク，あるいはミクロネットワークとも）が人々の社会的行為を左右するものとして分析の対象にしてきた。なお，ソーシャルネットワーキングといった場合は，LINEやTwitterなどのアプリによる通信コミュニケーション・サービスを意味する場合が多い。

●◆ ソーシャルサポートネットワーク
　ソーシャルサポート・システムという場合もある。ソーシャルサポートと社会ネットワークという2つの概念を包摂したものであり，ソーシャルサポートが取り交わされる社会ネットワークという意味合いで用いられている。ただし，必ずしもソーシャルサポートがネットワーク上で流通するとは言えないことから，誤解を与えやすい名称になっている。

8-1），あるいはそうしたネットワークを人為的に構築し，加工を行うことをネットワーキングと称する場合である。後者の成果物である「加工されたネットワーク」もまたネットワーキングと呼ぶ。

　もう1つは，中心が存在しておらず，網状に構成された人間関係の全体であり，利用者もその中の一要素になっている。こちらは中心点のない，文字通りの網状のネットワークとして描かれる（図8-2）。

① 中心点のある場合（利用者の社会ネットワーク）

　この場合，資源が交換される関係網，すなわちネットワークの中心には当該の利用者が存在している。言い換えれば，ネットワークの中心に利用者を置き，その利用者が構築しているネットワークを，必要に応じて修正し，再編していくことがネットワーキングということになる。利用者を中心においたネットワークは，社会学でいう**社会ネットワーク**，あるいは**ソーシャルサポートネットワーク**と呼ばれているものに等しい。後者のネーミングは，中心点である利用者にとって，このネットワークから（特にインフォーマルなサポート源から）様々なソーシャルサポートが提供されることから来ている。以降において，このタイプのネットワークを社会ネットワークと呼んで他と区別することにしたい。

　さて，利用者は，家族，友人，近隣や同僚などの様々な人々との間で自然発生的に関係を築いてきた。つまり社会ネットワークは利用者がこれまでの人生の中で徐々に構築してきたものであって，いわばその人の所有物であり，このネットワークの上で様々な資源交換を繰り返してこれまで生活を営んできたし，今もそうであるといえる。

　そうした中で，利用者がソーシャルワーカーの許に相談に来ているということは，社会ネットワーク上の旧来の資源利用だけでは問題解決に行き詰まってしまっているという解釈もできる。そこで，自分の

図 8 - 2　網状型

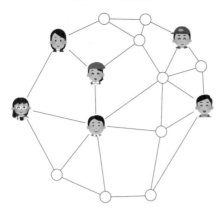

　所有する社会ネットワークをソーシャルワーカーの支援を受けつつ
も，自らアセスメントを行い，必要な改編をそこに加えていく。そう
することで，目の前にある問題の解決や改善に資することが目指され
る。これこそが，社会ネットワークを念頭に置いたソーシャルワーク
実践におけるネットワーキングの考え方になる。

　一度，こうして加工，改編された社会ネットワーク（すなわち，成
果物としてのネットワーキング）は従来よりも資源調達の内容が強化さ
れており，その分だけ類似の問題が今後において例え生じたとしても
スムースに問題解決につなげることができたり，そもそもそうした問
題の発生リスクを低減できたりするかもしれない。その意味では，社
会ネットワークはセーフティネットとしての機能を有するに至ったと
考えられる。

　同時に，利用者を取り巻く社会ネットワーク，それは利用者にとっ
ての環境の一部分でもある。ネットワーキングを行うことでこの環境
上に横たわっている資源配置や，つながりの特性や弱点に気づき，そ
れらを補完すべくソーシャルワーカー等の協力を得ながらも社会ネッ
トワークの改編を試みていくことは，利用者がエンパワメントを果た
していくことを意味する。なぜなら，それによって利用者が自分の置
かれている環境・状況を自分にとって好ましいものにしていく力を
培っていくことになると考えられるからである。

　②　中心点のない場合（利用者の「運動体としてのネットワーキング」）
　さて，利用者の社会ネットワーク，ネットワーキングにはもう 1 つ
のタイプがある。上記①では，ネットワークの中心に利用者が存在し
ていた。それに対して，ある共通の目的を有する人たちが緩やかにつ
ながり，参加者同士が網状に相互関係を持っているタイプがある。こ
のタイプでは中心点が想定されない。

　中心点が存在しないので，このネットワーキングは特定の誰かの所

有物ではない。また，それ自体が独立した1つの活動単位，ないし運動体といってよい存在になっている。この場合のネットワーキングとは，中心点のないネットワークそのもの，すなわち共通目標だけでつながりあった緩やかな人々の網状の全体それ自体のことを指す。そしてこの運動体に参加する（＝つながる）ことで，その運動体が有する資源の利用が可能になる。

　この中心点のないネットワーキング（運動体としてのネットワーキング）は，むしろ集団という概念に近く，そこでは同じような立場に置かれた人たち，あるいはそうした当事者ではなくてもその問題に関心を有する人たちが，その運動体が目指す共通目的の達成のために，相互に関係し合い，それによって相互に資源を交換し合っている。自助グループ，当事者運動や様々な**コミュニティグループ**などがこれに相当する。

　こうした目標のみを共有した，緩やかな関係網を新たに構築していくことも，またネットワーキングと称されることもあり，その結果として生み出された中心点のない網状の運動体もまたネットワーキングと呼ばれている。この緩やかさゆえに，労働組合などの堅固なメンバーシップを有する組織体とは区別される。それゆえに，そこへの参入や離脱が非常に容易であり，かつ構成員の入れ替わりが激しい傾向があり，他との境界線が明確に定めにくいことも特徴になっている。

　先に，この意味でのネットワーキングは「集団」に近いと述べたが，集団といった場合はたとえば教室のように現実空間において，実際に対面で関わり合っている人たちの全体を意味することが多い。しかし，ネットワーキングの場合は必ずしも一堂に会している必要はなく，現実空間での相互接触を前提にしていない点が集団と異なっている。実際に接するかどうかがポイントではなく，たとえ直に会うことがなくても「つながりがある」と本人や他の参加者に認識されていることが，ネットワーキングにとっての必須条件になっている。

　利用者は，このタイプのネットワーキング（運動体としてのネットワーキング）につながること，すなわちそのメンバーシップを獲得し，その一員になることによって，そのネットワーキングの上で交わされている資源交換に，自ら参加することが可能になる。このタイプのネットワーキングの場合，ある利用者が自ら，こうした緩やかな関係網を作り上げ（ネットワーキング），あるいはそこに自主的につながることにより，自己が抱えている問題解決に貢献する資源の獲得が目指されるのである。

　ソーシャルワーカーは，こうした利用者やそれを支援する人たち自

➡ コミュニティグループ
　公益を目的に活動するグループ，組織，ないし運動体であり，その活動の結果，地域の特定の人々が抱える問題の解決がもたらされる。非営利，他から独立（自治的）であり，活動目的，組織構成やメンバーシップを規定するルールを有している。自治会をはじめ，ボランティア団体，あるいはセルフヘルプ・グループなどの当事者団体などもコミュニティグループとして位置づけることが可能である。

身の手による上記のような活動（それは運動体としての側面を持つ）を側面支援していくことになる。具体的には，利用者がそうした既存の活動単位につながっていくことが可能になるように情報提供を行ったり，あるいはそうした活動を新たに自分たちで創出していく（運動体としてのネットワーキングを作る）ことをサポートしたりする。それは，新たな社会資源の創出と同義になる。

□ ソーシャルワーカーが所属する組織・機関による組織間ネットワーク

ここまで，利用者を念頭においた社会ネットワーク，ネットワーキングについて述べてきた。二つ目のタイプは，ソーシャルワーカーの存在を念頭に置いたものになる。先の利用者で説明した時と同じく，こちらも「中心点のある／ない」によって大きく2つに大別される。

① 中心点のあるネットワーク（専門職ネットワーク）

中心点であるソーシャルワーカーはその業務遂行の過程を経て，必然的に職場の同僚をはじめとして，他組織も含めた様々な専門職との関係を自然発生的に構築していく。それは，当該ソーシャルワーカーがその業務経験の積み重ねをとおして必然的に築き上げきたネットワークということになる。もちろんソーシャルワーカーも一個人として利用者と同じくその人生の過程で自然発生的に構築してきた社会ネットワークも有しているが，ここでいう専門職ネットワークとはその中の一部を構成しつつも，業務でつながった人々からのみで構成されている点が特徴であり，その多くが専門職であることから，「専門職ネットワーク」と称される。

ソーシャルワーカーは自分の専門職ネットワークを介して，そこで交換される他専門職の様々な資源を活用しながら，利用者の支援に役立てている。しかし，時には現在の専門職ネットワークに存在する資源のみでは利用者の問題解決につなげていくことができないことも生じる。そこで，必要に応じてその専門職ネットワークを再編成し，加工していくいことが必要になってくる。この作業もまたネットワーキングに他ならない。

先の利用者のネットワーキングとは，利用者が築き上げた社会ネットワークを加工することを意味していたが，こちらはソーシャルワーカーが業務で築き上げた専門職ネットワークを，ソーシャルワーカー自身がアセスメントし，その結果に応じて加工，再編していくことを指している。そのネットワーキングの結果が，「加工された専門職ネットワーク」となる。

　そして利用者は，自分を担当するソーシャルワーカーを介することで，それが有する専門職ネットワークからの資源調達が可能になる。それによって利用者の問題解決に資する可能性が高まるとすれば，間接的に利用者にとって好影響が及んでいくことを意味する。加えて，その結果として利用者の問題発生を予防する可能性も高まるという意味では，ソーシャルワーカーの専門職ネットワークは，利用者にとって間接的なセーフティネット機能を有していることになる。

　こうした意味で，ソーシャルワーカーが自らの専門職ネットワークを常に改編していく作業，すなわちネットワーキングとは専門職としての**コンピテンス**を高めていくことにつながっている。ネットワーキングによって自らの専門職ネットワークをより一層充実したものへと編成を繰り返すことは，ソーシャルワーカーが専門職としてのコンピテンス向上を果たすことと同義になる。

　その結果，サービス提供の環境を自分が考えている望ましい方向に変えていく力を獲得していくことも可能であり，それはすなわちソーシャルワーカーとしてエンパワメントを果たしていくことに他ならない。

②　中心点のない場合（運動体としての専門職ネットワーキング）

　ある地域の障害者福祉サービス事業所のソーシャルワーカーたちが定時後に自主的に集まり，そのエリアの引きこもり支援を考える勉強会を実施したり，アイデアを交換しあったりする活動などがこれに相当する。こちらの活動もそこに参加する専門職による網状の相互関係として描かれるが，そこに中心点は存在していない点が特徴になる。

　利用者のそれと同じく，イメージ的に集団に近くなるが，一同が同じ場所に会しているとは限らないこと，メンバーシップが非常に緩やかであることがその特徴になっているのは，利用者のそれと同じである。

　こうした中心点のない専門職ネットワークを仲間と一緒に構築していくこともネットワーキングになるし，構築されたものもネットワーキングになる。ここでは，構築されたネットワーキングを「運動体としての専門職ネットワーキング」と呼び，他と区別したい。

　ソーシャルワーカーは既存の運動体としてのネットワーキングとつながることで，または新たにそのタイプのネットワーキングを作っていくことで，それらの関係網の上で交わされる各種資源を，利用者の問題解決のためや自らのコンピテンス向上のために活用することが可能になっていく。間接的に，ソーシャルワーカーの専門職ネットワークとその運動体としての専門職ネットワーキングは，利用者のメリッ

➡️ コンピテンス
　コンピタンスとも呼ばれる。目的を果たすための専門的な能力・力量を意味するが，専門職の「卓越性」というニュアンスで用いられる場合がある。多文化ソーシャルワークでは，宗教，民族や文化における多様性を配慮した実践を展開してく専門的な力を「文化的コンピテンス」と呼んでいる。また利用者に対して使われた場合，環境に効果的に働きかけ，問題解決を図っていく能力，社会生活を展開して行く力という意味でも使用されることがある。
　なおコンピテンシーといった場合は，何らかの成果を挙げ得る行動特性という意味になる。

トになって及んでいくことが期待されるのである。

　その意味では，運動体としての専門職ネットワーキングは，利用者にとっての間接的な資源開発，環境整備といえるだろう。

□ サービス提供組織のネットワーク，ネットワーキング

　3つ目は，福祉サービス提供組織を念頭においたものとなる。ある組織がその目的を果たすために他組織とつながっていくとき，その組織同士の関係網全体のネットワークを指す。こちらのネットワークは「組織間ネットワーク」と称されている。それを新たに構築し，必要に応じて加工，再編していくこともネットワーキングになる。

　①　中心点のあるネットワーク（組織間ネットワーク）

　福祉サービス提供組織にとって他組織との関係は，たとえば児童相談所と児童福祉施設との関係のように法制度的に必然，ないし義務的である場合もあれば，法制度的に規定されているわけではなく，あくまでも自主的に結びついたものも混在している。

　福祉サービス提供組織は，自らが提供する福祉サービスだけで利用者の問題解決を完結させることは難しい場合が多く，必然的に他の福祉サービスを提供する組織，また福祉機関以外にも医療保健機関，教育機関，ボランティア組織など多様な分野の組織・機関との結びつきが欠かせない。

　この場合，つながる組織の多様性が大きければ大きいほど，当該福祉サービス提供組織が調達できる資源の種類も，また量も多くなることが期待され得る。よって，福祉サービス提供組織は，自らが構築してきたネットワーク，すなわち組織間ネットワークを常に見直し，必要な資源の調達が可能になるように絶えずその構成を加工，再編していくことが必須になってくる。この作業が，福祉サービス提供組織のネットワーキングになり，その結果として構成された組織間ネットワーク（「加工された組織間ネットワーク」）もまたネットワーキングと称される。

　ただし，実際につながる，あるいはその作業を行うのはそれぞれの組織に所属する専門職である点に留意すべきであろう。あるサービス提供組織の組織間ネットワークとその組織に所属するソーシャルワーカーの専門職ネットワークと比較した場合，前者は組織単位，後者は専門職単位という違いはあるが，組織単位といえども実際につながっているのは組織の担当者同士になる。その意味では，二つ目に挙げた，ソーシャルワーカーが構築した専門職ネットワークと，内容的に重なる部分が多くなってくる。

　確かに実際につながるのは個人（専門職）であるが，あくまでも組織を代表して，同じく相手組織を代表する担当者とつながっているのであり，それは個人的なものではない。かつ，つながっている相手組織の担当者も交代することもあり，常に同一人物とは限らない。こうした事情を考えれば，やはりソーシャルワーカーの専門職ネットワークとは異なっているものとして見なすべきであろう。

　こうしたネットワーキングにより，中心点にある当該組織は，その組織のサービス提供のために，有用な資源を新たにつながった相手組織から獲得し，利用できる資源のレパートリーを豊富にしていくことが可能になる。それは福祉サービス提供組織にとって自らのコンピテンスを高めていくことであり，あるいはその組織に所属する専門職全体でエンパワメントしていくことと同義になる。

　また利用者にとっても，その組織のネットワークから資源の調達が可能になり，それによって問題解決に資することになる。また新たな問題発生の予防や，一層の悪化を防ぐこともももたらすことになり，利用者にとっては，福祉サービス提供組織のネットワークはセーフティネットとしての意義を有していることになる。

　同様のことは，そのサービス提供組織に所属する専門職にも当てはまる。自分の組織の組織間ネットワークが充実していれば，そこに所属するソーシャルワーカーにとって，担当する利用者の問題解決，あるいは自己のコンピテンス向上に大きなメリットになる。

　②　中心点のない場合（運動体としての組織間ネットワーキング）

　このサービス提供組織のネットワークにも，やはり中心点のないものが存在している。たとえば，当該地域の課題を話し合い，その解決の方向性を見出すために各組織から派遣された専門職が定期的に集まる会議体などがそうであり，それらはよく「○○ネットワーク」と称されることが多い。この会議体は，参加組織同士が網状に関わり合った一つの単位であり，中心点になる組織は存在していない。ここでは，このタイプを「運動体としての組織間ネットワーキング」と呼ぶことにしたい。

　法制度的にそうした会議体の設置が明記されている場合は，当該地域の組織がそこに参加することが義務，ないし半ば義務になっている。児童福祉法に基づく「要保護児童対策地域協議会」（同法第25条の2），障害者の日常生活及び社会生活を総合的に支援するための法律（障害総合支援法）における「自立支援協議会」（同法第89条の3），あるいは精神保健及び精神障害者福祉に関する法律（精神保健福祉法）における医療保護入院者の地域移行において必要とされる体制（同法

33条の６）などがその例である。

　義務的か，自主的かは異なっても，ある組織がこの既存の「○○ネットワーク」（運動体としての組織間ネットワーキング）に新規加入することで，そこで交わされる資源を当該組織の目的達成に活用していくことが可能になる。それは，その福祉サービス提供組織が提供するサービスの改善や向上にも結びつき，サービス利用者にとってもメリットが及ぶ。同じことが，その福祉サービス提供組織に所属するソーシャルワーカーにとっても言えるであろう。

　そして忘れてならないことは，こうした「○○ネットワーク」の存在は，それがカバーする地域の利用者（潜在，顕在を問わず）にとって，自分がサービスを必要としていることを気づいてもらい，もって適切な支援が得られ，問題解決，改善や悪化防止，あるいはそもそも問題発生の予防をもたらし得る可能性があるということである。その意味では，組織間レベルの（結果としての）ネットワーキングの存在は，その地域にとってセーフティネットとしての機能を果たし得る可能性がある。ゆえにそれは，地域包括支援体制を具体化するという点でも重要な意味を有している。

□ ネットワーク，ネットワーキングの重層性

　ここまで利用者，ソーシャルワーカー，そして福祉サービス提供組織による各々のネットワーク，そしてネットワークを構築し，加工，再編していく作業としてのそれぞれのネットワーキングについて述べてみた。それではそれらの間の関係はどうなっているのであろうか。

　利用者を中心に置いた社会ネットワーク（あるいはそれを加工したネットワーク）というものは，利用者にとって直接的な結びつきのある人たちの総体であり，その意味ではその人の一次的な環境を意味している。そして，自分を担当しているソーシャルワーカーが有する専門職ネットワーク（加工された専門職ネットワーク）というものは，利用者にとっては，そのソーシャルワーカーを介して間接的に結びついた様々な専門職の総体であり，いわば二次的な環境と見なすことができるだろう。この二次的な環境で可能になる資源交換，資源調達の豊かさによって，そのメリットが利用者自身までにもたらされることが期待される。

　そして福祉サービス提供組織の組織間ネットワーク（加工された組織間ネットワーク）は，その組織に所属するソーシャルワーカーにとって間接的な環境と見なすことができる。自ら所属する福祉サービス提供組織の組織間ネットワークが豊富であり，そこに多種の資源が

交換され，調達できる資源の種類も多ければ，当該ソーシャルワーカーの実践にとって大きなプラスの効果があることになる。そして，さらにそのプラスの効果は当該ソーシャルワーカーが担当する利用者までに及ぶことになるだろう。

　以上をまとめると，利用者のネットワーク（加工された社会ネットワーク）をミクロレベルの存在と位置付ければ，ソーシャルワーカーの専門職ネットワーク（加工された専門職ネットワーク）は，そのミクロを支えるメゾレベルの存在と見なすことができる。そして，福祉サービス提供組織の組織間ネットワーク（加工された組織間ネットワーク）はメゾを取り巻くさらに上位のマクロレベルの存在と把握することが可能になる。

　加えてここまでの記述から明らかのように，各ネットワークでの資源交換，資源調達の効果は，マクロ→メゾ→ミクロと波及していくのであり，またミクロの問題を解決するために，メゾ，そしてマクロのネットワークの加工，再編成，すなわち専門職レベルのネットワーキングと，組織レベルのネットワーク構築，再編成，すなわちサービス提供書式レベルでのネットワーキングがそれぞれ求められてくる。このように，利用者，ソーシャルワーカー，そして福祉サービス提供組織の各ネットワーク，そして結果としてのネットワーキングは多層的で，かつ重なり合う関係が成り立っているのである。

 ## ネットワーキングの方法と展開過程

□ ネットワーキングの方法

　ここでは，自然発生的なネットワークを意図的に加工，再編成する支援的な行為をネットワーキングと称しているが，それには上記の通り，ミクロ・メゾ・マクロのレベルに対応して，利用者，ソーシャルワーカー，そして福祉サービス提供組織の3つのネットワークが想定されていた。それらネットワークを加工，編成するネットワーキングの方法は，上記のレベルの相違に関係なく，基本的に同じ手順で展開されていく。

　改めてネットワーキングとは何を意味するのかを定義づけるとすれば，それは以下のようになるだろう。すなわち，自然発生的な各レベルのネットワークの機能（質）的，規模（量）的な改善を図ること，になる。この定義に従い，以下，ミクロ・メゾ・マクロのレベルを超

えて共通するネットワーキングの手法について，シリング（Schilling, R.）の論を紹介したい。

　シリングは利用者のネットワーキングを念頭に置いているが，他のレベルのネットワーキング（ソーシャルワーカー，サービス提供組織）にも共通した内容だと考えられる。そのネットワーキングの方法は以下の３つになる。

　①　新しいネットワークを作る
　②　すでに存在しているネットワークを強化する
　③　そのネットワークの中心点（利用者，ソーシャルワーカー，福祉サービス提供組織）が自らのネットワークを強化する力を獲得する

　①は，中心点のないネットワーク（運動体としてのネットワーキング）を新規に築いていくものであり，利用者の問題解決に資する新たな資源を生み出し得る運動体としてのネットワーキングを，ミクロ，メゾ，マクロの各レベルで構築していくことを意味する。それは，資源開発という言葉と同義になる。

　②は，各レベルの自然発生的な中心点のあるネットワークをアセスメントした上で，そこに欠けている資源を調達すべく新たなつながりを築いたり，十分に機能していない関係を活性化したりすることを通して，その加工，再編成を行う。さらに①によって創出された中心点のないネットワーク（運動体としてのネットワーキング）を評価し，その結果を踏まえて，さらにその加工，再編成を試みることも含まれる。

　そして③は，それぞれのレベルのネットワークの中心点である，利用者，ソーシャルワーカー，あるいは福祉サービス提供組織（に所属する専門職）が自らのネットワークを自主的に，加工，再編成，すなわちネットワーキングしていけるスキルを獲得できるように支援すること，あるいは教育研修を行うことを指す。①も②も，たとえば利用者自身が自らネットワーキングを展開していくことを介入者であるソーシャルワーカーが側面から促進していくことが目指されるが，③の場合は，ソーシャルワーカーによる介入の度合いは一層弱く，利用者自身の判断でネットワーキングを方向付けていくことが第一義になる。そして，そのためのスキルの習得こそが③の目標になってくる。利用者がこのスキルを獲得していくことを，ソーシャルワーカーは動機付けし，あるいは助言，情報提供等によって側面支援していく。

<table>
</table>

ビネット8-1　🏠　社会ネットワークと社会的孤立・引きこもり・孤立

　相互に類似の概念である「社会的孤立」「引きこもり」「孤独」の違いを，社会ネットワークとの関連で，理解しよう。

　社会ネットワークのサイズが小さく，それゆえに有益な資源の獲得が非常に少ない場合，社会的孤立の状態にあると考えられる。内閣府の『平成22年度版高齢者白書』（web版，第1章第3節）では，社会的孤立を「家族や地域社会との交流が，客観的に見て著しく乏しい状態」としているが，ここでいう「交流の乏しさ」はつながりの小ささ，すなわちネットワークサイズの小ささを表わしている。当然サイズが小さいと資源交換が乏しくなる。

　社会的孤立の操作的な定義としては，①社会的交流の欠如，②受領的サポートの欠如（「頼れる人」がいないこと），③提供的サポートの欠如（「手助けをしてくれる相手」がいないこと），④社会参加の欠如（社会活動に参加しないこと），に整理できるとされている。以上の内の①と④はつながりの欠如，②と③は資源の少なさをそれぞれ意味している。[注1]

　これに対して，類似概念である「引きこもり」の場合は，外出頻度で測られることになる。もちろん引きこもりの場合には，家族以外のつながりが著しく少なくなり，その意味ではネットワークのサイズが小さくなってくるので，社会的孤立しているともいえる。しかし，社会的孤立と引きこもりは，上記のように概念的に区別されていることに留意したい。

　またもう1つの類似語である「孤独」は，孤独感という用語が使われるように，それは心理的な側面を表わしたものとされる。この孤独感に関して，清水らは「自分が一人であると感じること」[注2]という定義があることを紹介している。あくまでもそれは主観的なものであって，実際にネットワークサイズが大きくとも人は孤独感を感じることはあり得る。

注1：藤森克彦（2016）「社会的孤立　4類型からみた単身世帯における孤立の実態分析」国立社会保障・人口問題研究所『生活と支え合いに関する調査（2012年）二次利用分析報告書（平成27年度）』所内研究報告，66.
注2：清水健司・清水寿代・川邊浩史（2015）「孤独感および孤独に対する捉え方が友人関係に及ぼす影響」信州大学人文科学論集2：108.

☐ ネットワーキングの展開過程

　ネットワーキングの展開過程は，アセスメント，情報収集，相手とのコンタクト，試行期間，ネットワークの加工・再編成，そして再アセスメント（モニタリング）という流れを辿っていく。この点は，利用者，ソーシャルワーカー，そしてサービス提供組織の違いに関わらず共通である。

　アセスメントでは，既存のネットワークにおける資源交換の現状，特に直面している課題に向けて必要となる資源の過不足を見ていくことになる。利用者の社会ネットワークの場合は，この作業を利用者本人とソーシャルワーカーが協働で実施することになり，その意味では情報共有が必須になる。

　次に，もしネットワーク上で必要な資源が不足していると判断された場合，ネットワーク外でその資源を提供する可能性のある個人，専

門職，あるいは組織・機関が存在しているかどうかを見極めていく。そして適切な相手が見つかった場合，その相手と何らかの形をとってコンタクトを取り，信頼関係の醸成を図る。

その次に，その相手から提供される資源が「実際に役に立つかどうか」のお試しの期間が設けられることがある。この試行期間を経て「合格」した場合は，その相手をネットワークに組み込んで，実際に資源を利用することになる。そして再び最初に戻り，改めてネットワークの再アセスメント（モニタリング）が実施されて，ここでまでの過程がこの後も絶えず展開されていく。

なおミクロレベルの場合は，利用者の意思決定に沿ったネットワーキングが必要になってくるがゆえに，上記の流れに先立って利用者との間で信頼関係の醸成が必須になる。同時に，先に少し触れたが，アセスメントから始まる段階ごとに利用者とソーシャルワーカーとの情報共有が欠かせないことも留意したい。

③ コーディネーション

□ コーディネーションとは何か

「コーディネートする」という用語は，たとえば「服装をコーディネートする」などの形で日常的に使われているが，通常は「全体の調和を図る」という意味で用いられている。ファッションの「コーディネート」の場合は，TPO にあわせて，服の種類，色，材質，あるいは組み合わせるアクセサリーも含めて全体の調和を図っていくということを指している。

ソーシャルワークにおいて用いられるコーディネーションとは，それが用いられる場面（多職種連携を実践するなど）によって微妙に意味合いが異なるが，概ね，先の一般に用いられる場合と同じく，様々な支援の調和，調整を図っていくというニュアンスで語られることが多い。

たとえば東京都長寿医療センターは，コーディネーションを「認知症や障害などによって生活のしづらさに直面しているときに，本人の視点に立って，生活の継続に必要な社会支援を統合的に調整すること」と定義付けている。また，公益財団法人日本精神保健福祉士協会の「精神保健福祉士の業務指針第 3 版」(2020年) では，「さまざまな社会資源を見つけ出し，クライエントに対して，必要とされる社会資

源を計画的に提供する機能」であると説明されている[4]。ただニードに見合う社会資源を見つけ出して計画的提供するだけにとどまらず，それらを（利用者が）必要な形で，かつ相互に調和するように調整し，全体として最大の効果が得られる（＝全体の調和になる）ようにしていくという含意がそこにある。

　たとえば，ある社会資源の利用が，他に必要になる社会資源の利用と時間的に重なるので，両者についてうまく時間分離を図り，双方とも利用できるように調和を図り，もって相乗効果も得て，より一層有意義さを高めていくというような意味合いになる。

□　ネットワーキングとコーディネーション

　ここでは，先に述べたネットワーク，ネットワーキングとの関連で，このコーディネーションを見ていくことにしたい。この場合，単純化して言えば，コーディネーションとはネットワーキングを果した上で，その次の段階で求められてくる専門的な支援になる。

　中心点のあるないにかかわらずネットワーク（加工されたネットワークを含む）は，ミクロ・メゾ・マクロ（利用者，ソーシャルワーカー，そして福祉サービス提供組織）のいずれであっても，そのネットワーク上において様々な資源が交換されていることを先に解説した。その意味では，ネットワークとはサポーティブ（支持的）なものであるという含意は否定できない。

　しかし，同時にこのネットワークの上にはポジティブなものばかりが交換されるのではなく，むしろ有害，不利益になるものも相手から与えられ，あるいはこちらから相手に与えている可能性もある。つまり，ネットワークには有益であるだけではなく，時には有害になる可能性のあるものが存在している，という両面性を有している。そこで，ネットワーキングを果した後，前者を高め，後者を少なくしていく作業が必須になってくる。この意味での「調和」を図っていくことこそがコーディネーションに他ならない。

　ネットワーク上で流通するかもしれないネガティブな効果を及ぼすものとしては何が考えられるだろうか。たとえば，相手からさまざまなストレスを受ける，問題解決に資するとは思えない考え方や方法などを吹き込まれるなどのケースがまず考えられる。前者は，ネットワーク上でストレス，あるいはその源になるものが流通していることを意味する。また後者については，いわゆる「遊び仲間」などとのつながりでアンダーグラウンドの文化に染まってしまうということも一例である。もちろん，あるつながりが有益か有害かのいずれかという

単純なものではあく，ある時にはその関係から貴重な助言や励ましが得られるときもあれば，別の時にはネガティブな効果が及ぶこともある。こうした有益にはならない影響を及ぼすものを総称して，「ネガティブな資源」と称する。

　さらには，ある関係をとおして有益なものを調達していくためには，色々と手続きが必要であり，時間を要することも少なくない。そうした場合は，その関係を構築したり，維持することに躊躇したり，あるいは最初から考えないということもあるだろう。こうした有益な資源を得るに当たっての手間，時間，費用などをコストと称すれば，そのコストの発生を極力少なくし，資源調達をよりスムース，かつ速やかに達成していくことが望ましいのは言うまでもない。

　以上の議論を通して，ネットワーク上での資源調達に当たっては，さまざまなネガティブな資源が問題解決に向けて障壁になっているのであれば，それを極力少なくしていく。たとえばある相手とのストレスフルな関係が，その相手が有する資源の調達に支障を来しているのであれば，その相手との関係を改善する，などの対応が求められてくる。加えて，そのために発生するコストを極力回避する，あるいは発生しても少なくしていく働きかけが重要になるだろう。

　こうした一連の作業は，有益さを最大にし，逆に有害さを最小にしていくことと言い換えることができるが，これを資源調達における「最適化」という。つまり，ネットワークにおけるコーディネーションとは，この最適化によって資源調達の「調和」を図っていくことになる。このコーディネーションの結果として，各種の資源（制度に基づく支援，インフォーマルな資源の両方を含む）が計画的に活用されていくことが期待される。

▢ コーディネーションの意義

　ミクロレベルにおいて，ネットワーク上でのコーディネーションを行っていう主体は，いうまでもなく利用者である。利用者が自らこうした意味でのコーディネーションをネットワーキングと連続的に実施することで，問題解決をいっそうスムースに図っていくことが期待される。あるいはそれによって問題の発生が予防されるだろう。

　こうしたコーディネーションを果たしていく力を獲得していくことは，利用者にとってのエンパワメントと同義になる。ゆえにソーシャルワーカーはこうした利用者自身によるエンパワメントの過程の遂行を，利用者の意思決定を踏まえながら，伴走者としてその作業を見守りつつ，必要に応じて助言を行い，その過程を促進していく。

　一方で，ミクロレベル，マクロレベルになると，その主体はソーシャルワーカーになってくる。ソーシャルワーカーが，ミクロ・マクロの両レベルでコーディネーションを果たす力を磨き，構築されたネットワーク（結果としてのネットワーキング）から得られる諸資源を自らのコンピテンスを支える土台にしていく。それは専門職としての，あるいは福祉サービス提供組織にとってのそれぞれのエンパワメントになる。

　このようにネットワーキングには，必然的にコーディネーションが伴ってくる。両者を一体的，連続的に展開してくこと，かつそれらがミクロ，メゾ，マクロの各レベルにおいて重層的に推進されてこそ，ネットワーキングとコーディネーションの双方の効果が最大化することを銘記しておきたい。

 # コーディネーションの方法と展開過程

　ここでは，「コーディネーションとネットワーキングの手引き」（東京都保健福祉局，2018年）を参考にして，コーディネーションの方法と展開過程を解説してみる。同手引きは認知症患者が念頭に置かれているが，あらゆるコーディネーションに応用可能であると考えられる。ここではこの手引きの内容を，上記の議論を踏まえてアレンジして説明してみる。ミクロレベルにおける，中心点のあるネットワークを念頭に置いたコーディネーションの流れは以下の通りになる。

　なおこうした過程は，実際には高齢者におけるケアプラン策定，障害者におけるサービス等利用計画の作成などにおいて展開されるものであるが，ここでの記述はネットワーキングと関連させて述べていること，しかしその記述は各種計画策定の過程と本質的に重なっていることに留意したい。

　① 信頼関係の形成

　コーディネーションは，当然ながら利用者の意思決定を尊重しながら展開されていく必要がある。そのためには，利用者とコーディネーター役のソーシャルワーカーとの間の信頼関係の醸成は必須になることは言うまでもない。この信頼関係醸成と同時に，ミクロレベルにおいてはコーディネーションの主体は利用者であることを踏まえ，利用者とコーディネーターとの役割分担を明確にしておく。

ビネット 8-2　　他専門職によるコーディネーションと意思決定支援

　コーディネーションの機能はソーシャルワーカー以外の職種でも担うことがあるが，いずれにしても利用者の「意思決定支援」との一体的な展開が欠かせない。

　コーディネーションはソーシャルワーカーに限らず，他の専門職も実施しており，特に地域包括支援体制，あるいは地域包括ケアシステムにおいては，専門職連携の下で，社会福祉士・精神保健福祉士以外にも例えばケアマネジャー（介護支援専門員），保健師などがコーディネーター役を担うことが多くなってくる。

　保健師の視点で「コーディネーションとは何か」について行われた質的研究（地域包括ケアセンターで認知症高齢者を支援する保健師が対象）によれば，認知症高齢者の場合は本人の意思表示が難しく，本人のことを良く知っている周囲の人からの情報収集が欠かせないだけではなく，認知症高齢者本人への観察力も問われることを指摘している[注1]。このようにコーディネーションの場合だけに限らないが，「本人中心」のコーディネーションを展開するためには，利用者の意思決定支援が大きな鍵になることは間違いない。

　注1：岡野明美・上野昌江・大川聡子（2019）「認知症が疑われる高齢者に対する地域包括支援センター保健師のコーディネーションの実態」『日本地域看護学会誌』22（1）：57.

②　総合的アセスメント

　利用者の社会ネットワークの構成，あるいはそこでの，資源交換やネガティブな資源の存在状況について総合的にアセスメントを行う。これによって，資源調達における「最適化」にむけた具体的な支援の全体像のイメージが可能になってくる。

③　情報共有

　総合アセスメントの結果を利用者と共有しながら，問題解決に向けた資源の最適化に向けた道筋，コスト発生の可能性，そして利用者とソーシャルワーカーとの役割分担を明確化しておく。

④　各種連携の展開

　新たに利用者のネットワークに結び付けられた様々な専門職との間で，それぞれの資源調達を要請すると同時に，その際にネガティブな資源やコストの発生リスクがある場合は，その回避に向けて対策を講じることになる。こうした一連の作業のために，関係者が一堂に会して会議が持たれ，誰がコーディネーター役を担うのかの確認を行ない，その司会進行の下，利用者の意思内容の確認，目標の共有，資源調達の最適化のために必要な事柄が協議される。何らかの問題が生じたときの対策もこの会議で予め決めておくことになる。

　こうした会議を何度か開催し，その結果を踏まえて，最終的に最適化された，総合的な資源調達の計画が策定される。ちなみにこの計画は，高齢者の場合はケアプラン，障害者の場合はサービス等利用計

画，あるいは障害児の障害児支援利用計画といった形でまとめられることになる。

一方，友人，近隣などのインフォーマルな資源提供先の場合は，一堂に会することは難しいので，個別にコーディネーターから資源提供の要請を行いつつ，ネガティブな資源が流れている場合はその解消のために必要な手立てを行う。また実際にインフォーマルな資源を提供した後に何らかの問題が生じた場合の対策も話し合い，両者の間で了解を得ておく必要があるだろう。こうした個別の作業の積み重ねた結果を，先述した総合的な資源調達の計画に反映させていく。

⑤　資源調達の実施

先に立てた総合的な計画（ケアプラン，サービス等利用計画，あるいは障害児支援利用計画など）にそって実際に，各種の制度的，またはインフォーマルな資源が提供される段階である。

⑥　モニタリング

各種の資源が提供されている状況をモニタリングし，当初予測していなかったネガティブな資源が発生していないか，あるいはコストが計画時の査定よりもオーバーしていないかの点検を定期的に行う。

📖 さらに知りたい人のための推薦図書

野中猛編著（2007）『図説ケアチーム』中央法規出版.

▷ネットワークに限らず，類似のチームワーク，連携などについてトピックスごとに分かりやすくまとめられている。それらの知識を実践現場に伝えたいという編者や著者たちの意欲が伝わる好著。

山倉健嗣（1993）『組織間関係』有斐閣.

▷経営学，組織社会学の観点からになるが，組織間ネットワークについて概念や諸理論が整理されており，ソーシャルワークの組織間ネットワークを考える上での基礎文献。

松岡克尚（2016）『ソーシャルワークにおけるネットワーク概念とネットワーク・アプローチ』関西学院大学出版会.

▷ネットワーク，ネットワーキングに関する諸理論やその歴史についてまとめられており，基礎知識を得る上で欠かせない。

注
（1）　一般社団法人日本精神保健福祉学会（2018）「精神保健福祉学の重要な概念・用語の表記のあり方に関する調査研究（平成29年度報告書）」.
（2）　公益社団法人日本精神保健福祉士協会（2020）『精神保健福祉士業務指針第3版』34.（https://www.jamhsw.or.jp/ugoki/hokokusyo/20201031-gyoumu3/all-gyoumu3.pdf.）
（3）　東京都保健福祉局（2018）「地方独立行政法人東京都健康長寿医療センター：認知症とともに暮らせる社会に向けて——コーディネーションとネットワーキングの手引き」.（https://www.fukushihoken.metro.tokyo.lg.jp/zaishien/ninchishou_navi/torikumi/jigyou/caremodel/pdf/tebiki.pdf.）
（4）　（2）と同じ，26.

参考文献
藤森克彦（2016）「社会的孤立 4類型からみた単身世帯における孤立の実態分析」国立社会保障・人口問題研究所

『生活と支え合いに関する調査（2012年）二次利用分析報告書（平成27年度）』所内研究報告，66.

公益社団法人日本精神保健福祉士協会（2020）『精神保健福祉士業務指針第3版』．(https://www.jamhsw.or.jp/ugoki/hokokusyo/20201031-gyoumu3/all-gyoumu3.pdf.)

岡野明美・上野昌江・大川聡子（2019）「認知症が疑われる高齢者に対する地域包括支援センター保健師のコーディネーションの実態」『日本地域看護学会誌』22(1)，51-58.

清水健司・清水寿代・川邊浩史（2015）「孤独感および孤独に対する捉え方が友人関係に及ぼす影響」『信州大学人文科学論集』2，107-117.

東京都保健福祉局（2018）「地方独立行政法人東京都健康長寿医療センター：認知症とともに暮らせる社会に向けて——コーディネーションとネットワーキングの手引き」．(https://www.fukushihoken.metro.tokyo.lg.jp/zaishien/ninchishou_navi/torikumi/jigyou/caremodel/pdf/tebiki.pdf.)

■第9章■
ソーシャルワーク・スーパービジョン

学習のポイント ─────────────

1　スーパービジョンとは何かを理解する。

2　スーパービジョンの構成を理解する。

3　スーパービジョンの形態，効果と限界を理解する。

4　スーパービジョンの展開過程を理解する。

5　スーパービジョンとコンサルテーションの活用の仕方を知る。

スーパービジョンの定義・意義と目的

□ **スーパービジョンとは**

　本章では，スーパービジョンは組織運営のためのソーシャルワークの技術の一つであると定義する。

　1970年代の日本においてスーパービジョンは，ソーシャルワークの**メゾレベル**の技術であると位置づけられ，広く導入された。援助者であるソーシャルワーカーに対して，専門家としての教育やトレーニング目的に，スーパービジョンが展開されたのである。特に，新人教育や新人の困ったことなどが，スーパービジョンの主たるテーマとなった。

　時代とともに，スーパービジョンの定義は変化している。スーパービジョンという用語は，100年も前にリッチモンド（Richmond, M.）[1]が使っている。その著書 *Social Diagnosis*（『社会診断』）の中に self supervision という用語が使われているのである。リッチモンドは，貧困家庭に友愛訪問をする中産階級の女性たちを，ボランティアとして派遣した。そのボランティアたちは訪問後，委員会ないしは責任者に，報告することが求められていた。ボランティアたちは，自己の業務遂行についての精査が必要となり，その行為はセルフスーパービジョンと呼ばれていた。セルフスーパービジョンが業務遂行後の報告として必要な手続きと考えられていた点は興味深いことである。

　なぜ，ボランティアである女性たちに，スーパービジョンが必要だったのであろうか。ボランティアたちは，慈善組織協会から派遣されて貧困家庭を訪れ，食べ物を持参しただけではなく，その家族の生活歴などを尋ね，情報収集の責任を負っていた。その情報は，その家族についての支援の判定，ないしはアセスメントをする上で，必要であった。当時その家族は，貧困ばかりでなく，結核，失業など，多様な問題を抱えていた。ボランティアたちの情報に基づき，結核担当の看護師がボランティアとともに訪問し，身体的な状況を診断したという記述がある。

　現在でも，組織の責任者はボランティアたちを送り出すときに，たとえば「行ってらっしゃい」，「頑張ってね」など声がけをすることがあるだろう。このような声掛けによって責任者は，ボランティアたちに対して，自分が責任を担っているということを知らせている。ボラ

➡ **メゾレベル**
　ソーシャルワークには，対象別に，ミクロ・メゾ・マクロのレベルがあり，メゾレベルとは，組織や地域のシステムを含む。

ンティアたちは，専門職ではないから業務に責任は伴わないが，見知らぬ住民たちを訪問する場合，住民たちに歓迎されるばかりとは言えず，何か危険がないとはいえないだろう。実際に訪問した際，様々な問題が発生する可能性がある。その意味からもボランティアたちへの事前指導は重要である。この事前指導という機能がスーパービジョンに該当する。組織でのスーパービジョンは必要なものである。

　リッチモンドの記述には，ボランティアのセルフスーパービジョンについても詳しい解説がある。ボランティアたちが，訪問の事前や事後に，自分の遂行した業務について自分（セルフ）で振り返りをする内容である。

　この時代に展開されていたソーシャルワークについては，３点の新たな発見があった。その１点目は，ボランティアたちの家庭訪問に，結核専門看護師が同行しており，家族の健康状態や病状の判定をしていたこと。つまり，この時代にすでにボランティアたちが医療・保健の専門家と協働していたのである。２点目には，友愛訪問を行うためにソーシャルワークが実施されていたが，ボランティアたちは，申し出がない貧困家庭にも出向いていたこと。日本では，1975年ごろに地域福祉が提唱され，ボランティアたちが相談所に人々が来所するのを待っていたのではなく，地域へ出向き，アウトリーチという技術で，対象家族に訪問していた。そのアウトリーチが，すでに1917年に実施されていたことが分かる。そして，３点目として，組織外部におけるスーパービジョンシステムの存在をあげる。慈善組織協会が展開していたソーシャルワークの記録を，救貧法管轄の外部の機関がスーパービジョンと称して管理していた。つまり，組織内外の**エコロジカルスーパービジョン**が実施されていたのである。

□ スーパービジョンの意義

　1920年代には，救貧法による監督権をもっていた役所が，当時救済策としてその地域の貧困家庭のリストを，リッチモンドが働いていた慈善組織協会に提供し，家庭訪問を依頼した。ボランティアたちは博識があり，栄養不足の問題を考えて，これらの貧困家庭に食べ物を持参したと思われる。また，声掛けを通して，その家庭の事情を，親族も含めて聞き取りを行っていた。

　ボランティアたちに対する貧困家庭の人々の反応は，おそらく「各家庭の名前を知っているのはなぜか」，「こんなものはいらない」「いつも同じものはうんざりだ！」などと訪問に対する拒否の態度が多かったに違いない。そこで，リッチモンドはボランティアたちに訪問

➡ **エコロジカルスーパービジョン**
　人間を生物として捉え，環境から影響を受けているという考え方である。生態学的視点でスーパービジョンを行う。

151

記録の提出を求め，だれがどの家庭に何を持参し，貧困家庭の反応について詳細に報告するように求めた。次の訪問者がその記録を参考に次回の訪問計画を立てたとすれば，訪問の事前に実施したセルフスーパービジョンの効果が出て，非常に有効な友愛訪問が実施されていたであろうと考える。このシステムは慈善組織協会と看護師協会・ボランティアたちとの協働のもとで，スーパービジョンが実施していたことの根拠となる。

この友愛訪問の例での，ボランティアたちのセルフスーパービジョンは，現在，組織マネジメントで強調されている職員の「ほう・れん・そう」に該当するものである。これをスーパービジョンと呼ぶならば，組織の同僚，ないしは責任者が職員の業務遂行に関して事前に業務内容を確認し，業務上の支障やリスクをマネジメントして，事前の防止策を講じる責任を果たしていたといえる。

□　スーパービジョンは日常の業務遂行に必要なもの

ビネット9-1のように，社会福祉領域での施設や機関で働く職員は，ベテランであっても，「自分の組織では，スーパービジョンは，なされていない」，「スーパービジョンを受けたこともない」，などと訴えることが多い。

一般に施設や機関が創設されたその時点から，施設や機関での業務が開始される。その職場で働く職員はその時点から業務を配分され，遂行に努める。その組織で働き始めた職員は，誰からも教わることなく自分の業務を遂行できるのだろうか。恐らく，組織のスタートから，その組織ではスーパービジョンが実施され，すべての職員が動き始めると考えるのが妥当であろう。

スーパービジョンは，スーパーバイザーとスーパーバイジーから構成されている。スーパーバイザーとは，組織の管理者などがなり，職員の業務確認をする責任を持つ。一方，スーパーバイジーは，自らの業務遂行について，スーパーバイザーに報告や相談をする。

このように，スーパービジョンには①教育，②支持，③管理の3つの機能がある。

①　教育機能とは，スーパーバイジーが業務を行う際に，備えておくべき方法や技術および知識などの専門情報を確認して，不十分な点を補うために教育する機能である。

②　支持機能とは，スーパーバイジーが感じている業務を行う際の不安や疑問を確認して，スーパーバイザーがその不安や疑問について理解し，サポートを行う機能である。

| ビネット9-1 🏠 | 専門職としての業務ができていないと悩む施設長
──施設長とスーパーバイザーのやりとり |

　ある高齢者施設の施設長からの訴えがあった。「自分は施設長であり，かつ社会福祉の専門家であるが，あまりの忙しさのために，スーパービジョン業務をはじめ専門職としての業務を行っていない」とのこと。実際に日常業務を具体的に尋ねたところ，以下のように話した。

　朝8時に，施設長は施設の門のところで掃除をしていた。職員3人が門のところに入ってきた。3人のうち，1人はマスクをしていた。彼らは，その門のところで立ち止まり，「おはようございます」と挨拶した。施設長はおはようと声掛けをして，そのマスクの職員に風邪かどうかをたずねた。彼女は，花粉症であるといったので，「お大事に」と言ってその職員を招き入れた。その後，施設長は自分の部屋に戻り，その日の自分の業務日程を確認した。

　この施設長に，これらの2つの業務行動は業務分類のどれに該当するのかと問うた。彼女は，一つも専門的な業務をしていないと言って笑った。そこで，一つひとつの業務行動についてくわしくたずねた。施設長が門のところを掃除していたのは，どのような意図があったのか。人材不足で，施設長としてのボランタリーな行動なのだろうか。彼女にその意図をたずねたところ，「門のところの環境上の不具合を調べること，また，だれか利用者が物を捨てていないかどうかを調べることでした」と返答した。

　そこで，一つ目の掃除は，リスク管理に基づく管理業務である業務行動であることを伝えた。そして掃除をしながらの，マスクをしている職員との会話は，その職員が感染症でないとの確信を持てたことにつながったのであれば，この会話はスーパービジョン業務で，リスク管理をしていたことになると伝えた。

　次に，二つ目の自己スケジュールの確認は，セルフスーパービジョンに該当することを伝えた。

　これらは施設長として十分な専門業務であり，スーパービジョン業務であると伝えた。彼女は，納得した顔で頷いた。施設長は自らの日常業務についてあまり意識せず，スーパービジョン業務をはじめ専門職としての業務を行っていなかったといったが，施設長は十分に施設長としてスーパーバイザーの責任を遂行していたといえよう。

　③　管理機能とは，スーパーバイザーが職員の業務内容を確認して，組織の業務を遂行していることについて保証することである。

　ここで，管理機能の実際を考えてみる。職員が業務について，一人で悩み，業務内容の点検を黙々としているなら，その業務ははかどらないだろう。しかし，その業務内容について，責任者から，担当業務の意図，計画内容，その成果についての確認が得られ，しかも，確認したことの責任をスーパーバイザーに担ってもらえれば，業務を遂行したことの実感がもてるだろう。また，その業務遂行に伴う危険等についての確認を事前に得ることができれば，その危険に対する対応策を練っておくことができ，防ぐことも可能になると考える。

☐ ソーシャルワーク業務の中のスーパービジョンの位置づけ

　ソーシャルワーク業務は，対人援助である相談援助業務だけでな

表9-1　ソーシャルワークの業務分類

業務行動名	業務内容
1．直接援助業務	利用者・家族への援助／介護ケア
2．サポート業務	関係機関，職員等へのサポート
3．スーパービジョン業務	部下，同僚に対するバックアップ
4．業務管理・労務管理業務	運営業務，書類業務，企画書作成業務
5．ネットワーキング業務	関係機関との連携・協働
6．コンサルテーション業務	職員や多機関への相談・助言
7．宣伝・普及業務	会議等で職務・職位の立ち位置を提示する

出所：福山和女編著（2005）『ソーシャルワークのスーパービジョン』ミネル
　　ヴァ書房，199（図表9-2）.

く，多岐にわたる。その中にはスーパービジョンが含まれている。

　ここではまず，ソーシャルワーカーの日常業務を分析し，ソーシャ
ルワークの業務分類（表9-1）からスーパービジョン業務について
考えてみる。

　個人及び家族面接業務だけでなくグループワーク，部署内外へのあ
らゆる種類の会合への出席：会議，ミーティング，多種多様の事務業
務：記録作成，パソコン入力，施設利用に関する統計事務，そして現
在では，地域を基盤に展開するソーシャルワークの実践として，地域
のイベントにも参加する。このような業務はすべて，ソーシャルワー
カー個人の責任はもちろんのこと，ソーシャルワーカーが専門職とし
て，また組織の展開に必要な業務であることを保証される必要があ
る。まさしく，業務遂行への事前・事後の保証・確認が大切であり，
その業務のやりがいにもつながるであろう。

② スーパービジョンの方法

　前節では，ソーシャルワーカーの所属組織には，業務遂行のためのスーパービジョンがあり，日常業務の遂行には欠かせないものであることを理解した。本節では，主体であるスーパーバイザーとスーパーバイジーとの関係などを考える。

□ スーパーバイザーとスーパーバイジーの関係性

　まず，職員が組織の内外から，つまり環境から影響を受けているかどうかについて考えてみよう。スーパーバイザーとスーパーバイジーは，スーパービジョン関係を形成する。スーパーバイザーは組織における立場からの責任を果たし，スーパーバイジーも，自己の業務遂行上の責任を果たす。

　スーパービジョンを受けるプロセスにおいて，スーパーバイザーとスーパーバイジーとの関係は変化するのか。福祉領域の施設や機関において，職員の職位は，固定的ではなく，人事異動などの制度により変動が激しく，同じ職位には最長で3年間という場合もある。また，制度や施策の改正や新設により業務内容や手続き・方法が変更されるなど影響を受ける。その意味では，従来通りに援助業務を展開することができず，現実に援助の限界に直面し，援助の方法を変えざるを得ない状況に遭遇するかもしれない。そのような状況下では，スーパーバイザーが異動するだけでなく，スーパーバイジーも新たなスーパーバイザーとの関係を築く必要が生じるであろう。

　ここで，保健・医療・福祉システム（図9-1）を例にして解説してみる。ソーシャルワーカーを取り巻く環境は刻々と変化している。その環境システムを構成している多くのサブシステムがソーシャルワーカーになんらかの影響を与える。たとえば，社会資源や制度・政策は改正・新設されることで変化する。地域文化や地域住民の態度も変化する。同僚，多職種，所属部署，所属組織も変化する。専門情報も進化する。職能集団の研究，開発，研修も変化し，それに伴い専門職性も変化する。

　つまり，ソーシャルワーカーを取り巻く多様なサブシステムが交互作用して，ソーシャルワーカーの業務に影響を与え，制限を加えるのである。いわば，ソーシャルワーカーにとっては，環境のそれらのサ

図9-1　保健・医療・福祉システム

出所：表9-1と同じ，224（図表11-3）。

ブシステムが業務遂行の「しがらみ」となり，どのように対応していいのか困惑，ストレスになることがある。ソーシャルワーカーは，スーパーバイザーからのバックアップが必要となる。

□　スーパーバイザーの職務

　カデューシン（Kadushin, A.）はスーパーバイザーの管理機能として12の職務を述べている。[2]

①　職員の募集と選考

②　職員の就任と部署配属

③　スーパービジョンの説明

④　業務のプランニング

⑤　業務配分

⑥　業務の委譲

⑦　業務のモニタリング，点検，評価

⑧　業務の調整

⑨　コミュニケーション機能

⑩　権利擁護の担い手としてのスーパーバイザー

⑪　管理運営の緩衝としてのスーパーバイザー

⑫　変化の仲介者と地域連携の要としてのスーパーバイザー

　このように，スーパーバイザーは，管理機能として多様な職務遂行をしている。この中で，特に重要なものは，③スーパービジョンの説明である。スーパーバイザーのこの職務は，入職してきた職員に対して最初に実施する。「この職場では，スーパービジョンが体制として実施されている。責任者は職員の業務遂行について，確認し，不足分を補い，不安等に対してサポートをする責任を担う」と，説明する。

　また，②職員の就任と部署配属の職務では，職員のアイデンティ

> **ビネット9-2　⊞　入職4年目に入ったソーシャルワーカーの例**
>
> 　入職4年目のソーシャルワーカーA（スーパーバイジー）は，相談者に対してある手続きを説明することになっている。「どのようにすればよいでしょうか」と，スーパーバイザーに質問をしてきた。1度目は，スーパーバイザーはていねいに手順を説明した。Aは，「わかりました。ありがとうございます」といった。
>
> 　2～3日たって，Aはまた，新しい来談者に同じ手続きの件で説明をしなければならなくなった。彼は，再び「どのようにすればよいでしょうか」と，たずねてきた。「前回の説明を忘れたのですか」とスーパーバイザーは忍耐強く，もう一度説明をする。
>
> 　その後，数日たってから，また同じ質問をしてきたので，スーパーバイザーは3度目であることを告げ，Aがどこまで学んだのかを確かめるために，手順等を確認した。
>
> 　このスーパーバイザーのAへの対応について考えてみよう。どのようにAを理解することが適切なのだろうか。教育機能から考えると，学習速度の遅いスーパーバイジーと考えるべきだろうか。しかし，管理機能から考えると，彼の質問は，手順についてたずねているのか，それともリスク管理という観点から考える必要はないか。Aの質問の意図するところは何か。
>
> 　スーパーバイザーは，Aの入職時に「スーパービジョンの説明」をした。スーパーバイザーの支持機能から，考えてみよう。スーパーバイジーが2度目にたずねてきたとき，この手続きの説明上，なにか不安を感じたのかどうかをたずねると，手続きの説明の仕方や順序ではなく，Aは今回のクライエントについては，この手続きが必要でないのに来所してきたように感じ取ったと答えた。その対応の仕方についてたずねたかったのに，「どうしたらよいか」という質問となってしまった。ここで，スーパーバイザーは，Aのリスク管理業務を認め，サポートだけでなく，Aの判定はとても適切であったことを，スーパーバイザーとして認識すべきであったのかもしれない。
>
> 　スーパーバイザーには，スーパーバイジーの質問の「文言」に反応するのではなく，そのスーパーバイジーの業務についてのアセスメントに基づき，対応することが求められている。

ティー形成に重要な配慮である。席配置，業務の種類と担当部署など，これも入職時に明確な説明をする。

　このように，スーパーバイザーの職務の説明を明確にしておくことで，スーパービジョンが効率よく実施できる。**ビネット9-2**について考えてみよう。

▫ スーパービジョンの方法論

　スーパービジョンを実践するとき，基づく理論はなにか。ここで，再びリッチモンドに戻ってみよう。リッチモンドはケース記録を詳細に検討している。リッチモンドは，ケース記録の重要性を説き，当時の協力者である精神科医マイヤー（Meyer, A.）（力動精神医学）の理論を述べている。

　特に，リッチモンドは生物・心理・社会的モデルとしてダイナミクスを基本に置き，面接記録からクライエント本人や家族のアセスメントにこのモデルを適用した。そして当初から，生物・心理・社会の3

局面からクライエントの状況を理解し，予防策を講じるための試みを行っていた。このことから，リッチモンドは精神分析を適用していると考えられている。

☞ バイオ・サイコ・
ソーシャルモデル
本書第3章参照

　現在，スーパービジョンの際に**バイオ・サイコ・ソーシャルモデル**が使われている。その場合，相談援助のスーパービジョンだけでなく，組織マネジメントに関するスーパービジョンにおいてもこのモデルは適用されている。生物学的な側面で，「健康・身体的」側面を，心理学的側面で，「感情や人格」の理解，そして社会的側面で，「役割，機能，文化的」側面をアセスメントして，スーパービジョン計画を練る。これは，クライエントのみならず，職員や組織に関してもアセスメントする際にも役立つものである。

③ スーパービジョンの形態

▢ セルフスーパービジョン

　職員自身が自己の業務行動について，その目的や目標などを計画し，検討する形態である。また業務の評価及び振り返りを行うことである。

　セルフスーパービジョンの限界は，他者からの確認が必要であり，その確認がなければ業務遂行の結果についての，妥当化が難しいところである。

▢ 個別スーパービジョン

　スーパーバイジーひとりに，スーパーバイザーが個別に対応する形態である。現場で多くがこの形態を用いる。スーパーバイジーの自己覚知のためのスーパービジョンであれば，1時間ほどかかるが，スーパービジョンの目的や目標が業務遂行の確認であれば，3分間でも行うことができる。スーパービジョンの意図によっては頻度多く実施することもでき，時間を調整できる。

　個別スーパービジョンの限界は，職員の一人ひとりに特別に時間設定を必要とするところである。

▢ グループスーパービジョン

　この形態では，2人以上をグループと考える。職員2人に業務行動の確認をする場合，スーパーバイザーは，職員それぞれに決済を下

す。朝の申し送りや業務報告もこの形態で行われている。スーパーバイジーが10名ぐらいの場合，管理機能よりも教育機能を果たすことになるだろう。

　グループスーパービジョンの限界は，人数が多い場合には，スーパービジョンの効果が最小になる可能性があるところである。

□　ピアスーパービジョン

　仲間同士が話し合う形態である。スーパーバイザー格の立場の人は不在であるが，話し合いの結果についてはスーパーバイザーである責任者に報告することで，スーパービジョンとして位置づけることができる。その場合，スーパーバイザーは，報告を受けたことで確認をしたことになり，その責任を取る。

　ピアスーパービジョンの限界は，あくまでその組織に関連することであり，私的なテーマを話すことができないところである。

□　ライブスーパービジョン

　この形態では，スーパーバイザーがスーパーバイジーに業務指導をする際に，利用者の前で行われる。新人などのトレーニングに使われる。

　ライブスーパービジョンの限界は，利用者の同意が得られない場合は実施できないところである。

□　ユニットスーパービジョン

　この形態では，組織で行われるミーティング，話し合い，会議などで活用ができる。この種の業務には，スーパーバイザー級の職員が多く参加する。

　ユニットスーパービジョンの限界は，職務の異なる人々が集まるため，検討内容が多岐にわたってしまうところである。

ビネット 9-3 　自己決定支援に関わるスーパービジョン

　3 年目の医療ソーシャルワーカー C は，患者や家族の自己決定支援をしている。ある日80歳代の男性が救急車で運ばれてきた。救急車には同じく80歳代の妻が付き添っていた。男性は意識不明である。妻の情報では，夫婦で旅行中に夫が倒れ，夫の指示で救急車を呼んだとのことであり，子どもはいない。医師からの妻への状態説明には，ソーシャルワーカーとして C も同席した。

　妻は非常に動揺しており，医師との応答も不明確であった。やや認知症を疑うような反応も見られた。

　しばらくして C に，妻に夫への胃瘻造設の手術のために同意書にサインを得てほしい，時間は急を要するという依頼が来た。

　C は妻を相談室に呼び，状況把握をした後，「手術に対してあなたはどう思いますか」とたずねたが，妻は「わかりません」を繰り返し，動揺した状態で同意を得ることが難しいと判断した。

　そこで，C は，スーパーバイザーに緊急のスーパービジョンをお願いした。

④ スーパービジョンの展開過程（実際）

　ビネット 9-3 では，緊急時のスーパービジョンの展開について学んでいく。

　第 1 段階：スーパーバイジーの困惑状態

　スーパーバイジーは，スーパーバイザーに緊急対応について，その状況を説明した。「妻に対しては，自己決定支援を計画して，「あなたはどう思いますか」と質問攻めにしてしまった。妻は，困惑して『わかりません』を繰り返すばかりでした」と言った。

　第 2 段階：スーパーバイジーにとっての危機の確認

　スーパーバイザーはスーパーバイジーにとって明確になっていることを確認した。その報告によれば，「80歳代のご夫婦であること。また旅行中であること。夫の指示で救急車を呼んだこと，そして夫は意識不明になってしまったとのことですね。この中で，スーパーバイジーであるあなたが困惑しているのはどれですか」と確認した。

　第 3 段階：スーパーバイジーのフォーカスした事実の確認

　スーパーバイジーによれば，「医師からの依頼で，夫が意識不明なので，妻から手術の同意を得て，3 時間以内に同意書に署名が必要であると言われました。そこで，妻に対してどのように思うかを聞いたところ，『わかりません』を繰り返すのです。医師からは，妻の反応から，知的に問題があるか，軽度の認知症があるのではないかと言わ

れました」。

　スーパーバイザーは，「そのような妻に対する理解をしたということですね。あなたのとまどいがよくわかりました」と言った。

　第4段階：スーパーバイザーの指示

　スーパーバイザーは4つの指示を出した。妻には，夫のベッドの傍で面接をすること。夫が意識不明であっても聴覚が働いているので，妻の声を聴いていることを妻に説明すること。妻は夫にどのような声掛けをしたいかをたずねること。そのあと，妻に旅行中の出来事であったことを理解していることを伝え，旅行は誰が計画したのかと聞くこと。その旅行の計画を聞いて妻はどう思ったかとたずね，その結果を報告するように伝えた。

　第5段階：スーパーバイジーの報告

　スーパーバイジーは以下のように報告した。妻は，しっかりとした口調で，夫を信じてついてきたこと，また旅行保険に夫が入っているので，病院の支払いは大丈夫であること，夫は医療機関を信じている人ですと妻は話してくれた。そこで，続けて，「ご主人はこの手術のことをどう思われているでしょう」と妻にたずねた。妻は，「すぐ受けたいというと思いますよ」といって，夫の顔を見て，「あなたが望んでいると思うので，同意書にサインしますがよろしいか」とたずねた。

　第6段階：スーパービジョンの意義の確認

　スーパーバイザーは，スーパーバイジーに対してスーパービジョンの意義を確認した。スーパーバイジーが緊急対応のためにスーパービジョンを求めたことは的確な行動であった。支援開始時に，妻の困惑状況がスーパーバイジーに影響して，妻の自己決定支援が困難であると考えていた。しかし，患者である夫を家族から引き離すのではなく，家族のこれまでの取り組みを認め，妻がその取り組みを続けることができるように支援できたことは，家族の自己決定支援につながったので，夫もその自己決定プロセスに加わっていたこと忘れないようにしましょうとスーパーバイジーに伝えた。

⑤ コンサルテーション

□ コンサルテーションとは

コンサルテーションとは，職員に不足している専門的知識を教授し，その教育効果を出すことである。

1970年代に米国では，予防精神医学[3]の考えを導入し，地域精神保健（当時は地域精神衛生）の施策が進められてきた。精神障害者の入院期間が短縮し，退院した患者たちが地域で生活をするようになり，ボランティアを始め，地域での受け皿としての相談機関や施設が開設され，そこで働く職員に対して効率よくトレーニングをする必要が生じた。

特に，精神医学の知識を適用できるように，精神医などがコンサルテーションと称して，ボランティアや関係者に教育を実施した。また，地域に新設の施設や機関が設立されるときの，財政助成を受けるための申請方法を教えた。

□ コンサルテーションの関係

コンサルテーションは，コンサルタントとコンサルティーで構成される。コンサルタントは，コンサルティーのニーズに応じた専門情報を提供する。コンサルティーは，新しく入手した専門知識や情報を参考にして業務計画等を立てる。

先に述べたように，スーパービジョンと比べて，コンサルテーションでは専門情報を専門家が提供するが，その情報の活用効果については責任をとらない。コンサルティーにとってはその情報を選択するかどうかは自由である。その意味では，コンサルティーとコンサルタントの関係は，専門領域は異なっても専門家同志の関りであることから対等である。コンサルタントが，自己の専門領域の知識・考え，方法などについて論理的にコンサルティーに提供する。その提供内容はコンサルティーの求めと合致させる必要はない。コンサルタントは，コンサルティーに役立ててもらえるとの意図をもって提供するのである。

□ コンサルテーションの種類

① コンサルティーの担当事例中心の相談

┌─────────────────────────────
ビネット 9-4 🏠 **コンサルテーションの実際**

　ある高齢者の生活施設で、特定の利用者（Ａさん、75歳）がスタッフの声掛けを無視して勝手な行動をとり、他の利用者となじめないので困っていた。要請を受けて、施設にコンサルタントが出向いて行った。

　いわゆる問題がある利用者である。どうしたらよいかとの相談を、施設長から受けた。この相談は深刻であり、スタッフの何人かはＡさんにいじめられていると感じていた。
─────────────────────────────┘

　コンサルティーの担当しているクライエント・家族　ないしは関係者等の支援計画，アセスメント内容について，視点や方法についてコンサルタントの専門領域の情報を提供する。

　②　コンサルティーの担当するプログラム中心の企画・管理的相談

　コンサルティーが担当している施設・機関・地域でのプログラムについて，運営資金，財政基盤，スタッフの募集など運営・企画すべてについてコンサルタントが専門的アドバイスを提供する。

　③　コンサルティー自身の相談

　コンサルティーが自己の職業について，就労施設・機関など転職も含めコンサルタントが就労条件などについての情報を提供する。

　④　コンサルティー中心の組織マネジメント等の相談

　コンサルティーは，施設や機関の長の場合が多く，コンサルタントが人材養成をも含んだ組織運営全般について，組織方針や新しい企画のプログラム等を含めてアドバイスを提供する。

□ コンサルテーションの展開過程（実際）

　コンサルテーションでの方法論は，コンサルタントの専門性に基づき，多種多様であり，精神療法のモデルも使われる。人の認知を変化させることで，その人の行動が変化すると考える心理療法である認知行動療法もある。人が複数で話し合うことで，これは互いに影響を与えるとする考え方であり，心理療法で用いる集団についての概念である集団療法を用いる場合もある。他には組織マネジメントの考え方も増えてきた。

　コンサルテーションは，単発型が多いので，一回のコンサルテーションで開始から終結までを含むこともある。また，コンサルテーションの成果については，コンサルティー側が考える。

　コンサルテーションの展開過程については，ここでは，前の小見出し内で紹介した，「④　コンサルティー中心の組織マネジメント等の相談」をとりあげていく（**ビネット9-4**）。

第1段階：コンサルティーの困惑状態

　施設長は，たった一人の利用者の行動がスタッフたちに影響を及ぼしており，これではスタッフが辞めたいと言い出すのではないかと心配である。

第2段階：コンサルティーにとっての危機の確認

　施設長は，食事時やデイサービスでの利用者Ａさんの行動が，非常に心配である。スタッフが声掛けをしても返事もせず，応じず，他の利用者に執拗に近づくので，利用者からも嫌われている。スタッフがこのＡ利用者に声をかけるが無視される。利用者たちやスタッフたちを観察しているが，彼らの反応は問題ないと思う。

第3段階：コンサルティーのフォーカスした事実の確認

　コンサルタントが見ていると，Ａさんは，とにかく大声で話し，他の利用者にはだれかれとなく近づき，どちらかというとにらみつけるほどの近づき方である。廊下を歩いているときにも後ろから声をかけるが振り向くこともしない。

第4段階：コンサルタントのアドバイス

　コンサルタントは4つのアドバイスをした。①コンサルティーの観察が的確であるので，さらに続けてほしい。②Ａさんの家族歴からＡさんが第一子であるかどうかを調べる。③Ａさんには，決して後ろから声掛けをしないこと。必ず，彼女の正面から笑顔で声掛けを行うこと。④ほかの利用者にＡさんが近づいたときには，スタッフも近づき，Ａさんは人の口唇の動きを見ているかもしれないので，世間話をＡさんに向かって行うこと。これらを実施したことの報告をしてほしいと伝えた。

第5段階：コンサルティーの報告

　スタッフたちにもコンサルタントのアドバイスを実行するように依頼し，報告を受けた。Ａさんは怒鳴ることもなく，近寄ってきたときには，口唇が見えるように真正面から話しかけた。また，他の利用者がＡさんに話しかけているときには，それとなく，後ろからをさけ，前からを促した。Ａさんは5人きょうだいの第一子で，弟や妹の世話をしてきたが，少し難聴気味であったことが理解できた。

第6段階：コンサルテーションの意義の確認

　Ａさんは，入所して1年ぐらいであるが，この生活施設では，集団が安心して生活するためにいくつかの規約がある。もし，利用者がこの規約に違反するなら，その施設からの退所を命じられることをＡさんに説明しているとのこと。施設の職員たちは，問題解決志向であったため，今までＡさんの行動を変えてもらいたいと期待し，説得に努

めてきた。

　コンサルタントは，職員全員とミーティングを持った。家族療法の専門的知識を活用したところ，Ａさんにはこれまで家族との関係の作り方に特徴があったことが明らかになった。Ａさんは，左耳が聞こえにくいこともあり，また大工の棟梁の妻であったので，従業員にも，家族にも大きな声で，しかも命令口調で話していたことが理解できた。職員は，できるだけＡさんの右の耳近くで話すように心がけた。また，Ａさんの命令口調は，修正できないものであると，職員の理解を促した。

　その後，Ａさんの態度が柔軟になり，職員たちのＡさんが問題であるとの考えは弱まった。コンサルタントは，その後の様子を確認するために，職員たちとはこのあと 2 回ほど会合を持った。

📖 さらに知りたい人のための推薦図書

カデューシン，A.・ハークネス，D. ／福山和女監修／田中千枝子責任編集（2016）『スーパービジョンインソーシャルワーク』中央法規出版.
▷スーパービジョンの研究・実践のバイブル的書籍の翻訳書であり，スーパービジョンの歴史，理論，実践，内容，展開が解説されている。

福山和女・渡部律子・小原眞知子・浅野正嗣・佐原まち子編著（2018）『保健・医療・福祉専門職のためのスーパービジョン──支援の質を高める手法の理論と実際』ミネルヴァ書房.
▷スーパービジョンの理論をふまえ多様な事例とその本質と手法が解説されている。

注
（1）　Richmond, M. (1917) *Social Diagnosis*, Russell Sage Foundations, 349.
（2）　カデューシン，A.・ハークネス，D. ／福山和女監修／田中千枝子責任編集（2016）『スーパービジョンインソーシャルワーク』中央法規出版，48.
（3）　カプラン，G. ／新福尚武監訳／河村高信等訳（1970）『予防精神医学』朝倉書店.

参考文献
日本社会福祉教育学校連盟監修（2015）『ソーシャルワーク・スーパービジョン論』中央法規出版.
福山和女編著（2005）『ソーシャルワークのスーパービジョン』ミネルヴァ書房.

■第10章■

ケアマネジメント

学習のポイント ─────────────────

1　ケアマネジメントがなぜ必要か，その意義や目的を理解する。

2　ケアマネジメントを行う際の留意点について理解する。

3　ケアマネジメントがどのような過程で展開しているのかを理解する。

4　ケアマネジメント事例を通して，生活支援の実際について理解する。

ケアマネジメントの定義・意義と目的

▢ ケアマネジメントの沿革

　ケアマネジメントは，1970年代中頃からアメリカで起こった「ケースマネジメント」が，カナダ，オーストラリア，イギリスなどへ広がった際，イギリス政府がケアマネジメントを「国民保健サービス及びコミュニティケア法（National Health Service and Community Car Act）」のもとで公用語にしたことにはじまる。「ケースマネジメント」は，基本的にはケアマネジメントとほぼ同義で使用された。[1]実際の制度上の位置づけなどは国によって様々であるが，それぞれの国で共通してみられるケアマネジメント導入の背景には，利用者の地域生活をいかに実現するか，そのためには長期にわたる個別的，包括的，かつ多様なニーズに根差したサービスを，複数のサービス提供機関，そして多職種によって提供されざるを得ない現実が急速に広まってきたことにある[2]

　1990年以降，アメリカにおいては，高齢者，精神障害者，知的障害者，発達障害者，エイズ患者，ホームレス，被虐待児，入院患者などにケースマネジメントの対象が拡大されたことが報告されている。一方イギリスのケアマネジメントは，一時期を除き，一貫して高齢者ケア領域でなされてきた。1990年に成立した国民保健サービス及びコミュニティケア法によって高齢者のための地域ケアのために，ケアマネジメントが導入された。[3]

▢ 日本におけるケアマネジメント

　日本では，1980年代中頃に高齢者保健福祉サービス分野でケアマネジメントが紹介され，1994年の在宅介護支援センター運営事業等実施要綱改正の中で制度上取り上げられた。当時は，ケアマネジメントではなく，「ケースマネジメント」の用語を使っていた。介護保険制度構想が出てきたことを契機に，イギリスで使用されている「ケアマネジメント」に置き換えられた。ここでは「利用者の心身の状況に応じた介護サービスの一体的提供」と「高齢者自身によるサービス」の選択を，現場レベルで担保するしくみとして導入されたのである。[4]

　ケアマネジメントが本格的に社会制度の中に組み込まれるようになったのは，2000年からの，介護保険制度の導入である。介護支援専

門員（ケアマネジャー）が行う「居宅介護支援」の方法に，ケアマネジメント機能が取り入れられている。現在（2023年）では，介護保険制度の改正に伴い，要介護認定を受けた要支援1や2の軽度者は地域包括支援センターで，要介護1〜5の要介護者は居宅介護事業所の介護支援専門員が対応している。

障害者領域では，2002年に「障害者ケアガイドライン」により，身体障害，知的障害，精神障害の3障害による共通のケアマジメントが国から公表され，2005年の「障害者自立支援法」で制定された。さらには，2006年から一部の対象者に福祉サービスを選択するしくみができ，2015年3月以降，障害者総合支援法では，相談支援専門員（ケアマネジャー）は，障害福祉サービス等を利用するすべての障害者と障害児を対象にケアプランを作成することになり，本格的に障害者ケアマネジメントが始まった。[5]

□　ケアマネジメントの定義

このようにケアマネジメントが展開されているが，ケアマネジメントとは何か。その定義は，いくつかある。最初にケースマネジメントの項目がつくられた，アメリカの『ソーシャルワーク辞典』（*The Social Work Dictionary*）では，ケースマネジメントを「クライエントのためにすべての援助を調整する（coordinate）手続き」と定義している。[6] その後，1999年に出版された第4版では，「利用者のために様々な社会機関や職員からのサービスを提供することを計画し，見つけ出し，モニタリングする手続き」と定義している。[7]

また，全米ケースマネジメント協会（CMSA：Case Management Society of America）は，「ケースマネジメントとは，質の高い費用対効果の高い結果を促進するために，コミュニケーションと利用可能な資源を活動して，個人と家族の包括的な健康ニーズを満たすための選択肢とサービスについてのアセスメント，計画，計画の促進，ケアの調整，評価，およびアドボカシーを行うための協働プロセス」と定義している。[8]

日本においてケアマネジメントを体系化して紹介した白澤政和は，「対象者の社会生活上でのニーズを充足させることで，適切な社会資源と結び付ける手続きの総体」と定義している。[9] 厚生労働省の「相談支援の手引き」では，ケアマネジメントを次のように紹介している。[10]

　「利用者が地域社会による見守りや支援を受けながら，地域での望ましい生活の維持継続を阻害するさまざまな複合的な生活課題（ニーズ）に対して，生活の目標を明らかにし，課題解決に至

る道筋と方向を明らかにして，地域社会にある資源の活用・改善・開発をとおして，総合的かつ効率的に継続して利用者のニーズに基づく課題解決を図っていくプロセスと，それを支えるシステム」

このように，ケアマネジメントは，どのような利用者や家族でも，より良い生活を持続していく上で，必要となる様々なサービスや資源を，効果的かつ効率的に活用できるよう調整し，利用者のニーズに合わせて提供する支援方法と理解することができる。⁽¹¹⁾

□ **ケアマネジメントの意義と目的**

ケアマネジメントを必要とする利用者は，心身の状況や環境的状況により何らかの支援を必要とする人で，子どもから高齢者まで多義にわたっている。その人たちにケアマネジメントを行うことで，利用者が主体的に生活する上で，社会環境との間で生じる様々な生活上の課題を包括的に継続的に分析し，地域生活を持続できるよう解決していくこととなる。

つまり，ケアマネジメントは，利用者や家族の生活課題（ニーズ）を対象とし，人と環境との相互作用に焦点をあて，課題解決を図るミクロレベルの実践から，制度・政策の問題解決までを関連付けたマクロレベルの実践展開を行う，利用者中心の包括的な地域支援システムであるといえる。そこではミクロからマクロレベルにおいて，ソーシャルワークとしてのケアマネジメントが展開されている。⁽¹²⁾

ケアマネジメントは，コミュニティケアを進める手法の一つとして，利用者やその家族の生活全体を支援することで，QOL（生活の質）を維持あるいは向上させるとともに，有効的かつ効率的にサービスを調整していくことを目的としている。⁽¹³⁾そして，様々な利用者が抱える**生活課題**⁽¹⁴⁾（ニーズ）に対して，活用できる様々な**社会資源**や本人の持つ本来持っている**内的資源**⁽¹⁵⁾を結び付け，それを利用者が十分に活用することで，問題解決を図る支援であるといえる。そのため，利用者自らが日常生活で力を身につけ，様々な課題を解決していく能力を獲得し，実際にその解決に立ち向かっていくというエンパワメント支援が求められる。⁽¹⁶⁾

また，利用者が何らかの事情で生活ニーズが充足されず権利が損なわれている場合やその恐れのある状況に直面した際に，社会資源を用いて，社会資源がない場合は必要とする社会資源を開発して，利用者とともに，もしくは利用者に代わって擁護することが求められる，⁽¹⁷⁾地域で安心してその人らしい生活を継続するためには，心身の状態や生

☞ **社会資源**
『ソーシャルワーク論Ⅰ』第1章参照

●● **生活課題**
狭義には，生活全般の解決すべき課題（ニーズ）と捉えることができるが，広義には，援助目標（長期目標・短期目標）を合わせてとらえている。一般的には，広義の生活ニーズをいう。

●● **内的資源**
クライエントの「本来内的に備えている適応能力，解決能力」「人が環境に働きかけてそれを変化させる能力」である。

図10-1　ケアマネジメントの構成要素

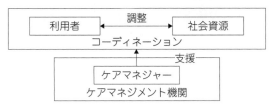

出所：白澤政和（2018）『ケアマネジメントの本質──生活支援のあり方と実践方法』中央法規出版，41。

活環境などの変化に応じて生じる課題に応じた社会資源を適切に活用，あるいは開発して，利用者のより良い生活，その人らしい生活の実現のために支援していく必要がある。

　したがって，ケアマネジメントでは，ケアマネジメントを必要とする多様な生活課題を抱えている利用者と，利用者の生活ニーズを充足する社会資源を，ケアマネジャーが調整する（**コーディネーション**）。さらには，利用者のエンパワメントを高めていく機能やアドボカシーなどの機能を担いながら，包括的かつ継続的に，総合的に捉えたケアマネジメントを実践展開していくことが重要である。[18]

☞ コーディネーション
本書第8章第3節参照

 ## ケアマネジメントの視点

□ **ケアマネジメントの構成要素**

　ケアマネジメントは，利用者の生活ニーズを明らかにし，利用者の地域生活を持続しQOLを高めるために，活用できる様々な資源を結び付け，課題解決を図る支援である。その基本的な構成要素は，①利用者，②社会資源，③ケアマネジャーと，④ケアマネジメントを実施していく過程になる（図10-1）[19]。以下，①利用者，②社会資源，③ケアマネジャーについて説明していく。

①　利用者

　ケアマネジメントを必要とする利用者は，身体機能的・精神心理的・社会環境的状況が関連しあい生活ニーズが重複していたり，複雑であったりする。そのため，利用者の心身の状況や環境的状況により生活困難さを抱えるなど，複数の社会資源を必要とする。

　また，家族で抱え込み利用者や家族で生活ニーズを明らかにすることが困難であったり，適切なサービスを受けられず必要な社会資源に結び付けることが困難だったりする。

② 社会資源

ケアマネジメントの構成要素として，利用者が社会生活を営む上で生活ニーズを充足するために必要な「社会資源」の活用が求められる。ソーシャルワークの社会資源は，社会福祉学の辞典では，「必要に応じて活用できる様々な法制度やサービス，施設や機関，人材，知識や技術などの総称」として取り上げている。[20]

社会資源を分類する一つの視点として，白澤は，[21] 供給主体からの分類を挙げている。これらには，家族成員，親戚，近隣，友人・同僚，ボランティアなどインフォーマルセクターと，非営利法人，行政，営利法人などフォーマルセクターがある。このような様々な供給主体による社会資源を利用者が活用し，社会資源のそれぞれ有している長所を生かして生活ニーズを満たすことが，ケアマネジメントの特徴の一つとされる。ケアマネジメントでは，利用者本人の持っている能力・意欲や資産といった内的資源であるセルフケアをもとに，フォーマル・インフォーマルセクターの社会資源を活用することで在宅生活を支援していく。

③ ケアマネジャー

これまで述べた利用者の生活ニーズと，フォーマル・インフォーマルな社会資源を調整しプランニングするのが，ケアマネジャーである。ケアマネジャーは，利用者のより良い生活を支援するために，各種サービスやサポートを調整する機能（コーディネーション）をする専門職としての役割を担う。

ケアマネジャーの専門職としては，介護保険法であれば介護支援専門員，障害者総合支援法では相談支援専門員，生活困窮者領域では主任相談支援員がその役割を担っており，施策間の連続性をもたせる機能を果たすことも重要である。[22]

なお，利用者自らが必要とする社会資源を調整する，セルフケアマネジメントを行うこともある。

□ 生活モデルとストレングス視点

☞ ライフモデル
『ソーシャルワーク論Ⅰ』第2章参照

ケアマネジメントを展開するにあたり，生活モデル（**ライフモデル**）☞とストレングス視点を取り入れることが大切である。

生活モデルは，ソーシャルワーク分野でジャーメン（Germain, C. B.）とギッターマン（Gitterman, A.）が提唱した「life model」がその起源とされている。[23]

白澤は，[24] ケアマネジメントはソーシャルワークの中核機能であることを指摘し，ケアマネジメントの目的である地域生活支援は，「生活

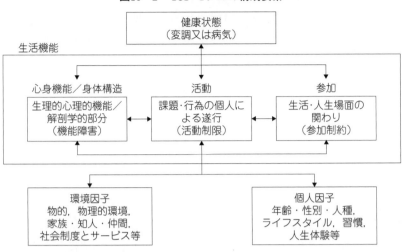

図10-2　ICFモデルの構成要素

出所：世界保健機関／障害者福祉研究会編（2002）『ICF国際生活機能分類──国際障害分類改
　　　定版』中央法規出版，17の図1「ICFの構成要素の相互作用」を参考に，筆者が該当書の
　　　9-16頁の説明を追記。

モデル」へのアプローチであると述べている。そして，生活モデルの
特徴として以下の3点を挙げている。

　①　人と環境をインターフェース（接触面）で，身体機能的側面，
精神心理的側面，社会環境的側面の関係性のもとで生活ニーズをとら
え，利用者の問題状況を把握し，利用者を支えていく。

　②　問題解決の中心は利用者であり，側面的に支援する従的な役割
を果たすのが専門職であり，利用者主体の支援である。

　③　利用者の生活ニーズの解決にあたり，利用者やその環境でのマ
イナス面だけでなく，プラス面である「ストレングス」を支援するこ
とによって，利用者が新しく生じてくる生活ニーズを解決するために
自ら打ち克っていくことを目指している。

　以上のような考え方により，「生活モデル」としてのケアマネジメ
ントは，人と環境の接触面での関係性に焦点を置き，利用者の生活
ニーズを把握して，利用者主体の支援を行い，ストレングス視点を取
り入れ，QOLを高めていく視点が重要である。

□　ICFとケアマネジメントの考え方

　「生活モデル」としてのケアネジメントを展開するにあたり，
WHO（World Health Organization：世界保健機関）が2001年に提案し
承認したICF（International Classification of Functioning, Disability
and Health：国際生活機能分類）（図10-2）の考え方を視野に入れて支
援することが有効である。[25]ICFは，利用者の状態を生活機能として，
「心身機能・身体構造」「活動」「参加」の3つの次元から状況をとら

え相互に関連し，利用者の「個人因子」「環境因子」といった背景因子も関与し，健康状態に影響するという相互関連モデルを構築している。ICF では，障害に焦点を当てるのではなく，利用者の生活を支援するという観点から，利用者を把握することが強調されている。

白澤は，ICF とケアマネジメントの考え方の特徴として，次の3つの共通点を挙げている。

①　ICF で利用者をマイナス面だけではなく，プラスの面である強さも含めて，中立的な視点から生活機能をとらえるところが，ケアマネジメントにおける「利用者のストレングス」の活用と共通している。

②　ICF が重視する「心身機能・身体構造」「活動」「参加」の相互関連性は，「人」と「環境」との関係の中で生じる生活ニーズであり，ケアマネジメントにおいて，個々人の生活を全体的にとらえることと共通している。

③　ICF の背景因子である「環境因子」や「個人因子」が相互にどのように関連して利用者本人の「生活ニーズ」が生じているかをとらえるところが，ケアマネジメントにおける「生活ニーズ」の考え方と共通している。

▢ ミクロからマクロレベルにわたる方法／機能

ケアマネジメントは，利用者を中核にして，その生活ニーズをとらえるソーシャルワークの考え方を基底にしながら，ミクロからマクロの実践的な特徴から政策的な特徴までをあわせもつ新たな方法として考えられた。このケアマネジメントは，ミクロレベルの利用者へのサービス提供を起点にして，マクロレベルの制度・政策の問題解決までを関連付けた実践展開を行い，それによって地域の支援システムを形成して個別の利用者支援に役立てる，という循環的な介入を意味している。

ケアマネジメントはミクロからマクロレベルへの実践を効果的に効率的に展開することが求められる。利用者の生活ニーズの充足のために，ケアマネジャーが身近な地域に存在する社会資源を活用し，地域ネットワークを構築することが重要である。また，様々な社会資源を担ってくれる関係機関や団体・個人が連携して機能していくためには，地域の情報を多く持つことができるネットワークを形成する必要があり，そのことによって，利用者が地域生活を継続するケアマネジメントが好循環する。

このように，ケアマネジャーは，ミクロレベルで利用者の生活ニーズを明らかにし，解決していくために，ケアマネジャー同士や当事者

図10‐3　ケアマネジメントの展開過程

```
┌─→ ①相談（入口）
│
├─→ ②アセスメント
│
│   ┌─→ ③ケース目標の設定とサービス計画の作成
│   │
│   │      ④サービス計画の実施
│   │
│   │         ⑤利用者及びサービス提供状況についての
│   │           モニタリング及びフォローアップ
│   │
│   │         ⑥再アセスメント
│   │
│   └─────────── ⑦終結
```

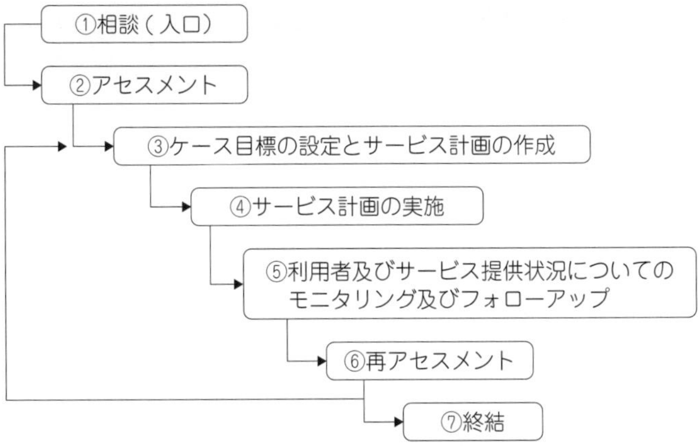

出所：白澤政和（1992）『ケースマネジメントの理論と実際──生活を支える援助システム』中央法規出版，17，の一部「ケア」を「サービス」，「要援護者」を「利用者」に筆者修正。

団体との連携を調整し，当事者の代わりに発言するなどアドボカシー機能を活用して，市町村独自の制度や法の改正及び新たな社会資源の要望に向けて声を上げ，社会資源の開発にも視点を向けていく重要な役割を担っている。

③ ケアマネジメントの展開過程

ケアマネジメントは，**援助過程**を基底にし，複雑で多様なニーズを抱えた人に対して，①相談（入口），②アセスメント，③ケース目標の設定とサービス計画の作成，④サービス計画の実施，⑤モニタリング及びフォローアップ，⑥再アセスメント，⑦終結という展開過程を進む（図10‐3）。

⑤モニタリングによってニーズの未充足，あるいは状況が変化して新たなニーズが生じた場合などでは，再アセスメントを行い，生活ニーズが充足できるようにサービス計画の修正を行い循環して，終結へと至る。ここでは，白澤の「ケアマネジメントの過程」を参考に整理していく。[28]

☞ 援助過程
本書第1章参照

□ **第1段階：相談（入口）**

入口の段階では，「ケースの発見」「スクリーニング」「インテーク（契約）」が行われる。

「ケースの発見」では，ケアマネジャーや各種の専門職がニーズの

●◆ アウトリーチ
クライエントから自発的な援助要請がない場合，あるいはニーズが自覚されていない場合に，援助機関から積極的介入を行い，ソーシャルワーカーや各種の専門職がクライエントのいるところに出向き，その問題解決に向けた動機付けおよび具体的な専門的援助を維持・持続するアプローチを意味する。

必要とする人のところに出向いていくという**アウトリーチ**を含めて，利用者の早期発見，早期対応が重要である。必ずしも利用者自らがマネジメント機関に相談に行くとは限らない。生活上の課題を抱えていても自ら支援を求めてこない人たちもいる。ケアマネジャーはアウトリーチを行い，地域の病院，施設などの関連機関や地域の自治会など住民と日常的な関わりをもち関係性を築いていくことで，関係者を通してケース発見につながることがある。

次に，「スクリーニング」が行われる。緊急性の支援を必要とする者や，複数で複雑なニーズを有している者，あるいは，単に情報提供のみで十分でケアマネジメントを受ける必要のない者等に振り分ける。ケアマネジャーは，本来的にケアマネジメントを必要とする人かどうかを見極め，適切なサービスが提供できる機関につなげ，有効的に活用できるように支援していくのである。

そして，ケアマネジメントが必要な利用者に対して，ケアマネジメントの内容を説明して，それを受け入れるかどうかを了解・契約する（インテーク）。これによって，ケアマネジメント機関に接触した人をケアマネジメントの過程に取り込み，ケアマネジャーと支援を必要とする人が，パートナーシップを形成しながら協働していく。

□ 第2段階：アセスメント

利用者が望む生活のために，利用者の社会生活上の全体的な視点から，現時点の状況における諸課題や生活ニーズを評価・査定する段階である。

利用者の生活を包括的，多角的にとらえ，どのような問題が生じているのか，その問題はなぜ生じているのか，利用者が置かれている状況や背景にある要因を理解していく。その際，ケアマネジャーは，本章第2節のICFの考え方を用いて，生活機能に着目しながら，個人と環境の背景因子との相互作用に焦点をあて，情報を関連させ，現在の利用者の生活上の課題を明らかにする。また，客観的な情報だけではなく，利用者が，「そのことをどのように感じているのか」「現状をどのようにしていきたいのか」など，利用者の意見や要望などを聞き，ケアマネジャーと利用者が協働しながら行う必要がある。

そして，なぜそのような状況になっているのか，原因や要因を分析し，推測される危険性や可能性を検討することによって，利用者の必要とする生活ニーズを明確にする。的確な情報分析と解釈が，利用者の生活ニーズへの対応になり，利用者が望むより良い生活，その人らしい生活の実現につながる。

何気ない会話からも利用者の状況を把握することができるため，利用者の立場になって，利用者との関係性を見極めながら，情報の蓄積や整理を繰り返し行う必要がある。

□ 第3段階：ケース目標の設定とサービス計画の作成

この段階は，アセスメントにより利用者の生活ニーズを明確化し，その生活ニーズを充足するために，ケース目標を設定し，サービス計画を作成する段階である。その際，利用者や家族はもちろん，多様な専門職などが集まり，利用者の望む生活の実現のために統一された，共通の支援方針を合意形成し，承認するのが原則である。

① ケース目標の設定

ケース目標は，利用者の生活ニーズに合わせ，利用者が望む生活の実現に向けて，どのような地域生活をしていくかという大きな目標を設定する。ケアマネジメントにおけるケース目標の設定では，ケアマネジャーが利用者あるいはその家族と一緒に，十分な時間をとって話し合い，利用者の持つ潜在的能力が十分発揮でき，QOLを向上させ，心身機能の向上や社会参加が図られることが重要である。そのケース目標に合わせて，実現可能な支援目標を設定して，どのような方向で解決していくか，利用者との間で，できるだけ可視的で，数値的な基準を使って，具体的な目標を設定する。各機関のサービス提供者も，その目標に向かって支援ができ，評価することができる。この支援目標は，短期と長期に整理することもある。

② サービス計画の作成

ここでは，利用者の個々の生活ニーズに対する目標に即し，それぞれの社会資源の特性を生かしたサービス計画を作成する。

ケース目標の具体的な目標の設定に合わせて，どのようなサービスやサポートを，どの機関がいつまで提供するかを定め，サービス計画を明らかにする。満たされるべき生活ニーズの優先度に応じてサービスの種別，事業者とその内容，利用回数，利用時間，自己負担感，利用者の意向など，サービスやサポートの内容を最終決定する。留意点として，「**サービス優先アプローチ**」ではなく，「**ニーズ優先アプローチ**」の立場をとることが重要である。利用者の望む生活の実現に向けて，アセスメントによって明らかになった生活ニーズに対して，適切な社会資源を計画することになる。

ケアマネジャーは，カンファレンスを開催することによって，(29) 利用者とサービス提供事業者が利用者の生活ニーズや情報を共有し，サービス計画を確認し，ケアマネジメントにおける相互の機能の意識や役

●◆ サービス優先アプローチ
提供できるサービスの中から，利用者の生活ニーズに対して断片的に対応するため，利用者の生活全体の問題解決にたどりつくことが難しい。

●◆ ニーズ優先アプローチ
利用者の生活全体を把握しアセスメントすることによって，生活ニーズが明確化され，それらを充足できる社会資源を探し出し，利用者に結び付けQOLを高めることにつながる。

割分担を図ることになる。それは，複雑化・深刻化する生活ニーズに対して，共通の支援方針や支援方法を検討することになり，次第にチームアプローチの推進やネットワークの構築につながっていく。サービス計画がカンファレンスで了承され，実施されることが確認された場合に，契約を締結する。

◻ 第4段階：サービス計画の実施

　この段階では，利用者が円滑に質の高いサービスやサポートを受けられるよう，サービス計画を実施する。カンファレンスで了承されたサービス計画書に基づき，個々のサービス提供者は利用者の具体的な個別援助計画を立案し実施する。ケアマネジャーは，インフォーマルサポートやフォーマルサポートの提供主体と関係性を持ち，適切に利用者がサービスやサポートを利用できるように働きかける。その際に，利用者に関する情報を多機関に伝えることの包括的な同意を，文書及び口頭で利用者や家族から得ておく必要がある。これにより利用者にとって開示されては困る情報がないかを確認することとなり，利用者のプライバシーを保護することになる。

◻ 第5段階：モニタリング及びフォローアップ

　次の段階は，利用者及びサービス提供状況のモニタリング及びフォローアップである。サービス計画に基づき各種のサービスサポートが円滑に開始されているかどうか次の点に留意して点検・確認を行う。

　一つは，現在実施中のサービス計画が円滑に実施されているかを点検し，効果を上げているか，適切な内容のサービスが継続して提供されているかを評価する。もう一つは，利用者の心身の状況や社会環境状況の変化によって，新たな生活ニーズが生じたり，既存の生活ニーズが変化したりしていないかをモニタリングし，継続的に確認する。このようなモニタリングをフォローアップによって実施していく。特に，緊急を要する場合は，より頻繁にフォローアップを実施する必要がある。

　このようなフォローアップについては，ケアマネジャーが行うとともに，利用者に常時関わっているサービス事業者等から情報を得て行う。

◻ 第6段階：再アセスメント

　定期的なフォローアップなどで，新たな問題状況が明らかになった場合に，再アセスメントを行う。新たな問題状況とは，新たな生活

ニーズが生じていたり，今までの生活ニーズが変化していたり，生活ニーズに対応した社会資源が効果を発揮できていない場合などが考えられる。さらに，利用者の状況による変化によって，生活ニーズが充足できていないなど，利用者やサービス提供側から情報を得た場合などを示す。

　モニタリングで，利用者の状況が退院や退所又はサービス利用が初めてなどの理由により，プランの内容が変わりやすいと判断される場合などは，比較的早い時期に再アセスメントを行い，ケアマネジメントのプロセスを展開する必要がある。

▢ 第7段階：終結

　利用者が，ケアプランによるサービスを必要としなくなることによって，ケアマネジメントが終結する。

　ケアマネジメントが終結する場合は，①ケアマネジャーからの支援の必要性がなくなる（セルフ・マネジメントなど），②サービス提供が困難になる（長期入所施設への入所等），③利用者が死去する，などの場合が考えられる(30)。終結の際には，ケアマネジャーのもとに相談に来所できるよう関係を維持するなど，再来所への配慮をしておく必要性がある。

　ケアマネジャーは，利用者や家族及び地域がもつ「強さ」や関係機関・専門職との連携を図り，常日頃から新たなサービス開発や資源開拓を進める基礎を築いておくことが重要である。

4 ケアマネジメントの実際

　ケアマネジメントが実際にどのように展開するのか，展開過程を事例（**ビネット10−1**）から考えてみよう。

▢ サービス利用に向けた考え方

　Aさんは，転倒による腰椎圧迫骨折で入院していた。退院後は，膝や腰の痛みや転倒の不安から，これまで外出していない活動制限が生じている。「近所の人と話をすることが好きだった」という個人因子により，他者交流を行う機会を設けることによって，孤立を防止し生活意欲を高め，社会生活を維持することが期待できるのではないだろうか。たとえば，通所リハビリテーションを利用する際に，菜園活動

　Ａさん（83歳）は，妻を１年前に亡くし独居生活をしていたが，転倒による腰椎圧迫骨折で入院した。退院後は何とか生活しているものの生活上の困りごとが生じている。介護保険サービスの利用を申請し，要介護度１となった。

　ケアマネジャーはＡさんとの面接により，日常生活の状況や社会生活状況を把握した。Ａさんの，できるかぎり在宅での生活を続けたいという希望をかなえるために社会生活の維持，孤立の防止，身体的機能低下の防止を援助目的として，サービス計画を立案した。

　まず，表10-1のように，ICF の構成要素に沿ってＡさんの状況を整理する。Ａさんの情報を関連づけて，生活する上でどのようなことに困っているのか，なぜそのような状況が生じているのか，どのような支援が必要か，生活ニーズ（＃）を抽出する。そして，短期目標，可能なサービス利用について検討する（表10-2）。

表10-1　独居高齢者Ａさんの状況を ICF の構成要素に沿って整理

構成要素	情　報
心身機能・身体構造 （機能障害）	・要介護度１。 ・障害高齢者の日常生活自立度 B1，認知症高齢者の日常生活自立度Ⅰ。 ・変形性両膝関節症により，膝の痛みがある。 ・腰椎圧迫骨折により，前傾姿勢になると腰に痛みがある。
活動 （活動制限）	・掃除，洗濯，買い物などは，長男が週１度，家に来た時にしてもらう。 ・起き上がりや立ち上がりは何かにつかまらなければ動けない。 ・自力歩行は困難であり歩行器で移動している。何かにつかまらなければ移動できない。 ・食事は，冷凍食品を電子レンジで温めたり，長男が週１度スーパーで購入した惣菜を食べている。 ・排泄はトイレに間に合わず，時々失禁する。尿取りパットを使用している。 ・入浴は，転倒する不安があるため，週１回息子に見守りをしてもらいシャワー浴をしている。 ・夜間は，３時間に１度トイレに行く。６時30分に起床。19時30分には就寝している。
参加 （参加制約）	・入院前は，歩行車で買い物に出かけていたが，退院後は転倒の不安から出かけていない。 ・日中は，NHK のニュースや相撲を見て過ごしている。 ・総合病院に月１回受診。
個人因子	・83歳，男性，妻を１年前に亡くしている。 ・入院前は，近所の人と話をすることが好きだった。 ・以前は，家庭菜園で野菜などを作り，収穫期には近所の人に野菜をあげるのを楽しみにしていた。 ・畳での生活をしている。
環境因子	・他市に長男が住んでおり，週に１度立ち寄っている。 ・築30年の自宅で一人暮らしをしている。 ・介護保険サービスは利用していない。

出所：筆者作成。

表10-2　Aさんのアセスメントからサービス利用の考え方

アセスメント	生活ニーズ	目　標	サービス利用
Aさんは，両膝関節症と腰椎圧迫骨折の後遺症による痛みから，退院後は，転倒の不安により自宅内での生活が中心で，出かけることがない。「近所の人と話をすることが好きだった」ことから，他者交流を行う機会を設けることによって，孤立を防止し生活意欲を高め，社会生活を維持することが期待できる。Aさんの意向を確認しながら，他者との交流活動（例えば，菜園活動の知識や経験などのストレングス）を促していく必要がある。	＃1．他者交流を図り，社会生活を継続したい。	他者交流を図ることにより，社会生活を維持する。	①通所リハビリテーションを週2回（月・木）に利用する。
Aさんは，起き上がりや立ち上がりは何かにつかまらなければ難しく，膝関節や腰部の痛みもある。そのため，スムーズに立ち上がりができるように，福祉用具を取り入れ環境を整える。これまでの生活様式は畳で生活をしていたことから，ベッドを導入することで，起き上がり立ち上がりがスムーズなる。更に，築30年と古い家屋のため，玄関，廊下，トイレに手すりを付けることによって，移動がスムーズにでき，日常生活動作の負担が改善されることが期待できる。また，定期的に膝関節のリハビリテーションや歩行訓練をすることによって身体機能の維持・低下を予防し安定した歩行や，転倒による不安も減少することが期待できる。	＃2．生活環境が整い，歩行訓練をすることによって身体機能が向上し，スムーズに立ち上がりや移動ができ，転倒の不安を軽減したい。	スムーズに立ち上がりができ，安定した歩行が可能になり，転倒の不安も軽減する。	①寝起きを容易にするため日常生活用具としてベッドをレンタルする。 ②日常生活用具の給付を受けて，浴室，玄関，廊下に手すりなどをつける。 ③通所リハビリテーションを週2回（月・木）に利用する。 ④訪問介護員を派遣し送迎を介助する（週2回，1回につき30分）。
Aさんの現在の状況は，長男が購入した惣菜や冷凍食品を温めて食事をしている。食生活については自己管理のため，栄養が偏る危険性がある。そのため，週2回の通所リハビリテーションや配食サービスを利用することによって，栄養管理がなされ食生活を整えることが期待できる。また，週1回，訪問介護の身体介護を利用し，ヘルパーと近くのスーパーに買い物に行くことによって，入院する前に楽しみにしていた買い物をすることができ，生活の意欲が高まり，運動する機会を増やすことにもつながる。退院してから自宅内での移動が中心のため外出もしていないことから，気分転換や身体機能を高めることが期待できる。	＃3．食生活を見直したい。	食生活を整えることができる。	①通所リハビリテーション利用日以外，週3回，配食サービスを利用する。 ②訪問介護の「身体介護」を週1回利用して，ヘルパーと一緒に近くのスーパーで買い物をして，調理する。
Aさんは，変形性両膝関節症があり，週一度近隣に住む長男が訪問し，様子を見守りに来ているが，Aさんの調子が悪い時は長男に連絡し，通院介助を頼むなど，普段からAさんの情報共有しておく必要がある。また，民生委員の訪問や緊急通報システムの利用など，早期発見，早期対応をすることが期待できる。	＃4．健康管理をしっかり行い今の健康状態を維持したい。	健康管理をすることによって現在の健康状態を維持する。	①調子の悪い時には，長男に通院介助を頼む。 ②民生委員の定期訪問。 ③緊急通報システムの利用。

注：生活ニーズは＃で表す。
出所：筆者作成。

図10-4　Aさんを取り巻く地域ネットワーク

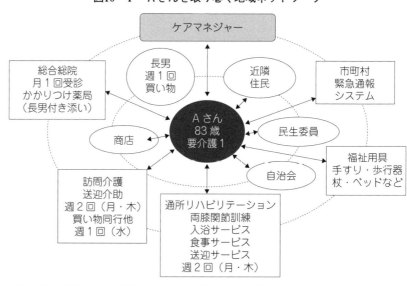

注：フォーマルサービスは□，インフォーマルサービスは○で表す。
出所：筆者作成。

　の知識や経験などのAさんの持っているストレングスを生かすことによって，他者との交流が図られ，これまでのような社会生活を維持することが期待できる。

　また，Aさんは，これまで畳で生活をしていたが，ベッドを導入することで，膝や腰の痛みが緩和され，起き上がり立ち上がりがスムーズなることが考えられる。玄関・廊下・トイレ・浴室などに手すりを設置し，段差を解消するなど背景因子の生活環境を整えることによって安全に移動できることが期待できる。

　食生活に関しては，長男が週1度購入してきた冷凍食品，惣菜など，電子レンジで温めることができる。配食サービス，訪問介護の買い物同行なども取り入れることで，Aさんの持っているストレングスを発揮でき，身体機能の維持や気分転換にもつながり，買い物を楽しむこともできる。

　Aさんには，週1度近隣に住む長男が訪問し，様子を見守りに来ている。そのため，Aさんの調子が悪い時は長男に連絡し，通院介助を頼むなど，普段からAさんの情報共有しておく必要がある。また，民生委員による定期的な訪問や緊急通報システムなどを取り入れ，変調があった場合に早期発見，早期対応できる体制づくりをしておく必要がある。

□　**地域で支える**

　このように，ケアマネジャーはAさんの生活ニーズに基づき，スト

レングスを生かして計画したサービスや支援（インフォーマル・サポート含む）を受けられるように，機関・団体などに電話や訪問を依頼し，サービス提供機関が集まりケースカンファレンス（サービス担当者会議）で検討された。その結果，Ａさんはすべてのサービスや支援を受けることができ，地域社会でＡさんを支える地域ネットワークが図10-4のように形成された。

📖 さらに知りたい人のための推薦図書

白澤政和編著（2021）『ケアマネジメント論──わかりやすい基礎理論と幅広い事例から学ぶ』ミネルヴァ書房.
▷利用者の地域生活を支援するケアマネジメントの技法について，全ての人に共通する理論をわかりやすく説明するとともに，対象者別，在宅・施設などの場所別に，事例を豊富に取り上げ，理論と実践の両面から学ぶことができる。

注
（1）　白澤政和（2018）『ケアマネジメントの本質──生活支援のあり方と実践方法』中央法規出版，3.
（2）　金子努（2004）『高齢者ケア改革とソーシャルワークⅡ』久美，5.
（3）　岡田進一（2021）「4 ケアマネジメントとケースマネジメント」一般社団法人日本ケアマネジメント学会編『ケアマネジメント事典』中央法規出版，8-9.
（4）　（2）と同じ，6.
（5）　（1）と同じ，8-11.
（6）　Robert L. Barker（1987）*The Social Work Dictionary*（*1st ed.*），National Association of Social Workers, 20.
（7）　Robert L. Barker（1999）*The social work dictionary*（*4th ed.*）National Association of Social Workers, 68.
（8）　Case Management Society of America "Definition Case Management".（https://www.liquisearch.com/case_management_society_of_america/definition_of_case_management）
（9）　白澤政和（1992）『ケースマネジメントの理論と実際──生活を支える援助システム』中央法規出版，11.
（10）　厚生労働省社会・援護局 障害保健福祉部「相談支援の手引き」（障害保健福祉関係主管課長会議 平成17年12月26日）.（https://www.mhlw.go.jp/topics/2005/04/tp0428-1h/04-2.html）
（11）　河野高志（2021）『ソーシャルワークとしてのケアマネジメントの概念と展開──地域ケアシステムにみるミクロからマクロの実践』みらい，19-20.
（12）　同前書，49-51.
（13）　神部智司（2021）「ケアマネジメントとソーシャルワーク」日本社会福祉学会事典編集委員会編『社会福祉学事典』丸善出版，210-211.
（14）　（1）と同じ，170.
（15）　服部万里子（2021）「リソース（内的資源）の活用と開発」一般社団法人日本ケアマネジメント学会編『ケアマネジメント事典』中央法規出版，30.
（16）　（1）と同じ，299.
（17）　岡田直人（2021）「8 アドボカシー」一般社団法人日本ケアマネジメント学会編『ケアマネジメント事典』中央法規出版，92-93.
（18）　（1）と同じ，388.
（19）　（1）と同じ，41-47.
（20）　空閑浩人（2021）「ソーシャルワークにおける社会資源」日本社会福祉学会事典編集委員会編『社会福祉学事典』丸善出版，208.
（21）　（1）と同じ，43.
（22）　（1）と同じ，44-46.
（23）　ジャーメイン，C. 他／小島蓉子編訳著（1992）『エコロジカルソーシャルワーク（カレル・ジャーメイン名

論文集)』学苑社，11, 187.

(24)　（1）と同じ，27-29.

(25)　世界保健機関／障害者福祉研究会編（2003）『ICF 国際生活機能分類——国際障害分類改定版』中央法規出版，9-21.

(26)　（1）と同じ，160-162.

(27)　（11）と同じ，49-51.

(28)　（1）と同じ，57-74.

(29)　小松尾京子（2021）「13カンファレンス」一般社団法人日本ケアマネジメント学会編『ケアマネジメント事典』中央法規出版，72.

(30)　福富昌城（2021）「7モニタリング，終結・評価」一般社団法人日本ケアマネジメント学会編『ケアマネジメント事典』中央法規出版，61.

参考文献

福富昌城（2022）「第7章ケアマネジメント」空閑浩人・白澤政和・和気純子編著（2022）『ソーシャルワークの理論と方法Ⅰ』ミネルヴァ書房，151-168.

木村容子・小原眞知子編著（2023）『ソーシャルワーク論Ⅰ——基盤と専門職』法律文化社.

岡田進一（2021）「第10章ケアマネジメント（ケースマネジメント）」一般社団法人日本ソーシャルワーク教育学校連盟『ソーシャルワークの理論と方法［共通科目］』中央法規出版，240-253.

社会福祉法人全国社会福祉協議会（2023）『居宅サービス計画ガイドライン Ver. 3 地域共生社会に向けてのケアプラン作成』社会福祉法人全国社会福祉協議会.

■第11章■
ソーシャルワークの記録

学習のポイント

1　専門職として記録を作成する意義と目的について理解する。

2　アカウンタビリティと倫理的責任について理解する。

3　専門職の記録に求められる内容を理解する。

4　根拠ある記録の書き方のポイントを学ぶ。

5　相談情報の保護についてポイントを理解する。

記録の意義と目的

☐ 記録の意義

　カデューシンとハークネス（Kadushin, A. & Harkness, D.）によると，ソーシャルワークの援助過程において記録は，データ収集の技術，診断的技術，介入技術，面接技術に並んで必要な技術であるとされる。[(1)] サイデル（Sidell, N.）は，記録は実践を形にするツールであり，ケースを管理する手段であって，サービス自体の評価と支払いの根拠でもあるとしている。[(2)]

　ソーシャルワークを取り巻く社会が変化し，記録に求められる要件も変わりつつあるが，その重要性はむしろ増しているといえる。かつては，ソーシャルワーカーは自身の実践を振り返るために，備忘録として記録を残していた。しかし，**開示請求**がソーシャルワーカーの記録に対しても起きるようになり，それまで個人のメモとして使われていた記録が第三者の目に触れるものと変化してきている。

　ソーシャルワーカーの倫理綱領（日本ソーシャルワーカー連盟）では，記録については倫理基準の「I. クライエントに対する倫理責任」に「9.（記録の開示）ソーシャルワーカーは，クライエントから記録の開示の要求があった場合，非開示とすべき正当な事由がない限り，クライエントに記録を開示する。[(3)]」と明記されており，当事者本人に対しての開示が前提であることが示されている。

　また全米ソーシャルワーカー協会の倫理綱領では，「実践現場におけるソーシャルワーカーの倫理的責任」の「3.04　クライアントの記録」で，(a) 電子および紙媒体での記録が正確であり提供されたサービスが反映されているよう合理的な手続きを踏むこと，(b) サービス提供が適正に行われ，将来的にも継続的にサービスが提供されるよう十分かつタイムリーな情報を記録すること，(c) クライアントのプライバシーを可能な限り保護し，サービス提供に直接的に関係する情報のみ記録すること，(d) サービス終結後も，将来に備えて法律等で定められた期間，記録を保管すること，がソーシャルワーカーに求められているとしている。[(4)]

　これらから，記録はその内容だけでなく管理方法も重要であることがわかる。

●● 開示請求
　個人情報開示請求とは，行政機関や民間事業者が保有する自己の個人情報を開示してもらうための手続きである。医療機関は，患者本人からカルテ開示を請求された場合には，原則としてカルテを開示しなければならない（個人情報保護法28条2項本文）。

□ 記録の目的

①　ソーシャルワークの質の向上

　記録が他のソーシャルワーク実践の技術と大きく異なるのは，記録は形に残る，という点である。ソーシャルワークの援助過程の中で，記録だけは後から振り返ることができると言える。この場合，振り返るのは，記録を作成した本人だけでなく第三者でもある。ソーシャルワーカーの記録は，専門職としての関わりを，第三者に理解してもらうためのツールである。

　目に見えないものを改善したり向上させたりすることは非常に困難である。それは，そもそもの問題点が明確になりづらいことと，その変化が測りにくいこと，さらにその場に居合わせない第三者と共有が難しいことによる。ソーシャルワークの援助過程が形に残らないことを考えると，その質を向上させるには，記録の活用が必須であると理解できるであろう。

　現状を正確に記録に残すことが，課題の把握と改善のために必須であると言える。

②　支援の継続性・一貫性

　ケースマネジメント（あるいはケアマネジメント）の基本は，必要十分な支援を，途切れることなく必要な時に提供することである。記録を活用し，関係者と適正に情報共有することで，当事者への支援に継続性や一貫性が生まれ，場当たり的なものでなくなる。

　ソーシャルワーカーの支援は，当事者個人に対してだけでなく，その人を取り巻くシステムにも働きかけるというシステム理論に基づいている。そのため，ソーシャルワーカーの関わりを考えると，一人が単独で支援する，という状況はまずないと言える。事業所ごとに考えれば，医療や介護，教育といった他の専門職と連携することが想定されるし，ソーシャルワーカー同士でも担当者が変更になることもある。またそれぞれの事業所で関われる期間や業務範囲に制限があって，他事業所と引き継ぐ場合も多い。

　そのような場面でも支援が途切れることなく，一定の質が保たれるために，記録が非常に重要な役割を果たしているのである。

③　機関の運営管理

　ソーシャルワーカーの記録は，担当者個人だけでなく，所属機関の運営管理においても重要なツールである。ソーシャルワークの援助過程に沿って残された記録は，担当者が所属する期間が組織としてソーシャルワークを実践したという証明になる。組織としての管理，という視点でいえば，担当者間での差がなく，等しく支援が実践され，か

つその記録が残っていることが望まれる。

　また所属機関の一員として活動するためには，ソーシャルワーカー以外の専門職に業務を理解してもらうことが欠かせない。組織内の他職種や上司，同僚にも自分が組織の方針に沿って活動しているという実態が伝わるよう，他職種にもわかりやすい記録を作成することが求められている。

　障害者支援施設，社会福祉施設などにおいて実施される**第三者評価**では，「相談や意見を受けた際の記録の方法や報告の手順，対応策の検討等について定めたマニュアル等を整備している」ことが評価の着眼点として挙げられている。記録が機関の運営管理にも重要であることがわかる。

　④　アカウンタビリティ（説明責任）

　アカウンタビリティ（説明責任）は，地域や当事者，管轄各所に対してサービスに関する説明ができる状態のこと，あるいは専門職が自身の果たす役割や支援に用いる方法論を公開し，提供されるサービスが一定の水準を満たしていると品質を保証することを言う。[5]

　記録の意義で触れたように，本来記録は，サービスを受ける当事者に，そのサービスについて説明するためのツールである。しかし，最近ではその説明の対象は，サービス当事者の家族，彼らが雇う弁護士，監査機関，裁判官や裁判員にも及ぶようになっている。そのため，専門家としての判断やその根拠，そこから導かれた介入がさまざまな立場の人に明確に伝えられるような記録が望まれている。

　近年では，ソーシャルワーカーを含め，相談援助に携わる専門職の記録に対して，**社会的責任**が非常に厳しく問われるようになってきている。介護保険や生活保護の現場では，担当ワーカーが作成した記録を見たいという本人からの開示請求に対して，行政が黒塗りで開示を拒否した部分も開示するよう，裁判所が判断するといったことが起きている。[6][7]　それだけ，ソーシャルワーカーが記録を残す責任が求められているといえる。

2　記録の方法と実際

☐　記録の文体

①　叙述体

　叙述体（過程叙述体）は，記録者の解釈や意見を加えずに，経過を

時系列にまとめた描写的なものである。時間の流れに沿って，書き手の働きかけ，利用者や家族とその状況の変化といった事実をありのままに記録する。

　過去からの経過に沿って記録するため，何がどう変化したか，いつだれが何を行ったか，といった出来事の時系列が明確になるが，記録自体が長くなって要点がわかりづらい，という側面もある。

　②　要約体

　要約体とは，把握した事実内容について，記録者の解約や意見も加えて，要点を整理して記述したものである。項目ごとに整理してまとめられることもあり，全体像や要点を把握しやすく，書き手の着眼点が明確になる。必要とされる項目ごとに整理する方法で，生活歴の記録，アセスメントの要約，各種報告書などに用いられる。文章で記述する項目式，視覚的に記載する図表式などがある。詳しくは本節内で後述する。

　サイデル（Sidell, N.）は，要約記録に含むべき要素として次をあげている。なお，面接の内容によっては必ずしもすべて網羅しなくてもよいとしている[8]。

・面接の目的
・面接中に起きたこと
・ワーカーが気になった点
・アセスメント
・今後の介入プラン

　③　説明体

　説明体とは，把握した事実内容について，記録者が解釈や考察を記録するもので，所見などがこれに当たる。記録する際には，「事実」と「事実に対する解釈・意見」とは区別して書くことが重要である。

　④　逐語録

　逐語録はプロセス記録とも呼ばれ，面接中の会話や行動含むすべてのやり取りを，テープ起こしのように逐語的に記録する方法である。逐語録の作成には膨大な時間と労力がかかるが，記憶に頼らざるを得ないため，その内容は不正確である。また，逐語録は冗長でポイントがわかりづらくなることが多い。

　⑤　問題志向型記録（進捗記録）

　クライエントの「問題」に沿って支援を展開する過程を，問題志向型システム（POS：Problem Oriented System）」と言い，問題志向型システムに基づく記録にはSOAPノートがある。

□ SOAPノート

SOAPノートは，もともとアメリカの医療現場で他職種連携を進めようと医師たちが使い始めた記録の様式で，日本でも医師，看護師，薬剤師などを中心に，専門職の間で幅広く使われている。SOAPノートに対してはソーシャルワーカーの間では，支援のプロセスを反映させにくい，という意見もある。しかし多職種連携の時代において，カルテが電子化されている医療機関などでは，ソーシャルワーカーの記録が日常的に他職種に読まれている。

そこで，SOAPノートをソーシャルワーク実践にうまく工夫して記録を作成し，読まれやすく価値の高いソーシャルワーカーの記録を目指すことが望まれる。

SOAPノートは Subjective（主観的情報），Objective（客観的情報），Assessment（アセスメント，見立て），Plan（計画）の4つのパートで構成されている。

① Subjective（主観的情報）

SOAPノートは当事者を中心に据えた記録の書き方である。ここで言う主観は，書き手である支援者の主観ではなく，相談に来ている当事者の主観で，本人が語った情報はSに入る。

「本人の話したことはすべて書くよう指導された」という意見もあるが，後になって本人から「そんなことは言っていない」と言われることもあり得る。記録に書くか書かないかは，事実かどうかではなく，支援の根拠として必要かどうかを基準に決めることが望まれる。

本人の発言をSに書く際には，それが当事者の言葉そのままの引用なのか，ソーシャルワーカーによる要約なのかは区別できるよう，当事者の言葉はカギカッコでくくるようにする。話の内容が，作り話や思い込みの可能性が疑われ，その時点ではほかの関係者から確認が取れないような場合も，カギカッコを使って引用する。たとえば，虐待やネグレクト，DV，いじめなどの相談で，第三者から事実確認ができていない場合は，当事者自身の発言を正確に記録して，ソーシャルワーカーの解釈と混同しないよう注意が必要である。

② Objective（客観的情報）

この客観は，当事者にとっての客観である。当事者以外からの情報はすべてOに入るので，面接中にソーシャルワーカー自身が見聞きした当事者の様子や，他の専門職や家族，地域などからの情報，紙ベースで回ってくる事前情報などが該当する。

家族からの相談の場合，本来のSOAPノートの書き方としては，Sは「なし」としてOに書いた方が記録としてはわかりやすい。それ

ぞれの情報について，誰からの情報かは，明確に記すようにする。

③　Assessment（アセスメント，見立て）

ソーシャルワーカーのアセスメントは，目の前にいる当事者がどういう人で，なぜ今支援を必要としているのかを，ＳとＯで得た情報をもとに自分なりに判断し，言葉にしたものである。医師の場合は，Ａには診断名が入る。ソーシャルワーカーとしては，その疾患が本院の生活や心理社会面にどう影響しているかを，対応の一歩手前の専門職としての「判断」を言語化して，**バイオ・サイコ・ソーシャルモデル☞**のアセスメントの視点から，記録したい。

家族との関係構築が難しく，なかなか協力が得られない場合は，家族についてあれこれ書いてしまいがちである。しかし，家族をアセスメントするのではなく，その状況がどう当事者の支援に影響すると判断したのか，第三者にわかるような書き方を工夫したい。

④　Plan（計画）

Ａで明確にした判断に基づいて，どんな対応をしたか，また，これからしようと思っているか，当初の支援計画を継続するのか，軌道修正するのか，をＰに記録する。医師の記録では，Ｐには処方箋や術式が入る。

支援計画を作成する際に心がけなければならないなのは，目標と手段を混同しない，ということである。例えば「断酒する」というのは，手段ではあっても究極の目標ではない。断酒は，お酒のせいで断絶してしまった家族とまた仲良くしたい，というゴールを目指すための手段の一つに過ぎないのである。しかし断酒中の本人は，断酒自体が目的のように思ってしまいがちである。支援者として，家族との関係修復という長期目標に対する長期手段として断酒があり，その断酒は短期目標でもあるので，その短期手段として受診や断酒会がある，というように問題を整理して支援したい。それにより，介入が場当たり的でなくなる。

□　**項目式**

項目式の例として，フェイスシートを紹介する。一般的に，当事者の背景情報は支援の初期段階で聴取され，フェイスシートやインテークシートと呼ばれる決まった書式にまとめて記入される。

問い合わせなどに迅速に応えるために，フェイスシートには一見して必要な情報が引き出せるように正確に記入する必要がある。また，専門職としてのトレーニングを受けていない一般の職員もフェイスシートの情報を閲覧する可能性を考え，記入する内容については細心

☞ バイオ・サイコ・
ソーシャルモデル
本書第3章第2節参照

ビネット11-1　🏠　前の人はわかってくれなかったけどあなたは？[注1]

　前職者への不満を感情的に訴えられた時，現任者として共感しつつ，何が相談の焦点なのかしっかりと整理して，客観的に記録に残すことを心がけよう。

・かかわりのきっかけ：担当ケアマネジャー変更に伴い，前担当者の事業所から依頼。

・利用者の情報：Wさん　男性・70歳

・要介護認定：要支援2

・障害高齢者の日常生活自立度：A2

・認知症高齢者の日常生活自立度：自立

・先天性股関節変形症があり，加齢に伴う筋力低下により股関節の痛みが現れ始め，家事が行えなくなり介護保険を申請。

・ADL　歩行時は腰部にコルセットを付けて移動。公共機関を用いての移動は行える。

[Wさんとのやり取り]

（前のケアマネジャーについて語り始める）

　W：前のケアマネさんはね，私の認定調査やって，今回要支援2から要支援1になっちゃって，これまでどこ見てたのかなと。私としては，自分のことしっかり見ていただかないと困っちゃうので，それで包括支援センターにも相談したっていうわけですね。

　CM：そうでしたか。先天性の股関節の変形症ということで，いま歩ける時間とか，痛みの度合いとか，いかがですか？

　W：そうね。もう子どものときからの病気で，昔はそれなりに少し走ることもできたんですけど，だんだん歩くの辛くなってきて，でもこの病気って普通に歩いてるだけなら全然他の人に分からないから，なんで介護保険の申請するんですか？とか言われるんですけど，そこを皆に理解してもらうのはすごく辛いんですよ。

　CM：見た目に分からないって辛いですよね。通院はいまどのぐらいの頻度で？

　W：いま3か月に1回。自分がいないときには他の先生代わりに見てくれるよっていうけど，私はやっぱり先生信頼しているから，先生にしか会わない。

（CM：ケアマネジャー）

[SOAPノート]

　S：病気の理解を，前ケアマネはしてくれなかった。だから要支援1になったと思う。長年，先天性股関節変形症は有名な先生に診てもらっている。先生が一番私の事を理解してくれている。

　O：前ケアマネジャーについて繰り返し訴えていた。

　A：前ケアマネジャーに障害を理解されなかった辛さを訴えられ，その言動について細かく覚えておられた。

　P：傾聴してラポールの維持に努めた。

　注1：八木亜紀子（2020）「記録のエースをねらえ！――『実践編』第2回」『月刊ケアマネジャー』22（5）中央法規出版，52-55，をもとに筆者改変。

の注意を払わなければならない。決まった書式を使う場合は，空欄を残さないようにしよう。書式は組織によってさまざまだが，通常表11-1のようなものが盛り込まれる。

表11-1　フェイスシートに必要な項目

・氏名とふりがな	・職業，職場と連絡先
・住所	・学校または学歴
・電話番号	・利用している保険，福祉制度
・メールアドレス	・紹介元（どこからケースが紹介されたか）
・生年月日と年齢	・主訴や主病名
・既婚／未婚／死別	・収入
・家族構成	・介入しているフォーマルな資源
・緊急連絡先	

出所：筆者作成。

□ 図表式

① ジェノグラム

　３世代までさかのぼって家族や同居者の状況を視覚的にとらえることのできるツールで，家族療法などで用いられる。図11-1に示すように，表記方法が決まっている。近年では，ジェノグラムを簡単に作成できる無料のパソコンのソフトも出回っている。

　アルコールほか様々な依存症や嗜癖の問題がある場合，遺伝の疾患がある場合，家族間葛藤がある場合などは，世代をさかのぼって視覚化することで，問題の背景をとらえやすくなる（図11-2）。

② エコマップ

　エコマップはハートマン（Hartman, A.）によって開発され，ソーシャルワークや家族療法で広く利用されている。ジェノグラムが家族の関係性に特化しているのに対し，エコマップは当事者と環境の関係性を図式化するもので，当事者を支える社会資源やネットワークを表現して当事者の生活状況全体を俯瞰することができる。

　また，環境との関係性の性質そのものや，まだ活用していない資源も記入できるので，問題をより多面的に理解し，今後の支援方針を検討するために活用できる（図11-3）。

③ タイムライン

　タイムライン，あるいは生活歴（生活史）は，当事者が生まれてから現在までの歴表である。話の中で語られるさまざまな出来事を左から右に時系列に表示していく。当事者が支援を必要とする状況になる前の生活を知るのに有効なツールである。当事者自身が自分の歴史を振り返ることで，自身の**ストレングス**や過去の**コーピング**の実績を再認識し，人生を肯定的にとらえる機会にもなりうる。

　本来タイムラインは，生誕から現在までを図式化することが望ましい。しかし，聞き取りの時間に限りがあって，全部は聞けなかった場合には，聞き取れた範囲で時系列を整理してもよい（図11-3）。

☞ **ストレングス**
本書第10章第2節参照

☞ **コーピング**
本書第3章第2節参照

図11-1　家族の基本構造を表す記号

家族の基本構造を表す記号（血縁がなくても家族と同居していたり，家族の面倒をみている人も含む。
ジェノグラムの右側に名前と関係について記載）

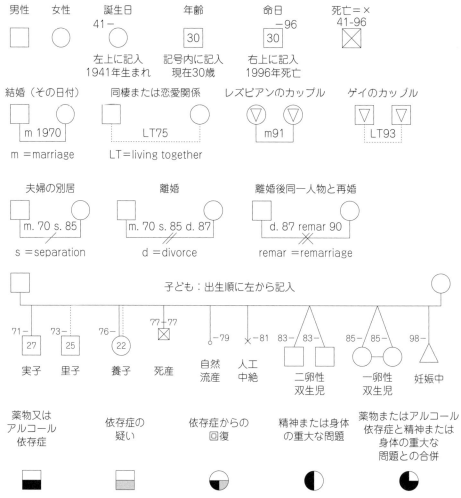

出所：日本社会福祉実践理論学会監修（2004）『事例研究・教育法──理論と実践力の向上を目指して』川
島書店，44-63.

図11-2　見本のジェノグラム

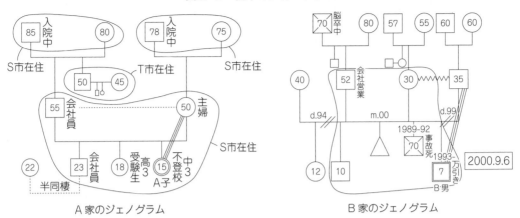

A家のジェノグラム　　　　　　　　　　B家のジェノグラム

出所：図11-1と同じ。

図11-3　エコマップとタイムライン

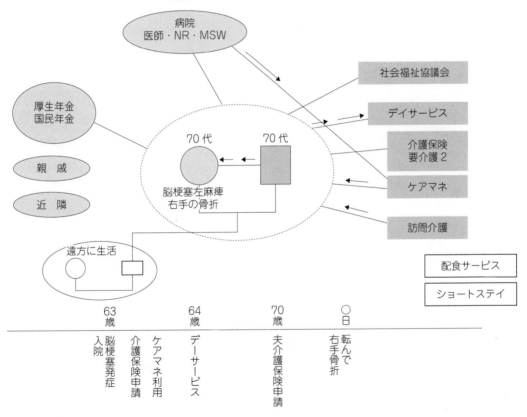

出所：図11-1と同じ。

ソーシャルワークにおける個人情報の保護

▢ 意義と留意点

　個人情報の保護について，日本では2005年に個人情報保護法が施行
された。個人情報保護法で言われているのは，個人の情報を取り扱う
際に，できる限り利用目的を特定することである。特に，本人の同意
を得ずに個人データを第三者に提供することを原則禁じている。かつ
ては，5000人以下の個人情報を取り扱う事業者は対象外であったが，
2015年の法改正により，すべての事業者が義務者となった。ここで言
う事業者とは，「個人情報データベース等を事業の用に供している者」
であり（個人情報保護法第2条5項），医院・クリニックなどの診療機
関も含まれる。つまり，医師1名といった小規模な診療機関であって
も，個人情報保護法を遵守する義務を負うこととなった。厚生労働省
は，特に医療・介護分野における個人情報の取り扱いについて，ガイ
ドラインを策定している(9)。

　ソーシャルワークの現場を考えると，法律に関わりなく，相談情報
は保護されてしかるべきである。自分が相談する立場であることを想
像すれば，その重要性は容易に理解できるであろう。当事者と信頼関
係を構築し，効果的効率的に支援を展開するためには，当事者に関す
る情報が保護されていることと，それが当事者にも理解されているこ
とが欠かせない。相談の開始にあたって，サービス利用同意を得る際
に，当事者に関する情報の取り扱いについても，当事者からの了解が
得られるよう，十分な説明をすることが求められる。

▢ IT活用のあり方

　近年のソーシャルワーカーの記録を取り巻く大きな変化として，
IT活用が挙げられる。特に医療や介護の分野では，記録の電子化が
進んでいる。医療分野では，1999(平成11)年4月の通知「診療録等の
電子媒体による保存について」，平成2002(平成14)年3月通知「診療
録等の保存を行う場所について」により，診療録等の電子保存及び保
存場所に関する要件等が明確化された。その後，2004(平成16)年11月
に成立した「民間事業者等が行う書面の保存等における情報通信の技
術の利用に関する法律」によって，原則として法令等で作成又は保存
が義務付けられている書面は電子的に取り扱うことが可能となった。

2005（平成17）年3月には，医療情報においても「厚生労働省の所管する法令の規定に基づく民間事業者等が行う書面の保存等における情報通信の技術の利用に関する省令」が発出されている[10]。

記録の電子化による業務の効率化としては，記録作成の時間短縮，データ管理や情報共有の簡便化，などが考えられる。

記録作成の時間短縮として，それまで手書きで紙媒体で管理されていた記録を電子化し，テンプレートを活用することなどで，記録を書く時間自体が短くなることが想定された。

しかし実際は，コンピュータ操作の得手不得手，各機関で導入しているシステムの使いづらさなどから，手書きよりもかえって電子カルテを作成する方が時間がかかることも起きている。

データ管理や情報共有の簡便化については，手書きの記録は，過去の内容を遡ろうとすると目視で読み込むほかなかった。それが電子化されることで，簡便に全容を把握することができるようになった。ソーシャルワーカーの記録を量的に分析する研究も進んでおり，目視による詳細の分析と併せることで，ソーシャルワーク実践の管理と改善が簡便化することが考えられる[11]。

さらに，記録が電子化されたことで，機関内の他職種との情報共有が容易になった。また，遠隔での運用が可能になり，関係者間での情報共有が簡便化された。

一方で，データが電子化されたことで，情報漏洩などのリスクが著しく増大した。最近では特に医療機関に対するランサムウェアやマルウェアなどによるサイバー攻撃が頻発している。2022年の医療機関に対するセキュリティ管理状況のアンケート調査では，9割以上の医療機関がサイバーリスクの高まりについて危機感を示している。しかし，9割前後の医療機関はセキュリティ予算が十分ではないと考えており，病床規模が小さいほど，その課題感が強くなっていることが明らかになった[12]。

今後，ソーシャルワーカーの記録のIT活用が進むことを考えるうえでも，リスクに対する十分な対応が求められる。

📖 さらに知りたい人のための推薦図書

八木亜紀子（2012）『相談援助職の記録の書き方──短時間で適切な内容を表現するテクニック』中央法規出版.
▷記録に必要とされる要素や用いるべき語句，実際の記録の添削例などを収載し，的確な記録を残す具体的なノウハウを提示。

八木亜紀子（2019）『相談援助職の「伝わる」記録──現場で使える実践事例74』中央法規出版.
▷この記録，どこがわかりづらいのか？「元の記録」と「修正例」を示しながら，誰が読んでもわかる記録のポイントを伝授。

注

（1）　Kadushin, A., Harkness, D.（2014）*Supervision in Social Work, 5th edition*, Columbia University Press.

（2）　Sidell, N.（2015）*Social Work Documentation : a Guide to Strengthening Your Case Recording, 2nd edition*, NASW Press.

（3）　日本ソーシャルワーカー連盟（2020）「ソーシャルワーカーの倫理綱領」.（https://jfsw.org/code-of-ethics/）（2022.12.28）

（4）　National Association of Social Workers（2021）*3. Social Workers' Ethical Responsibilities in Practice Settings: NASW Code of Ethics : Ethical Standards*.（https://www.socialworkers.org/About/Ethics/Code-of-Ethics/Code-of-Ethics-English/Social-Workers-Ethical-Responsibilities-in-Practice-Settings）（2022.12.28）を筆者訳。

（5）　Barker, R. L.（2014）*The Social Work Dictionary 6th edition*, NASW Press.

（6）　八木亜紀子（2012）『相談援助職の記録の書き方——短時間で適切な内容を表現するテクニック』中央法規出版.

（7）　八木亜紀子（2019）『相談援助職の「伝わる」記録——現場で使える実践事例74』中央法規出版.

（8）　八木亜紀子（2020）「記録のエースをねらえ！——『実践編』開始にあたって」『月刊ケアマネジャー』22(4) 中央法規出版, 50-53.

（9）　厚生労働省（2017）「医療・介護関係事業者における個人情報の適切な取扱いのためのガイダンス」.（https://www.mhlw.go.jp/content/000681800.pdf）（2022.12.28）.

（10）　厚生労働省（2017）「医療情報システムの安全管理に関するガイドライン第5版」.（https://www.mhlw.go.jp/file/05-Shingikai-12601000-Seisakutoukatsukan-Sanjikanshitsu_Shakaihoshoutantou/0000166260.pdf）（2022.12.28）

（11）　八木亜紀子（2023）「テキストマイニングによるソーシャルワーク記録の考察——医療ソーシャルワーカーを対象にして」国際医療福祉大学大学院博士論文.

（12）　一般社団法人医療ISAC（2022）「四病院団体協議会セキュリティアンケート調査結果（最終報告）」.（https://ajhc.or.jp/siryo/4byokyo-security.pdf）（2022.12.28）

参考文献

Barker, R. L.（2014）*The Social Work Dictionary 6th edition*, NASW Press.

Reamer, F. G.（2005）Documentation in Social Work : Evolving Ethical and Risk-Management Standards. *Social Work*, 50, 325-334.

佐原まち子（2012）「連携担当者に身につけてほしいソーシャルワークスキル」『地域連携入退院支援』5(1)，日総研出版，66-72.

日本社会福祉実践理論学会監修／米本秀仁・高橋信行・志村健一編著（2004）『事例研究・教育法——理論と実践力の向上を目指して』川島書店.

日本医療社会福祉協会編（2015）『保健医療ソーシャルワークの基礎——実践力の構築』相川書房.

八木亜紀子（2019）「記録のエースをねらえ！——ポイントの整理とまとめ」『月刊ケアマネジャー』21(3)，中央法規出版，58-61.

■第12章■

カンファレンス

学習のポイント ─────────────

1 多職種連携・協働の方法としてのカンファレンスについて学ぶ。

2 カンファレンスが求められる実践の背景について理解する。

3 カンファレンスの意義と目的，有用性について理解する。

4 カンファレンスの運営と具体的展開方法について学ぶ。

カンファレンスの意義，目的

▫ 連携・協働・チームアプローチ実践の背景

　ソーシャルワーカーの実践領域は保健・医療・福祉を中心に，多様な広がりをみせている。その実践領域においては，いまや「連携」や「協働」，「チーム」という言葉が飛び交わない日がないほど，多様な専門職が協力し合い，**チームアプローチ**を行っている。その背景には，少子高齢化，単身世帯の増加など社会構造や家族構造の変化に伴うニーズの多様化・複合化が存在している。これにより医療・介護にとどまらず，生活困窮や住居問題，就労支援に至るまで，広く，多様な生活問題への支援が展開されている。

　とりわけ近年では老老介護，ダブルケア，ヤングケアラー，DV（ドメスティック・バイオレンス），虐待，依存（アディクション）問題など，分野を横断したニーズを抱える，複合問題事例への対応が求められている。このような多様・複合化した生活問題には，潜在する多種多様なニーズが想定され，多面的な視点によるアセスメントや多様な専門性を動員した支援が必要となる。このような背景から，多職種・多機関による連携や協働，チームアプローチによる実践が求められている。チームアプローチを機能させるためには，クライエントやニーズの理解，支援目標の検討と共有，そして具体的な支援プロセスや介入方法，役割分担などを協議・決定する場が重要となる。このような合議の場がカンファレンスである。

▫ カンファレンスとは（定義・目的）

　カンファレンスは，「ケアカンファレンス」，「ケースカンファレンス」，「サービス担当者会議」，「地域ケア会議」など，実践現場では様々な呼称で展開されている。カンファレンスの定義については，「対象者支援を中心課題とする実務者の会議[1]」や「対人関係の支援過程の中で，多職種で構成されたチームによって開催される会議[2]」といった構造に着目した定義，また「複数のニーズを持つ事例の課題解決について，多職種が協同して支援の目標や計画を議論する過程[3]」という方法を整理した定義などが見受けられる。

　このようにカンファレンスは，クライエントの支援を中心課題とし，支援に携わる専門職および関係者などが参加し，チームとして協

働的に支援目標や支援計画を議論する会議であり，またその過程であると整理することができる。この協働するチームの構成メンバーは，クライエントのニーズに応じて，同職種によるもの，多職種によるもの，また多機関や地域住民など**インフォーマル資源**を含むものまで多様な構成員で展開される。

　カンファレンスの目的については，主として以下の３点に整理できる。

①　参加者間での意見交換によるクライエント情報の共有

②　多面的なアセスメントに基づくクライエント理解と支援方法の検討

③　ネットワークの形成とチーム力の向上

　カンファレンスに参加するメンバー個々人が有する情報を交換することで，クライエントおよび支援対象となる問題の共有を図ることを目指す。この過程では，メンバー個々人が持つ情報に加え，それぞれの知識や技術，経験をも含んで交換・共有することで，各専門職の視点や専門性に基づく見立てについても共有化が図られる機会となる。このような情報交換が多面的な視点によるアセスメントを可能とし，クライエント理解を深化させるとともに，クライエントにとっての有益性と妥当性をもった支援方法や具体的な介入策の検討を可能にするといえる。

　またこれら一連のクライエント支援を見据えた協働行為を通して，カンファレンスへ参加するメンバー間相互の力量形成や，チームとしての信頼関係・協働体制およびネットワークの強化にもつながっている。具体的なカンファレンスの効果性および有用性については，以下カンファレンスの意義のなかで詳述する。

□　**カンファレンスの意義**

　カンファレンスは，複数名の参加者による合議によって実施される会議である。多様な視点をもつ複数名によるチームアプローチとして機能するからこそ得られる効果があるといえる。野中猛は，カンファレンスをケア会議として整理し，その意義について以下６点に整理している。(4)

①　事例に関する見立てと支援の手立てについて，担当者だけが一人で考えるのではなく，複数の人々が一緒に考えることができる。そのことによって，総合的で適切な判断が可能になり，担当者の負担が軽減する。

②　参加者それぞれが，自分が知らない領域の知識や技術を学ぶこ

●◆　**インフォーマル資源**
　個人を取り巻く家族・親族をはじめ，友人，近隣住民，ボランティア等の公的制度に基づかない活動や支援・サービスの供給源の総称。公的サービスのような安定性と継続性が担保されないものの，状況に応じた柔軟性と自由度の高い支援が提供されるという利点をもっている。

とができる。現代の対人サービスは多方面に専門分化しており，一人がすべての領域における情報をとらえることはほとんど不可能に近い。こうしたケア会議によって，最新の知識を具体的な形で知ることができる。

③　サービス担当者同士のネットワークが形成される。ケア会議を機会に互いの存在や機能を知ることになり，その後の協働作業に発展する。定期的に顔を合わせるようになると，さらにネットワークが強まり，互いの利用が容易になる。

④　参加者同士の情緒的支え合いが生まれる。対人サービス業務は，必ずしも常時肯定的フィードバックを受けるわけではなく，ストレス性の高い業種といえる。ケア会議のなかで，専門職同士の立場から努力を認められる体験が得られる。

⑤　ケア会議の場面が職員の研修機会となる。事例をていねいに検討するケア会議において，指導者の助言，他職種の意見などを得ることによって，自分の視点や行動を修正する機会となる。

⑥　事例を取り巻く地域の課題を発見する機会となる。事例の見立てと手立ての検討を通して，事例を取り巻く環境の不足や不備が見え，今後必要となる環境整備等について具体的に把握できる。

このように，カンファレンスは異なる立場や専門性をもつ多職種により構成されることで，カンファレンスを通じて他職種の業務を理解し合い，各職種の視点や専門性を理解し合う機会となるなど，多くの意義を生んでいるといえる。多面的な情報の交換と考察による直接的なクライエント支援を意図したミクロレベルの意義から，参加者相互の理解と協働の促進によるネットワークの形成およびチームとしての成熟に通じるメゾレベルの意義に至るまで，重層的な意義をみることができる。

上原久は，カンファレンスの果たす効果である「共有」に着目し，カンファレンスを行うことのメリットを，以下3つに整理している。[5]

・情報の共有

かかわるチームメンバーが，直接または間接的に把握している情報を集約し，共通認識を持てる。

・判断の共有

単なる情報の集積ではなく，判断の共有過程になる。

・価値観の共有

支援の質，専門職の自主性，機関の目標および支援内容などについて，専門職の間で価値観を共有できる。

先述している通り，クライエント支援に直接的・間接的にかかわる

関係者が一堂に会するカンファレンスでは，情報の収集や「情報の共有」を効率的に行うことができる。各専門職はそれぞれの専門性に基づいた「断片情報」を持ち寄り，それらを再構成することで，事例の全体像を把握することができる。

　さらに，カンファレンスを通じて「判断の共有」が行われることも重要である。それぞれの専門職による「判断の結果」が異なる場合であっても，その「判断に至る過程」を共有し，理解し合うことが求められる。この「過程」を共有せず，排除し，「結果」だけを共有してしまうと，わかりあえない場合や歩み寄れないという事態を招き，合意形成には至りにくい。

　また，専門職が固有に有する「価値観の共有」も重要である。職種や専門性によって視点や価値など「大切にするもの」が微妙に異なっている場合，その価値観をわかり合えていないことで，誤解が生じる事態にもつながる可能性がある。

　上述している「情報」や「判断」の根拠となる「（専門職ごとの）価値観」を意識して，それぞれの専門職が「大切にしていること」を理解し合うことは，カンファレンスを行うことのメリットといえる。判断や価値観が対立してしまう場合でも，どちらか一方が「良い」「悪い」ではなく，対立する事実を共有したうえで，クライエント支援の有益性に焦点をあて，妥協案や優先順位を検討していくことが必要となる。

 ## カンファレンスの運営と展開

□ カンファレンスの構成要素

　カンファレンスの構成要素を整理していく。篠田は，医療の質を評価する枠組みであるドナベディアン・モデルを参考に説明している。[6]ドナベディアン・モデルは，「構造」，「過程」，「結果・成果」の3側面で医療の質を評価するもので，よい「結果（成果）」を得るためには，そのための「過程」がなくてはならないとし，よい「過程」のためには，よい「構造」が必要であるとしている。つまり，どのような条件や環境でサービスが提供されているかという構造を前提とし，どのような方法・手順によってサービスが提供されたかという過程を経て，それらがどのような結果につながったかという視点に立った整理を助けてくれるものである。篠田はこれを参考に，「構造」はカン

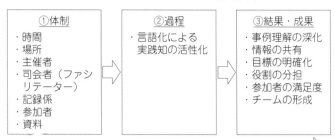

図12-1　カンファレンスの構成要素

出所：篠田道子（2010）『チームの連携力を高めるカンファレンスの進め方』日本看護協会出版会，5，を筆者改編．

ファレンスを行うメンバー構成や時間・場所などの「体制」とし，また「過程」はカンファレンスそのもの（支援計画の具体化，多面的理解，相互理解とネットワーク形成，連携方法の具体化，など）としたうえで，言語化による実践知の活性化と整理している。「結果・成果」は構造と過程を踏まえたもので，事例理解の深化，情報の共有，目標の明確化と役割分担，チームの形成などを挙げている（図12-1）。

　さらに，これらを支えるものとして，ファシリテーションがある。ファシリテーションは，議論の方向性を示しつつ，議論の活性化を図るなど，カンファレンスの好ましい循環システムを構築する効果があり，チームとしての共同体を維持・向上することに貢献するといえる。

□　カンファレンスの構成員

　保健，医療，福祉のサービスは，多様な職種によって提供されている。またクライエントのニーズは複雑・複合化していることから，その多様な職種が有機的に協働し合いながら支援を展開する必要がある。その過程で実践されるカンファレンスには，適切かつ必要な専門職が参加することが求められ，固有の専門性が相乗することが期待される。このようなカンファレンスの効果を得るためには，適切な参加者・構成員，そしてそれぞれの役割が設定される。

　①　司会者（コーディネーター／ファシリテーター）

　カンファレンスはメンバー個々の主体的な参加によって活性化し，有効に機能することが前提となるが，それを助長する要素として，司会者の存在は大きい。主に進行係として，カンファレンスの円滑な進行とそのための調整を担う役割がある。カンファレンスの目標や内容の焦点化を見据えつつ，コミュニケーションの場を創出し，参加者同

➡️　コーディネーター
「調整者」としての役割。クライエントを支援する際に，医師や看護師，リハビリテーション専門職など多様な専門職による関わりや，地域のさまざまな施設・機関から複数のサービスが利用される場合がある。その際，コーディネーターが専門職間や施設間の連携を図り，諸サービスの調整を行うことで，クライエントにとって効果的・効率的な支援の提供につながる。多職種・多機関連携の要としてコーディネーターは重要な役割を担う。

士を質的につなぐことで，参加者による意見の交流を促進する。こうしたプロセスを経て議論を整理し，合意形成を目指す技術が求められる。このように司会者には**コーディネーター**としての役割と**ファシリテーター**としての役割の両面が期待されるといえる。

②　事例報告者

事例報告者は，対象事例の情報を整理し，わかりやすく報告することが求められる。所定の様式やフォーマットがあれば，それに従って情報を整理することができる。主として，クライエントの心身の状況，社会的背景，ニーズと支援目標，また支援の内容と経過，問題点などを情報として提供することが必要となる。情報の整理にあたっては，客観的情報と主観的情報を区別することが重要となる。とくに，事実状況の経過やクライエントの発言・意向と，ソーシャルワーカーら支援者の見解・見立て・推測などが整理されていることで，参加者の理解を円滑化することができる。

③　記録者

カンファレンスでは事例に関するさまざまな情報が交換される。カンファレンス中は，プロジェクターへの投影やホワイトボードを用いた板書によって情報を記録・可視化することで，参加者の記憶をサポートすることができる。また同時に，情報を俯瞰的に整理したり，新たなアイデアが浮かぶ可能性にもつながるなど，発想の促進ツールとしても有効である。またカンファレンス記録は，正式な支援記録として施設・機関に保存されるため，カンファレンスにおいては記録者を設定することが必要となる。

④　参加者

カンファレンスは，個々の参加者が主体的に情報提供や意見を述べ，考えを広げ，深めていく協働作業である。そのため，参加者は受け身になることなく，事例報告者と同じく主体性をもつ者同士であるという意識で臨むことが重要となる。カンファレンスの進行や議論に対し協力的であること，意見交換時における参加者相互の立場の尊重などは参加者としてのマナーであるとともに，カンファレンスを円滑に展開し有意義なものにするための要素といえる。また，カンファレンスの参加者が同職種のみであるのか，多職種での構成であるか，さらには多機関やクライエント・家族を含んだメンバーであるのかによっても，情報の取り扱いや意見交換の際の発言の促し，**アドボケイト**など，参加者に応じた配慮をしなければならないこともあることは心掛けたい。

➥ ファシリテーター
「促進者」あるいは「状況・条件整備者」としての役割。問題解決に向けて，クライエントや関係者（家族・専門職等）の行動を促し，さまざまな社会資源を活用できる条件整備等を図っていく役割を果たしている。カンファレンスにおいては，参加者の発言や意図的なコミュニケーションの創出等を通して，相互作用や協力関係の形成を促し，能動的に参加できる状況・環境的条件を整える役割といえる。

➥ アドボケイト
自己の権利や生活のニーズを表明することが困難な認知症高齢者や障害者，子ども等，本来個人がもつ権利をさまざまな理由で行使できない状況にある人に代わり，その権利を代弁・擁護する機能をアドボカシーと呼び，その実践者をアドボケイトという。多くの専門職が参加するカンファレンスにおいては，非専門職であるクライエントや家族の立場を擁護し，主体的な意思表示を支え，自己決定が尊重されるよう働きかける役割などがある。

☐ カンファレンスの展開過程

　カンファレンスの展開過程について，一般的な進行（流れ）を以下の7つの段階に整理し，示す。①カンファレンスの目的の明確化と到達目標の共有，②事例概要（クライエントの意向・現状）の報告・共有，③参加者相互による情報と課題の共有，④目標の設定と具体的支援方法の決定，⑤役割分担・支援期間の確認，⑥モニタリング，⑦残された課題の確認とまとめ。以下は，各展開過程の段階ごとの解説と留意点について述べる。

　①　カンファレンスの目的の明確化と到達目標の共有

　カンファレンスの冒頭には，カンファレンスの目的や議題，到達目標について説明し，参加者が相互に共有する。開催する意味を示すことで動機づけを高め，カンファレンス参加への能動性を促進する効果が得られる。

　②　事例概要（クライエントの意向・現状）の報告・共有

　事例概要の説明については，クライエントの基本情報や心身機能，生活背景など現状について報告する。支援経過なども要約して説明し，クライエントの意向や課題について共有する。この段階では，事例の全体像を参加者が把握し，理解することを重視し，事例の詳細部分の情報は取り扱わないこともある。参加者が事例をイメージできることが重要である。

　③　参加者相互による情報と課題の共有

　参加者である各専門職がもつ情報を報告し合い，共有する。クライエントやその家族が参加している場合には，希望や意向についての発言を求めるが，その際には話しやすい雰囲気を作ることや発言を促す配慮が重要となる。専門職からの情報提供は，客観的情報に加え，各専門職による見立てや分析について報告し合い，共有する。この過程を通して，情報や課題に対する参加者間での認識の程度や相違が確認できるため，議論や調整を重ねることで，多面的な視点に基づく支援課題を明確化し，チームとして情報や支援課題の共有と共通理解を図っていく必要がある。

　④　目標の設定と具体的支援方法の決定

　焦点化した支援課題に対して，目標設定を行う段階である。問題の解決や目指すべき状況を検討し，具体的な働きかけや活用する社会資源についても検討する。クライエントや家族が参加している場合には，この段階において，目標設定や支援方法についてクライエントや家族との合意も図ることが求められる。

⑤　役割分担・支援期間の確認

支援計画の策定に向けて，どの支援を誰が担うか，具体的な役割の分担や手順，またその支援の実施期間について検討する。専門職同士はそれぞれの専門性を理解しているため，それを前提に役割分担は図られるが，支援内容によっては協議を必要とする場合や役割の重複などを整理することも必要となる。

⑥　モニタリング

合議により決定した計画の遂行状況や効果（経過・結果）について確認し，評価する。各専門職の分業に対して，チームとして多面的に評価を行うことで，課題の同定や見直しについての検討を行うことができる。

⑦　残された課題の確認とまとめ

カンファレンスによって合意が図られた事項と残された課題を確認する。カンファレンス内ですべての課題が共有され，支援策が確定することは容易ではない。カンファレンスは一時的な活動にとどまらず，継続的な活動として展開することでクライエントの生活や支援過程での変化に対応することも可能となる。そして必要に応じて，支援の中核を担う機関を引き継ぐ等の対応も求められる。最後の総括の段階では，支援の達成状況や課題の共有を図りながら，多職種協働で支援を展開したことに対する相互の実感を持つことで，参加者相互を支え合う効果も期待できる。

☐ カンファレンス運営におけるコンフリクト

多職種による協働的アプローチであるカンファレンスは多くの意義と効果を有する反面，異なる専門職による合議であるからこそ，**コンフリクト**が生じやすいといえる。専門職は，教育背景や専門的価値，問題解決方法がそれぞれ異なるため，考え方や判断基準に相違が存在する。とくに保健医療機関においては，伝統的に職種による階層構造や**セクショナリズム**が影響することもある。また硬直化した組織においては，自然発生的な有機的連携や協働体制が生まれにくいといえる。

このようなコンフリクトに対し，ソーシャルワーカーは「視点の違い」を活用し，チーム全体として意味づけを図ることで，「多面的な視点」へと発展させる働きかけが求められる。また「どちらの意見を採用するか」の見極めに焦点化するのではなく，違いを認めること，相互に理解し合うことを通して，合意点を検討する必要がある。

専門職はそれぞれ視点やアプローチは異なっても，クライエントの

⬥ コンフリクト
考え方や主張が異なる状況で，互いに対立や葛藤が生じる状態を指す。個人の中で生まれるコンフリクトもあれば，グループ間や組織間などさまざまな場面で生じるコンフリクトもある。各専門職は，それぞれの養成課程や教育背景，教育方法が独立しているため，専門職として醸成される価値観や問題解決方法なども異なりやすい。

⬥ セクショナリズム
組織内での割拠主義のことを意味する。部署・部門，または職種ごとの利益や権限を守るために行動すること。組織全体の目的・利益よりも自部門の利益を優先するなど，円環な業務遂行に必要な他部門との情報共有や協働が消極的になってしまうことを指す。

┌───┐

ビネット12−1 🏠 **回復期リハビリテーション病棟に入院中の男性**

　Aさん（78歳・男性），脳梗塞を発症し，右片麻痺および運動性失語，嚥下障害を呈している。急性期治療を経て，リハビリテーション治療のため，回復期リハビリテーション病棟を有する医療機関（B病院）へ転院し入院している。

　Aさんは，妻（75歳）との二人暮らしで，同市内に長男家族が住んでいる。長男夫妻は共働きで，高校生と中学生の子どもがいる。

　Aさんはリハビリテーションに前向きに取り組んでおり，脳梗塞発症後しばらくはADL（Activities of Daily Living：日常生活動作）全般に介助を必要としていたが，現在は一部介助のレベルまで回復している。歩行も部分介助で杖歩行の訓練中である。嚥下障害は軽度であり，食形態を工夫することで経口摂取は見込める状態にある。しかし，言語障害として運動性失語があることで，家族や医療スタッフとのコミュニケーションが容易ではないため，Aさん自身のストレスは高い状態にあり，また家族も，Aさんの障害と退院後の生活に対するとまどいを感じていた。

　B病院のソーシャルワーカーは，治療の経過を考慮しながら，Aさんやそれぞれの家族による現状に対する受け止めや理解の状況，今後の意向について確認していった。Aさんは，できるだけ早期に自宅へ退院し，住み慣れた環境で暮らしたいと希望していた。Aさんの妻も同様に，自宅への退院を希望しており，Aさんの障害に対しても楽観的に受け止めているようであった。Aさんの長男夫妻は，仕事や子育てに多忙であるため，介護が必要な状態での在宅生活には不安を募らせていた。

　リハビリテーション治療をはじめ3週間が経過し，Aさんの治療経過と現状の共有，また退院方針を検討するための多職種カンファレンスが開催された。

└───┘

　支援を第一に考える点においては，「共通の目的」を有していることが想像できる。本章第1節で整理したカンファレンスの意義やメリットを関係職種が相互に理解し認識し合うことで，異なる専門性が相乗的に奏効するといえる。ソーシャルワーカーはこの視点を重視し，コンフリクトの存在を前向きに活用していくことが求められる。これはファシリテーションの視点と技術といえる。

③ カンファレンスの実際

　本節では，カンファレンスの展開過程について，**ビネット12−1**，**ビネット12−2**を例に解説していく。ここまで第1節および第2節で学んだように，①カンファレンスの目的の明確化と到達目標の共有，②参加者相互による情報と課題の共有，③目標の設定と具体的支援方法の決定，の3段階から，具体的に展開についての理解を深める。

□ 事例：医療機関における治療方針検討のための多職種連携カンファレンス

事例の概要は，**ビネット12-1**を参照。

① カンファレンスの目的の明確化と到達目標の共有

B病院は回復期リハビリテーション病棟であり，患者の病態や障害程度に応じた治療プログラムが一定の期間において提供される。転入院後は定期的に，リハビリテーション治療の経過と回復状況，また退院準備とその調整に向けた多職種連携カンファレンスが設けられている。

Aさんも転入院後3週間が経過し，理学療法士や作業療法士，言語聴覚士による心身機能の評価とリハビリテーション実施状況の報告，看護師からの病棟でのADLやケアの提供状況の報告，ソーシャルワーカーからはAさんや家族の入院前および現在の生活状況と退院に向けての希望や意向について報告し，主治医はじめ多職種の合議による情報の共有と共通理解にもとづく治療方針の検討を行うことを目的としてカンファレンスを展開した。

② 参加者相互による情報と課題の共有

右片麻痺によるADL障害の状況について，理学療法士と作業療法士から，今後1～2か月程度のリハビリテーションにより，ADL全般を独力で行える程度に回復する見込みはあるものの，入浴動作や屋外移動などでは見守りや部分的な介助が必要となると見解が示された。

言語聴覚士は言語障害についても回復の見込みはあるが，聞き手による推測やコミュニケーションへの配慮が必要であると説明した。またAさん自身の「話せない」ことへのストレスの高まりについての懸念を示した。

看護師は，病室でのAさんと家族の様子について，家族とAさんとの間でコミュニケーションが難しく，双方にとまどいが感じられ，時折Aさんが感情的になる場面も見るようになったと報告した。

ソーシャルワーカーは，Aさん夫妻が自宅退院を希望していることを報告しつつ，高齢夫婦のみの世帯となることや長男夫妻が抱える不安，Aさん家族の生活背景についても情報共有した。

主治医は，Aさんの心身の安全が確保できない状況であれば自宅の生活は見込みにくいのではないかと見解を示し，退院先の方針検討に施設入所も見据える必要性を提案した。

③ 目標の設定と具体的支援方法の決定

Aさんの心身機能はリハビリテーションの継続により回復する見込

ビネット12-2　🏠　**地域で住民から相談が寄せられるようになった
一人暮らしの認知症の女性**

　Ａさん（80歳・女性）は，Ｂ市Ｃ地区で一人暮らしである。親族は妹が県外に居住しているが，高齢であるため日常的な交流はない。Ａさんは町内会の回覧板をまわし忘れたり，ごみの収集日を間違えることが目立つようになり，近所の住民が気にかけるようになっていた。

　最近は，自宅の周辺で一日中たたずんでいる姿が目撃されるなど，心配した近所の住民から地域包括支援センターへ相談が寄せられた。対応した社会福祉士は，Ａさんの自宅を訪問し，支援に向けて介入した。Ａさんは医療機関を受診し，認知症と診断され，介護保険制度による介護サービスの利用が開始された。

　地域包括支援センターの社会福祉士は，Ａさんのような一人暮らしの高齢者の地域での支え方について検討することとした。一人暮らし高齢者が安心して生活できる地域をつくることは，その地域で暮らす住民全体にとっての安心にもつながると考えた。社会福祉士は，Ｃ地区の住民が抱える生活課題や意識について意見交換するため，地域の福祉課題について取り組む住民組織であるＣ地区の地区社会福祉協議会（地区社協）の役員へ連絡をとり，地区社協の会合へ参加することとした。

みはあるものの，高齢でもあり発症前と同様の自立した生活は困難であり，介護サービス等の支援を検討する必要性があることをチーム内で確認・共有した。また高齢夫婦のみの世帯であること，妻がＡさんの障害に対し楽観的に受け止めていること，長男夫妻が退院後の生活へ漠然とした不安を抱えていることをチームの課題として焦点化した。

　今後のアプローチとして，病棟場面やリハビリテーションの訓練場面に妻や長男夫妻を積極的に招き，Ａさんの病態や障害の特徴，また必要となる介助方法などを情報提供し，理解の促進を図ることで，具体的な退院後の生活をイメージしていくことを目標として設定した。さらにＡさんを交え，介護サービスや介護施設に関する情報も提供することで，Ａさんと家族が一緒に今後の生活を考える機会を創出していくという目標を定めた。

□　**事例：一人暮らしの認知症高齢者を支える地区社会福祉協議会と
　　の協働カンファレンス**

　事例の概要は，**ビネット12-2**を参照。

　①　**カンファレンスの目的の明確化と到達目標の共有**

　地区社協の会合に参加した社会福祉士は，個人情報の保護に留意しながら，Ａさんの事例を交えつつ実態を紹介し，一人暮らし高齢者が安心して地域で暮らすための工夫を考えたいという主旨を説明した。

そのうえで，日常生活のなかで感じていることや高齢者の孤立問題，認知症高齢者のサポートについての意見交換を会合の参加者へ依頼した。この目的の明確化は，非専門職である会合の参加者（住民）に対し，問題に対する動機づけを高め，主体性を引き出すというねらいも込めている。このようなアプローチを通して，福祉教育としての意義を果たすことにもつながっている。

②　参加者相互による情報と課題の共有

会合のメンバーである民生委員から，一人暮らし高齢者が増えており，定期的な訪問を実施しているが，訪問先も多いため，一軒あたりの訪問頻度がどうしても少なくなってしまうという意見が出た。老人会の役員は，老人会の行事を企画しても，参加者が限られてしまうと話された。婦人会役員からは，ごみ収集日のごみ出しが困難な高齢者を近所の住民がサポートしているという事例が婦人会の会合で話題になっていることが情報提供された。社会福祉士は，会合の参加者がそれぞれ語る意見や実態について，参加者同士で共有することを促し，相互の受け止め方や認識をさらに引き出すようなアプローチを行った。

③　目標の設定と具体的支援方法の決定

ごみ収集日のサポートボランティア活動の話題がヒントになり，C地区内でも一人暮らし高齢者の見守り活動に向けて，具体的に考えていくことが決まった。地域住民の主体性を重視し，具体的な活動計画を社会福祉士から一方的に示すことはせず，活動の実現に向けた準備についても会合の参加者同士で意見を出し合った。ニーズの把握や活動方法の検討は，会合参加者が無理なく遂行していけるよう，社会福祉士が側面的にサポートしていくことも確認し合った。今後の地区社協での継続議題として位置づけてもらうことで，持続性のある活動へと展開していけるよう意図している。

📖 **さらに知りたい人のための推薦図書**
野中猛・高室成幸・上原久（2007）『ケア会議の技術』』（2007）中央法規出版.
▷カンファレンスに必要となる技術に焦点をあて，構造的な視点からの理解と学習ができる一冊。
篠田道子編（2015）『チームの連携力を高めるカンファレンスの進め方〔第2版〕』日本看護協会出版会.
▷カンファレンスの進め方やそのスキルが具体的に記述され，基本理解から実践的応用まで学べる一冊。

注
（1）　野中猛・高室成幸・上原久（2007）『ケア会議の技術』中央法規出版.
（2）　篠田道子（2010）『チームの連携力を高めるカンファレンスの進め方』日本看護協会出版会.
（3）　上原久（2012）『ケア会議の技術2——事例理解の深め方』中央法規出版.
（4）　（1）と同じ.

（5）（3）と同じ，21.
（6）（2）と同じ.

参考文献

岩間伸之（2005）『援助を深める事例研究の方法（第2版）——対人援助のためのケースカンファレンス』ミネルヴァ書房.

担当者会議向上委員会（2012）『サービス担当者会議マニュアル——準備から終了後まで』中央法規出版.

杉野元子（2015）「カンファレンスを有効な道具にするために」『看護実践の科学』40（1）看護の科学社，6-13.

永島徹（2017）『サービス担当者会議——開催のポイントとすすめ方のコツ』中央法規出版.

第13章

事例分析・事例検討・事例研究

学習のポイント ────────────────

1　事例分析・事例検討・事例研究とは何かを理解する。

2　事例分析・事例検討・事例研究の目的や意義を理解する。

3　事例分析・事例検討・事例研究をどのような方法で行うかを理解する。

4　事例分析・事例検討・事例研究を行う際の留意点について理解する。

事例分析・事例検討・事例研究とは

　社会福祉士の養成カリキュラム[(1)]では，実習で体験した事例について事例検討や事例研究を行い，支援の意義や方法を具体的に理解することを「ソーシャルワーク演習」のねらいのひとつとして示している。また，実習後にはソーシャルワークに係る知識と技術について，個別的な体験を一般化し，実践的かつ学術的な知識及び技術として習得できるための指導の一例として，事例研究，事例検討を挙げている。そして，事例分析は，事例検討や事例研究の一部として学びの振り返りや研究において活用されている。

　このように，事例分析・事例検討・事例研究は，専門的な技術や知識を高めたり，支援を向上させたり，知見を蓄積するための技術として，また研究手法としても広く活用されている。

　事例分析，事例検討，事例研究は，「事例」という**質的なデータ**を取り上げ，その事例に関する情報を収集・分析し，今後のより良い支援に向けたヒントを得る，という点は共通している（表13-1）。一方で，定義や見解は様々で，必ずしもそれぞれが明確に区別されている訳ではない[(2)]。

　本章では，ソーシャルワークでの事例分析，事例検討，事例研究それぞれについて，なぜ行うのか（目的），行うことでどのような効果があるのか（意義），どのように行うのか（方法と実際），そして行う際の留意点は何か，について理解を深める。

➡➡　質的なデータ
　インタビュー調査により得られた情報，調査対象者の体験やライフストーリーの口述記録や参与観察により得た記録，映像データなどである。分析における量的データとは，数量で示されるもので，数値として意味を持つデータだが，質的データはカテゴリーで把握することができるデータである。

2　事例分析

☐ 事例分析の目的

　事例分析とは，事例を構成する要素，たとえば支援前・支援後，あるいは特定の人や支援機関の関わりなどの要素を細分化し，それぞれの要素についてより詳しく調べ，要素と要素の間にある関係性や因果関係を明らかにしようとするものである。対象とした事例で，特定の要素と要素の間の関係性を見いだすことで，対象全体についての理解を深め，新たな見方や考え方を探求していく[(3)]。

表13-1　事例分析・事例検討・事例研究の共通点と特徴

	共通点	特　徴
事例分析	・扱うのは「事例」 ・扱う事例が1つの場合，複数の場合があるが，基本的には「質的データ」を扱う ・実際の出来事や人の関わり，関係者の思い，状況の展開や結果を詳細に把握し，その内容を分析・考察するという方法を使用する	事例を構成する要素を細分化し，それぞれの要素についてより詳しく調べ，要素の間にある関係性や因果関係を見いだそうとする
事例検討		学生・専門職教育で広く活用されており，様々な角度から事例をとらえなおすことで，支援実践に対する新たな学びを得る
事例研究		より研究の視点に立ち，ソーシャルワーク関連理論と関連付けて事例が示す事項を説明しようとする

出所：日本社会福祉実践理論学会監修／米本秀仁・高橋信行・志村健一編著（2004）『事例研究・教育法』川島書店，27，を参考に筆者作成。

　たとえば，あなたは「入院していた高齢者が在宅生活に移行するにあたり，どのような支援を提供することがスムーズな在宅生活につながるのだろう」という問題意識をもったとする。そこであなたは，「自宅で転倒し，骨折で入院したのち，現在は安定した在宅生活を送っているＡさん（78歳）」の事例をとりあげることにした。そして，「病院関係者により行われた支援」「病院関係者以外のものにより行われた支援」といった要素に細分化した。また，「入院後」「退院直前」「退院後」など，時期について細分化し，それぞれの時期に誰がどのような支援をＡさんに提供したのかを調べ，整理した。そうして，特定の支援と支援，あるいは結果がどのような関係にあるのかを見出す。

　このように，事例分析はある事例を特定の視点に基づいて要素ごとに細分化し，状況を調べ，それらの関係性や因果関係を見出していく。

□　事例分析の意義

　事例分析の意義は，主に次の3点である。1点目は，特定の観点に基づき細かい情報を収集する，という作業を通じて，支援を行っていた時には気付かなかった点に気づくことができる点だ。ともするとソーシャルワーカーは，支援を行っている時は目の前の支援をスムーズに行うことが関心の中心となることもある。そうなると，支援と支援のつながりや支援内容の細部について十分に意識することなく支援を進めてしまう事もある。細部の情報を収集する作業を通じて，「ソーシャルワーカーのどのような関わりが，利用者の課題解決においてどのような作用をもっていたのか」など，複数の要素の関連性に

ついて新たな気づきを得ることにつながる。

2点目は，事例の情報を細分化して考察することにより，その支援の展開や結果に影響を与えた要素のとらえ方が広がることだ。例えば，Aさんの事例では「現在は安定した在宅生活を送ることができている」という結果のみを知るだけでは，その結果を生み出した要素を理解するには至らない。「入院前に行われた支援」「非専門職とのつながり」など，その人や家族，機関をとりまく多様な要素を考察することで，より広い視点で支援と結果の関係性をとらえることができる。

3点目は，要素間の関係性や連動性をふまえて支援計画を作成できる点だ。たとえば，病院の理学療法士による支援がAさんの健康維持に効果があったという気づきをふまえ，その支援が在宅生活のための支援計画にも盛り込まれる，というものである。ある時点での支援がその後の生活と連動している，という気づきを得ることは，ほかの事例に対してもその気づきを活かした支援を行うことにもつながる。

□ 事例分析の方法

事例分析の方法としては，「一つの事例に対して要素を細分化してその要素を検討する方法」，そして「複数の事例を選び，複数の事例に共通する要素を抽出する」，といった方法がある。対象とする事例により作業の差は多少あるが，基本的な方法は以下の通りである。

①　分析対象とする事例を設定する

事例は，個人，または一つの事例である必要はなく，「一定の期間内で在宅生活への移行ができた障害者支援の3事例」，「B市における子ども食堂の活動」などでもよい。

②　分析の目的（＝分析により何を見出したいのか）を決める

「在宅生活を送っている障害者の健康管理に寄与した支援の内容」，「どのような取り組みにより，支援が必要な子どもやその家庭とB市の子ども食堂がうまくつながったのか」など，見出したい事項を設定する。

③　事例を詳しく記述する

「専門職・非専門職，機関などがどのように関わったのか」「いつ，その実践が行われたのか」などについて，具体的に記述する。

④　事例を特定の観点に基づいて細分化する

「どのような人が支援したのか」，「どのような支援をしたのか」であれば，家族やソーシャルワーカーの関わり・支援の方法，内容，訪問回数，時期などを細分化して記述する。「退院前に行われた支援」，「自宅での生活再開直後に行われた支援」，「退院して1か月後に行わ

れた支援」など，ある程度の時期で区切り，細分化するのも方法である。

　⑤　細分化された情報を分析する

「誰のどのような支援がどの部分に対して影響を与えたのか」という問いをもちながら，記述された情報を読み込む。そして，関わった人，内容やタイミングと結果との関係性について考察する。

□　事例分析の実際

　ここでは，前述の「病院への入院を経て，安定した在宅生活を送っているひとり暮らしのＡさん」を例に，事例分析の実際をみていく。

　①　対象とする事例を設定する

　事例は「病院を退院後，安定した在宅生活を送っている一人暮らしのＡさんの事例」とする。

　②　分析の目的を決める

「Ａさんが自宅での一人暮らしを再開し，その後も安定した在宅生活を続けることができている背景には，誰によるどのような関わりが影響を与えているのだろう」という問いの場合，分析の目的を「Ａさんの安定した在宅生活」と「周囲のかかわりや支援の内容」との関係を見出す，とする，など目的を設定する。

　③　ケース記録など，分析に必要な書類を用意したうえで，できる
　　　だけ具体的に記述する

　Ａさんの入院までの状況，入院中の状況，関わった専門職・非専門職，関わりの時期やタイミング，内容などを詳細に記述する。

　④　特定の観点に基づいて情報を細分化する

　例としては，「健康に関する支援」，「心理的支援」など，支援の内容で分ける方法がある。また，「入院前」，「入院直後の１週間」など，次期について細分化する方法もある。

　⑤　細分化された情報を目的に照らし合わせて分析する

「心理面への支援」が「一人暮らしの不安の軽減」につながったのか，または「健康維持に関するサポート」が「一人暮らしの不安の軽減」につながったのか，等を分析的な視点で吟味する。

　⑥　考察を行う

　たとえば「病院でのＡさんの体調管理に関するサポート」が「安定した一人暮らしの生活」につながっていたのではないか，ととらえた場合，この二つの要素をつなげる役割を果たしたものは何だったのか，について考察する，などである。

☐ **事例分析での留意点**

　分析対象の事例は，いわゆる「良い結果」となった事例だけを選ぶのではなく「望ましい結果にはならなかった事例」を分析することも新たな視点を得るうえでは有意義だ。次に，自分の先入観を意識しながら情報を収集，分析することが重要だ。たとえば「入院患者が病院の売店に行くのは欲しいものがある時だけだ」と考えれば，「売店に行く」という行為は，本人の「人と関わりたい」というニーズを示す情報として収集されない。そうなると，「入院中，精神的に安定していた」ことと，『売店に買い物に行くこと』は，心の健康の維持において関連をもつのではないか」という視点は生まれないかもしれない。「違う背景もあるかもしれない」と考えながら，情報を丁寧に検討する必要がある。

③ 事例検討の目的，意義，方法，実際

☐ **事例検討の目的と意義**

　事例検討とは，事例の分析を通じて事例の理解を深め，支援の方向性や目標，目標達成に向けた取り組みについて検討することである。事例検討の目的は，支援を事例として取り上げ，検討することでより良い支援技術を習得することである。支援がうまくいった事例を検討し，効果的な実践の具体的な内容を共有するために行われることもあれば，**ヒヤリハット事例**を分析し，同様の状況が今後起きないようにするためにはどうすればよいかを検討する，という形で行われることもある。事例検討は，事例研究のように仮説検証の科学的手順を重視するというより，支援者が困難を感じている背景を理解し，最善の支援方法を見つけていく点に，その特徴がある。

　意義として，まず１点目としては，事例検討を行い，参加者同士で気になった点，自身の見解などを共有することで，事例提供者のみならず参加者も新たな視点や関わりの方法について学ぶことが出来る。２点目に，ソーシャルワーカーが「どのような支援をすればいいのだろう」と悩んでいる場合，複数で支援について検討し，ソーシャルワーカーが支援のヒントを得ることは，ソーシャルワーカーのスキルアップにつながるとともに，ソーシャルワーカーのストレスを軽減させることにつながる。

　３点目に，ソーシャルワーカーが支援に対する気づきや学びを得て

●→ ヒヤリハット事例
　労働場面で「もう少しで怪我をするところだった」など，「ヒヤっとした，あるいはハッとした」事例。介護，保育や社会福祉の実践現場では，事故予防の一方法として，こうした事故になりそうな事例を集め，共有・活用している。

それが実践に反映されることが，そのソーシャルワーカーの所属機関，そしてソーシャルワーク全体の質の向上につながり，そのことが支援を必要としている人の福祉の向上につながる。

☐　事例検討の方法

　事例検討は，専門職教育，そして支援や連携を向上させる学びのための方法として活用されている。[6] 教育では，教員と学生が実習先での経験について一対一で振り返りを行う，といった**個別スーパービジョン**，そして学生が複数で実習での経験の共有や意見の出し合いなどを行うといった**グループスーパービジョン**としても活用される。

　また，経験が浅いソーシャルワーカーが，支援実践についてベテランのソーシャルワーカーから指導を受ける際にも活用される。さらには，ソーシャルワーカーや医師，保健師，介護福祉士，利用者の家族等が支援の方針や状況を共有し，課題を共有したり，連携や協働の方法を確認するといった，ケース（ケア）カンファレンスでも活用されている。

☞　個別スーパービジョン
本書第9章第3節参照

☞　グループスーパービジョン
本書第9章第3節参照

☐　事例検討の手順

　ここでは，地域包括支援センター等で実施される事例検討を例として，手順の実際をみていく。[7]

①　事前準備

　⑴事例の準備　　事例検討に向けて，研修の主催者は事例検討のテーマ，全体のスケジュール，事例提供者等を決定する。例えば，「障害者の在宅生活を支えるソーシャルワーク実践」をテーマに設定したとする。その際，事例の提供希望者を募ることもあれば，そのテーマについて関連する支援を実践した（している）人に対し，事例の提供を依頼することもある。その際には事例検討に必要な情報がわかるような資料の準備を依頼する。多くの場合，事例の全体像がわかるような事例検討シートを準備する（図13-1）。

　⑵検討会の準備　　主催者は，研修当日に向けて資料の確認や会場決定などの準備を行う。また，事例検討のスムーズな進行のためにも，参加者には可能な範囲で事前に情報を提供する。

②　事例検討会

　最初に進行役（主催者またはそれ以外の人）が事例検討会のスケジュールや進め方，質疑応答のタイミング，参加者への注意点などを伝える。その後，以下のような流れで行う。

　⑴事例の説明　　事例提供者は，その事例を選んだ理由，事例の

図13-1　事例検討シート例

事例検討シート　　　　　作成：

【事例タイトル】	
【本事例の選択理由】	
【事例概要】 A氏（男性・女性）　　　歳	・健康状況
【生活歴】	・住環境
	・利用者の家族状況
	・ADL
	・IADL
	・社会との関わり
	・その他
現在利用中の支援・つながり	
利用者の希望・思い	
家族等の希望・思い	
補足等	

出所：筆者作成。

概要を説明する。

　(2)参加者による質問・内容の確認　事例提供者による説明のあと，参加者は事例の詳細を明確にするための質問をする。人によっては事例の理解が異なっていることもあるため，質疑応答を行うことにより，参加者が正確に情報を共有できるようにする。

　(3)論点の明確化と検討　進行役は，事例を要約したり，検討したい点を確認したりすることで，検討する論点を明確にする。

　(4)事例の検討　　共有された内容をふまえ，参加者同士で支援の方法や方向性，配慮する必要がある点などについて検討する。大人数

による事例検討会の場合などは，検討を小グループで行い，各グループで行った検討結果を全体で報告する形をとることもある。

　(5)まとめ　　進行役は，最後に意見をまとめる。それにより，焦点化が行われて理解が整理される。(8)そして，事例提供者によるコメントなどがあり，終了する流れとなる。

□　事例検討での留意点

　事例提供者は，具体的でわかりやすい資料を用意する。そして，事例の概要，時系列での展開，自分が聞きたい点を説明する。一方，事例検討の進行役は，参加者が自由に意見を出しやすい雰囲気づくりを心がける。また，事例提供者や参加者に対し，話された内容は，原則としてその検討会のみで使用するものであることを伝え，守秘義務を徹底するようにする。(9)

　参加者は，自分自身を事例提供者の立場に重ね合わせながら考え，意見を出すことが求められる。「自分だったらこうするかもしれない」という視点で，事例提供者，そして参加者にとっても参考となる内容を意識して意見を示すことが重要である。

4　事例研究の目的，意義，方法，実際

□　事例研究の目的と意義

　事例研究とは，何らかの課題を抱える事例について，その状況の詳細を明らかにしたり，課題の原因や影響，それらがもつ意味を分析したりすることで，その状況を説明したりする**質的研究**の一方法である。

　事例研究では，ある事例の背景にあるさまざまな要因を，それらの相互の影響や文脈，時間の経過とともに記述し，分析・考察を加える。そのほか，支援のプロセスや結果の評価を目的としても，行われることもある。

　事例研究の意義は，以下の3点である。

　①　事例の詳細を整理し，事例の結果に影響を与えた要因や取り巻く状況を分析し，説明するという作業は，専門職の処遇向上につながる。(10)学生や支援実践者は，卒業論文や実践研究で事例研究を行うことで，理論と実践とを関連付けてとらえる力を習得することができる。

　②　事例を科学的な視点で分析し，理論と関連付けながらその意味

➡➡　質的研究
　質的研究の目的はある現象の新たな側面を発見したり，データの分析や解釈に基づいて新たな理論を生みだしたりすることにある。非科学的，主観的になりがちであるとの批判もあるが，数値では表すことが出来ない側面を把握できる点，本人の内的世界に接近することが出来る点などにおいてその強みがある。

について考察を行うことで，日常の事例がほかの実践で応用可能な知見として活用できるものとなっていく。実際の事例を理論と関連付けて説明を行うことや，実践に役立つ理論の生成を目指すことから，ソーシャルワークの発展や支援の向上に寄与する。

③　事例研究を行う事で，社会環境や政策との関連についても理解を深めることができる。事例がもつ意味を，社会環境との関係などのより広い視点でとらえることが，地域社会への働きかけや制度の改善の必要性に対する視点をもたらす。それにより，社会環境の要因の改善に向けた，政策提言を行うことができる。

□ 事例研究における分析の視点

事例研究は，具体的な事例を示し，理論と関連付けながら探求し，説明（解釈）する，という形をとる。分析の視点としては以下のようなものがある。

①　事例を通じて既存の理論を説明する

ソーシャルワークの理論やアプローチが，どのように実践に反映されているのかを，事例を示しながら説明する。例としては，ドメスティックバイオレンスの被害者への支援事例を取り上げ，そこで行われた支援のどの部分がエンパワメントに基づいたものであったかを説明する」といったものである。

②　既存の理論に新たな観点を加えることを試みる

理論を事例にあてはめて説明しつつ，その事例で理論を説明可能か検証するものである。たとえば「ライフストーリーワークは，児童養護施設で生活する子どもの自己肯定観の向上に効果がある」との理論を取り上げた場合，実践事例を示しつつ「その効果は，子どもが経験した虐待の内容により変わり得ると考えられた。ゆえに，子どもの被虐待経験の内容も理論に含めると，より整合性がある理論となるのではないか」と提案する，といったものである。

③　理論仮説の生成を試みる

「ある課題の出現や解決・改善などはどのようにして起きるのか」という因果関係やメカニズムについて，事例分析により説明を試みる。例えば「外国にルーツをもつ子育て家庭は，どのようなサポートを得る経験によって，社会的孤立に至らず子育てをすることができるのか」について，当事者へのインタビューデータの分析を通じて，支援の理論モデルの構築を試みる，といったものである。

④　実践の評価を行う

実践の評価を目的として，事例研究が行われることもある。実践評

価には，「プロセス（過程）評価」と「アウトカム（結果）評価」がある。プロセス評価では，支援が行われたことで望ましい結果に近づいているか，どのような変化が起こっているか，関係者はどのようにとらえているか，などを探求し，考察する。アウトカム評価は，どの程度目標が達成されたか，支援を受けた人や家族はどのような状態になることが出来たか，などを明らかにする。

□ 事例研究で使用する事例の選択・設定や分析手法

　事例研究では，様々なデータを収集し，活用する。データは，面接記録など，すでに作成されている文書を使用することもあれば，アセスメントシートやケアプランなどだけではなく，ブログや手紙，ウェブ上の情報，専門誌や報告書などが使用されることもある。また，事例研究を行うために面接やインタビューを行うこともある。

　事例の設定の方法として，上記①の既存の理論の説明の場合，その理論を表していると思われる事例を取り上げる。②や③のように，新たな理論構築の可能性を探求する場合には，今までの理論とは違う説明がなされ得るのではないか，と思われるような希少な事例を取り上げることもある。

　対象事例の選択では，1つの事例を深く探究することもあれば，複数の事例を比較検討し，共通点を見出して，現象や問題の特徴を一般化する方法，または複数の事例にある違いやバリエーションを分類する方法もある。データ分析の手法としては，資料で頻繁に使用されている言葉の数や傾向を分析するテキストマイニングや，ある個人の語りに隠された内的世界を探求し，その背景にある思いや文化，構造を読み解く，といったライフストーリー法などが使われることもある。

□ 事例研究の手順

　ここでは，事例研究の手順を確認する。
　①　テーマの設定
　まず，何について研究したいのかを設定する。具体的に「児童養護施設で生活する高校生の自立支援」「医療機関に勤務するソーシャルワーカーのバーンアウト防止策」など，事例研究を通じて明らかにしたいことは何かを設定する。
　②　関連する理論や概念の整理
　たとえば「児童養護施設で生活する高校生の自立支援」をテーマにした場合，児童養護施設に暮らす子どもへの支援に関わる理論や概念について調べ，整理する。「エンパワメントアプローチ」「ストレング

ス視点」など，テキストで学ぶような理論だけではなく，そのテーマに応じ，支援で重視されている方法や視点を整理する。上記の例であれば「人に頼る力」，「金銭管理力」などが一例だろう。

③　事例の決定

事例はすでにあるものを使うのか，これからデータ収集をするのかによって若干手順は異なるが，いずれにしてもこの段階で整理された理論のうち，自分が取り上げる理論や概念，視点で説明ができると思われる事例を決める。

④　事例の詳細情報の収集・整理

当事者（上記事例では入所児童や施設の職員など）へのインタビューや記録の収集を行う場合は，関係者に協力を依頼する。依頼の際には，関係者の事情も配慮したうえで，研究の概要を記載した文書を送付したり，直接説明したりして，協力者の疑問や不安の軽減に努める。

⑤　事例の分析

理論を意識したうえで，資料の読み込みと検討を行う。

⑥　考察・結論の提示

その事例は，どのような点において特定の理論や概念での説明が可能なのか，そして関連付けた理論や概念を今後どのように他の実践に組み込むことが有効と考え得るのか，等についての考察を示す。

□　**事例研究の留意点**

事例研究を行うときには，「何を明らかにするのか」という「研究目的」を明確に設定する。そのためには，事例に関する領域の文献をよく調べ，研究したいことについて，すでに明らかになっている点，不明な点や整理されていない点を理解しておく必要がある。

また，ソーシャルワークの理論を把握しておき，分析の際には，常にその理論を念頭におきながら事例を分析するよう留意する。どのように理論と関連付けるかは，事例研究を基にした先行研究を読み，その形式をまねるのも良い方法である。

最後に，事例は当事者の個人情報を含むことも多い。個人情報保護に細心の注意を払うとともに，研究協力者には研究結果を報告する。事例の情報は研究でどのように使用されたのか，そして事例から得た気づきや成果は何なのかを，研究協力者に報告をすることは，事例研究を行うものの大切な作法である。

📖 さらに知りたい人のための推薦図書

日本ケアマネジメント学会・認定ケアマネジャーの会監修／福富昌城・白木裕子編著（2020）『相談援助職のための事例研究入門』中央法規出版.

▷ソーシャルワーカーとして求められる記録の書き方や発表のコツなど，事例研究に関わる多様なスキルについて具体的なヒントが記載されている。

日本ソーシャルワーク学会監修（2019）『ソーシャルワーカーのための研究ガイドブック──実践と研究を結びつけるプロセスと方法』中央法規出版.

▷実践をまとめ，分析，考察を行うこと，そしてそれを理論と関連付けて整理し，社会に発信していく具体的方法や考え方について，事例研究以外の方法も含めて解説している。

注

（1）　厚生労働省社会福祉士養成課程のカリキュラム．（https://www.mhlw.go.jp/content/000606419.pdf）

（2）　日本社会福祉実践理論学会監修／米本秀仁・高橋信行・志村健一編著（2004）『事例研究・教育法──理論と実践力の向上を目指して』川島書店，27.

（3）　岡田まり（2021）「第6章第2節　事例検討」日本ソーシャルワーク教育学校連盟編集『ソーシャルワークの理論と方法』中央法規出版，222.

（4）　「厚生労働省職場のあんぜんサイト安全衛生キーワード」．（https://anzeninfo.mhlw.go.jp/yougo/yougo26_1.html）

（5）　（3）と同じ.

（6）　小松尾京子（2014）「主任介護支援専門員のスーパービジョン実践に関する研究」『ソーシャルワーク学会誌』28，4.

（7）　渡部律子編著（2007）『基礎から学ぶ気づきの事例検討会』中央法規出版，24.

（8）　横山正博（2002）「ソーシャルワーカーのための事例検討方法論」『山口県立大学社会福祉学部紀要』8，3.

（9）　日本ケアマネジメント学会・認定ケアマネジャーの会監修／白木裕子編著（2018）『援助力を高める事例検討会』中央法規出版，41.

（10）　（9）と同じ.

参考文献

居宅介護支援事業所におけるケアマネジメント機能向上に資する事例検討会「実践に活かす手引き」．（https://www.jcma.or.jp/wp-content/uploads/200409roken19jireitebiki.pdf）（2023.5.10.）

岩間伸之（1999）『援助を深める事例研究の方法──対人援助のためのケースカンファレンス』ミネルヴァ書房.

岩間伸之（1999）「ソーシャルワークにおける質的評価法としての事例研究」『大阪市立大学生活科学部紀要』47，195.

柳澤孝主「第10章事例検討の視点」福祉臨床シリーズ編集委員会編（2020）『ソーシャルワークの理論と方法』弘文堂.

八王子介護支援専門員連絡協議会・八王子主任介護支援専門員連絡会（2018）『始めてみよう事例検討会2018年度版』．（https://www.hachikairen.com/wp-content/uploads/2019/06/hajimetemiyojirei.pdf）（2023.5.10.）

「かかわり続ける」ケアマネージャーの会・空閑浩人編（2018）『自分たちで行うケアマネージャーのための事例研究の方法』ミネルヴァ書房.

野口定久・ソーシャルワーク事例研究会編集（2014）『ソーシャルワーク事例研究の理論と実際』中央法規出版.

索　引

＊側注に解説がある頁を太字で表記しています

◆ あ ◆

アイビィ（Ivey, A. E.）　36
アウトリーチ　5, 6, 151, **176**
アカウンタビリティ（説明責任）　188
アセスメント　9, 10, 11, 83
　　——（ケアマネジメント）　176
　　——のためのツール　12
アドボケイト　**205**
アフターケア　18
アルコール依存症　**33**
アルコール教育プログラム　**33**
アンダーソン（Anderson, H.）　70, 71
アンデルセン（andersen, T.）　70, 71
アンビバレントな感情（相反感情）　91
意思決定支援　145
意図的な感情表出　28
インターグループワーク説　98
インテーク　5, 6
インフォーマル（な）資源　146, **201**
インボランタリークライエント　**62**, 66
隠喩（メタファー）　**46**
ヴィンター（Vinter, R. D.）　42
ウェイル（Weil, M.）　119-121, 123
運動体としての専門職ネットワーキング　134
運動体としての組織間ネットワーキング　136
運動体としてのネットワーキング　131
エクセプションクエスチョン　73
エコマップ　12, **46**, 193, 195
エコロジカル（生態学）アプローチ　53
エコロジカルスーパービジョン　**151**
エコロジカルモデル　46
エプスタイン（Epstein, L.）　65
エプストン（Epston, D.）　70, 71
エリクソン（Erikson, E. H.）　66
円環的因果律　**53**
援助関係　→専門的援助関係
　　——の定義　24
　　——の目的　24
エンパワメント　**33**, 143
エンパワメントアプローチ　54, 60, 69
大橋謙策　103
オペラント条件づけ　68
オルタナティヴストーリー　71

◆ か ◆

解決志向アプローチ　54, 60, 72
外在化　71
開始期（グループワーク）　89, 90
開示請求　**186**
改訂長谷川式認知症スケール　**13**
介入（インターベンション）　15
開放システム　44
開放したグループ　**86**
科学的根拠（エビデンス）　**60**
家族療法　**72**
課題中心アプローチ　60, 65
価値観の共有　202, 203
活動のアシスタント　**107**
活動の推進者　**107**
カデューシン（Kadushin, A.）　156, 186
簡易抑うつ症状尺度　**13**
感受性　29
カンファレンス　15, 177, 178
　　——の定義　200
　　——の展開過程　206
　　——の目的　201
管理機能（スーパービジョン）　153
機関の機能　63
危機　**66**
危機介入アプローチ　60, 66
ギッターマン（Gitterman, A.）　53, 70
機能的アプローチ（機能主義）　52, 60, 62
機能的自立度評価法　**12**
キャプラン（Caplan, G.）　66, 67
ギャラウェイ（Galaway, B.）　64
ギャレット（Garrett, A.）　61
ギャンブル（Gamble, D. N.）　119-121, 123
キューブラー＝ロス（Kübler-Ross, E.）　66, 67
教育機能（スーパービジョン）　152

共感する他者　**27**
共有　202
記録の意義　186
記録の電子化　197
記録の目的　187
グーリシャン（Goolishian, H.）　70, 71
グティエーレス（Gutiérrez, L. M.）　69
クライエントシステム　**22**, 34
グループスーパービジョン　158, 219
グループの規範　**84**
グループの凝集性　**84**
グループの文化　**84**
グループワークにおけるプログラム　85
グループワークの原則　82
グループワークの定義　80
ケアマネジメントの定義　169
ケアマネジメントの展開過程　175
ケアマネジャー　172
ケースの発見　5
構造的面接　38
行動主義　68
行動変容アプローチ　60, 68
項目式　191
コーチング　122
コーディネーション（ソーシャルワークにおける）　141
　　——の方法　144
コーディネーター　144, **205**
コーピング　47
コーピングクエスチョン　73
ゴールドシュタイン（Goldstein, H.）　64
個人情報の保護　196
個人情報保護法　196
コックス（Cox, E. O.）　69, 70
孤独　140
コノプカ（Konopka, G.）　82
個別化　28
個別課題の普遍化　105, 109
個別スーパービジョン　158, 219
コミュニティインターベンションモデル　106, 107
コミュニティオーガナイジングの5つのステップ　118

コミュニティオーガニゼーション **98**

コミュニティグループ **132**

コミュニティソーシャルワーカー 104

コミュニティソーシャルワーク 103

コミュニティワーカー 104

　──の役割 106

コミュニティワーク 99, 100, 102, 110

　──の評価 110

コラボレイティヴ 71

コレクティブアプローチ 103

コンサルタント 162

コンサルティー 162

コンサルテーション 162

　──の展開過程 163

コンセンサス **7, 86**

コンピテンス 47, 64, **69, 134**

コンプトン（Compton, B.R.） 64

コンフリクト **207**

◆さ 行◆

サービス優先アプローチ **177**

再アセスメント（ケアマネジメント） 178

サイコ（精神的・心理的状態） **49**, 50

最適化 143, 145

サイバネティクス 46

作業期（グループワーク） 90, 91

定藤丈弘 99

サバイバルクエスチョン 73

サリービー（Saleebey, D.） 53

ジェネラリストアプローチ 53

ジェネラリストソーシャルワーク **22**

ジェノグラム 12, 193, 195

自己覚知 26

自己決定の原則 31

事後評価 17

支持機能（スーパービジョン） 152

支持的機能 **15**

システムズアプローチ 53

システム理論 44

持続的指示 62

実践アプローチ 43, **58**

実践モデル 43

質的研究 **221**

質的なデータ **214**

ジャーソン（Gerson, R.） 12

ジャーメイン（Germain, C.） 53, 70

社会計画モデル 106

社会構成主義 **60**, 71

社会資源 **84**, 172

社会生活技能訓練（SST） 69

社会的学習理論 69

社会的孤立 101, 140

社会的責任 **188**

社会的排除 **23**

社会ネットワーク 129, **130**, 137

終結 17

終結（ケアマネジメント） 179

終結期（グループワーク） 91

シュールマン（Shulman, L.） 87

受容 29

準備期（グループワーク） 87

浄化法 62

状況の中の人 61

小集団 **80**

小地域開発モデル 106

叙述体 188

白澤政和 169, 172, 175

シリング（Schilling, R.） 139

事例研究 214, 215

　──の手順 223

　──の目的 221

事例検討 214, 215

　──の方法 219

　──の目的 218

事例分析 214, 215

　──の方法 216

　──の目的 214

死を受け入れるプロセス **67**

診断主義アプローチ 61

信頼関係 →ラポール

心理社会的アプローチ（診断主義） 52, 60, 61

スーパーバイザー 152, 155

　──の管理機能 156

スーパーバイジー 152, 155

スーパービジョン 150

　──の3つの機能 152

　──の展開過程 160, 161

スーパービジョン業務 154

スープラシステム 45

スキナー（Skinner, B. F.） 68

スクリーニング 176

スケーリングクエスチョン 73

スティグマ **6**

ストレッサー 49

ストレングス 173

ストレングスモデル 53, 55, 60

スモーリー（Smalley, R.） 62

生活課題 **170**

生活環境と地位 47

生活モデル（ライフモデル） 52, 53, 55, 60, 70, 172

精神疾患の診断・統計マニュアル（DSM） 13

セーフティネット **129**

セクショナリズム **207**

説明体 189

セルフケアマネジメント 172

セルフスーパービジョン 158

セルフヘルプグループ 92

専門職ネットワーク 129, 133, 137, 138

専門的援助関係（援助関係） 22, 24

ソーシャル（社会環境状態） **49**, 51

ソーシャルアクションの定義 114

ソーシャルアクションの方法 115, 116

ソーシャルアクションモデル 106

ソーシャルインクルージョン（社会的包摂） **101**

ソーシャルサポート 129

ソーシャルサポートネットワーク **130**

ソーシャルスキル **84**

ソーシャルワーカーの基本的態度 34, 35

ソーシャルワーク実践理論 42

ソーシャルワークの対象 4

ソーシャルワークのための理論 42

ソーシャルワークの展開プロセス 4

ソーシャルワークの理論 43

側面から援助（イネーブラー） **106**

組織間ネットワーク 129, 135, 137, 138

ソロモン（Solomon, B. B.） 69

◆ た ◆

体験的知識 93

第三者評価 **188**

タイムライン **46**, 193, 195

高田眞治 102

他者理解 26

タスクグループ 83

タスクゴール 100, 106

タフト（Taft, J.） 62

単一事例実験計画法（シングルシステムデザイン） **18**

短期療法　**72**
地域課題の発見　108, 109
地域福祉　100
チームアプローチ　**200**
逐語録　189
直接的指示　62
治療モデル　52, 54, 60
ド・シェイザー（De Shazer, S.）
　　72
統合化説　99
統制された情緒関与　29
トーズランド（Toseland, R. W.）
　　83
トーマス（Thomas, E. J.）　68
トール（Towle, C.）　61
閉ざされた質問　38
ドミナントストーリー　71
トリートメントグループ　83, 84

◆　な　◆

内的資源　**170**
ナラティヴ　71
ナラティヴアプローチ　54, 60, 70
ナラティヴセラピー　71
ニーズ・資源調整説　98
ニーズ優先アプローチ　**177**
ニューステッター（Newstetter,
　　W.）　98
認知行動療法（CBT）　69
ネガティブな資源　143, 145, 146
ネットワーキング　128
　　――の展開過程　140
　　――の方法　139
ネットワーク　128
野中猛　201

◆　は　◆

バーグ（Berg, I. K.）　72
ハークネス（Harkness, D.）　186
バーセルインデックス　**12**
パーソンズ（Parsons, R. J.）　69, 70
パートナーシップ　**7**
ハートマン（Hartman, A.）　12
パールマン（Perlman, H. H.）　64
バイオ（生理的・身体的機能状態）
　　49, 50
バイオ・サイコ・ソーシャル
　　（BPS）モデル　49, 158

バイステック（Biestek, F.P.）　24
バイステックの7原則　28-32
パターン力動的反省　62
発達的な反省　62
パブリックナラティヴ　117
ハミルトン（Hamilton, G.）　61
パワー　48
半・非構造的面接　38
判断の共有　202, 203
バンデューラ（Bandura, A.）　68
ピアスーパービジョン　159
引きこもり　140
非審判的態度　30
人と環境の交互作用　47, **60**
人と環境の適合具合　47
秘密保持　31
ヒヤリハット事例　**218**
開かれた質問　36
ピンカス（Pincus, A.）　64
ファシリテーション　204, 208
ファシリテーター　**205**
フィンク（Fink, S. L.）　66, 67
フェイスシート　191
フェミニストアプローチ　70
フォローアップ　178
プラグマティズム（実用主義）　**65**
プランニング　13, 14, 15
ブルーグマン（Brueggemann, W.
　　G.）　114
フロイト（Freud, S.）　61, 66
プログラム・資源の開発　109
プログラム活動　85
プロセスゴール　100, 106
閉鎖したグループ　**86**
ヘプワース（Hepwaorth, D. H.）　9
ヘルパー・セラピー原則　93
包括的支援体制　101
ポストモダンソーシャルワーク　**60**
ホリス（Hollis, F.）　61
ホロンサブシステム　45
ホワイト（White, M. ）　70, 71

◆　ま　◆

マイクロ技法　36
マクゴールドリック（Mcgoldrick,
　　M.）　12
ミナハン（Minahan, A.）　64
ミラクルクエスチョン　72

メイヤー（Meyer, C. H.）　9
メゾレベル　**150**
面接（インタビュー）　32, 33
モニタリング　16, 178
　　――の機能　16
問題解決アプローチ（折衷主義）
　　52, 60, 64
問題志向型記録（進捗記録）　189

◆　や　◆

4つのP　64
ユニットスーパービジョン　159
要約体　189
抑圧　**23**

◆　ら・わ　◆

ライフコース　48
ライブスーパービジョン　159
ラポール（信頼関係）　26, 27, **30**
ランク（Rank, O.）　62
リー（Lee, J. A. B.）　69, 70
リード（Ried, W.）　65
リーバス（Rivas, R. F.）　83
リッチモンド（Richmond, M. E.）
　　52, 58, 61, 151
リフレクティング　71
両価的（アンビバレントな）感情
　　29, 30
利用者のネットワーク　138
リンデマン（Lindemann, E.）　66,
　　67
倫理的義務　31
例外探し　72
レイン報告　**98**
レジリエンス　**11**, 49
レスポンス　47
レスポンデント条件づけ　**68**
ロス（Ross, M.）　99
ロスマン（Rothman, J.）　106, 116
ロビンソン（Robinson, V.）　62
ワーカビリティ　**64**, 65
ワトソン（Watson, J. B.）　68

◆　欧文　◆

ICFモデル　173
MCOモデル　65
SOAPノート　190, 191

執筆者紹介

(執筆順，＊印は編著者)

＊小原　眞知子　編著者紹介参照（はじめに，第1章，第9章 [共著]）

稗田　里香　武蔵野大学人間科学部教授（第2章）

田中　千枝子　日本福祉大学客員教授（第3章）

荒井　浩道　駒澤大学文学部教授（第4章）

＊木村　容子　編著者紹介参照（第5章）

川島　ゆり子　日本福祉大学社会福祉学部教授（第6章）

渡辺　裕一　武蔵野大学人間科学部教授（第7章）

松岡　克尚　関西学院大学人間福祉学部教授（第8章）

福山　和女　ルーテル学院大学名誉教授（第9章 [共著]）

壬生　尚美　日本社会事業大学社会福祉学部教授（第10章）

八木　亜紀子　福島県立医科大学放射線医学県民健康管理センター特任准教授（第11章）

仲井　達哉　川崎医療福祉大学医療福祉学部准教授（第12章）

南野　奈津子　東洋大学福祉社会デザイン学部教授（第13章）

編著者紹介

小原　眞知子（おはら・まちこ）
2005年　日本女子大学大学院文学研究科社会福祉学博士後期課程修了。
現　在　日本社会事業大学社会福祉学部教授。博士（社会福祉学）。
主　著　小原眞知子（2012）『要介護高齢者のアセスメント』相川書房.
　　　　小原眞知子・高瀬幸子・山口麻衣・高山恵理子（2017）『ソーシャルワーカーによる退院における実践の自己評価』相川書房.
　　　　小原眞知子・今野広紀・竹本与志人編著（2021）『保健医療と福祉』ミネルヴァ書房.

木村　容子（きむら・ようこ）
2010年　関西学院大学大学院人間福祉研究科博士課程後期課程修了。
現　在　日本社会事業大学社会福祉学部教授。博士（人間福祉）。
主　著　木村容子（2012）『被虐待児の専門里親支援─M-D&Dにもとづく実践モデル開発』相川書房.
　　　　木村容子・小原眞知子編著（2019）『ソーシャルワーク論』ミネルヴァ書房.
　　　　木村容子・有村大士編（2021）『子ども家庭福祉［第3版］』ミネルヴァ書房.

Horitsu Bunka Sha

ソーシャルワーク論Ⅱ
──理論と方法

2023年9月15日　初版第1刷発行

編著者　　小原眞知子・木村容子
発行者　　畑　　光
発行所　　株式会社 法律文化社

〒603-8053
京都市北区上賀茂岩ヶ垣内町71
電話 075(791)7131　FAX 075(721)8400
https://www.hou-bun.com/

編集：㈱にこん社
印刷：中村印刷㈱／製本：㈲坂井製本所
装幀：白沢　正
ISBN978-4-589-04280-4
©2023 M. Ohara, Y. Kimura Printed in Japan